辞书学论文集

赵振铎 著

商务印书馆
2006年·北京

图书在版编目(CIP)数据

辞书学论文集/赵振铎著.—北京:商务印书馆,2006
ISBN 7-100-04589-4

I. 辞… II. 赵… III. 汉语—辞书学—文集 IV. H16-53

中国版本图书馆 CIP 数据核字(2005)第 077356 号

所有权利保留。
未经许可,不得以任何方式使用。

CÍSHŪXUÉ LÙNWÉNJÍ
辞 书 学 论 文 集
赵 振 铎 著

商 务 印 书 馆 出 版
(北京王府井大街36号 邮政编码100710)
商 务 印 书 馆 发 行
北 京 民 族 印 刷 厂 印 刷
ISBN 7-100-04589-4/H·1147

| 2006年6月第1版 | 开本 850×1168 1/32 |
| 2006年6月北京第1次印刷 | 印张 11 7/8 |

定价:20.00元

前　言

这是我自选的一个以辞书学为主的论文集。

从小就和辞书打交道,小学生时代老师要我们每个学生都要有本《学生字典》,随时翻阅,养成查字典的习惯。直到大学字典没有离开过我。大学毕业留校工作,因为在中文系教书,更少不了要用字典。但是从来没有想过会去编字典。

1975年,国家出版事业管理局在广州召开了"中外语文字词典编辑出版工作座谈会",决定要编一批字典和词典,解决国家严重词典荒的局面。这次会议的决议以国务院文件的形式下达。那就是"国发(1975)137号文件"。文件确定湖北和四川两省承担《汉语大字典》的编纂任务。川大中文系自然是编字典的首选,我很愿意去编字典,因为当时的"评法批儒"、"评《水浒》"等我实在不感兴趣,但是又跑不脱,能够去编字典,可以躲开这些运动。我去出版社找到有关同志,谈了我的想法,他们正为组建班子发愁,听到我自愿来编字典,当然满意,答应帮我去争取。有人笑我说:编字典是个苦差事,吃力不讨好,有些人躲都来不及,你还去"自投罗网",真不知道你是怎么想的。我有自己的打算,这样我就可以不被叫去讲什么"评法批儒"、"评《水浒》",讲那些令自己都不相信的东西,跳出那个"大批判"的圈子,作点实实在在的工作,能够和自己的专业结合起来,发挥自己的专长,应该说是一件值得的事情。

令我没有想到的是,我竟被定为四川省领导小组的成员,被推上了领导岗位。原来只想当一个一般的编写人员,现在不可能了。湖北方面负责字典编纂业务工作的是李格非教授,他和我是老朋友,北大一齐进修,苏联又在一起讲学,和他合作,有事好商量,应该是愉快的。这次我们共同工作了十六年,把字典编成。

记得在开始编写工作的时候,我和格非曾经交换意见:高等学校的教师去编字典,应该有自己的特色,那就是要把编写工作和科学研究结合起来,要研究字典编纂工作存在的问题,总结理论来指导编写实践。为此我留心编写工作中遇到的问题,并且随时和格非商量,向各个编写组的同仁请教。工作中我作了不少笔记,在《辞书研究》、《词典研究丛刊》发表了一些这方面的论文。这些论文多数是针对当时编写工作里面发现的问题而写的。

在字典上马之初,大家讨论得最多的是字典的特点问题,好几次编写工作会议上都为这个问题争论不休。1976年我和格非到北京出版局汇报工作,陈原同志一段话对我们很有启发,他说单纯去讨论字典的特点,讨论和词典的分工,不容易得出什么结果来。最好是先研究字典该包括什么内容,如何编写。这话使我们茅塞顿开,回去以后,我结合编写组提出的问题,有针对性地写了《关于〈汉语大字典〉的编写工作》、《在楷书汉字上下工夫》等论文,都是阐明字典特性这个问题的。随着编写工作的深入这个问题也就统一了。

编写工作开始不久,对于什么是字典义项成了大家关注的问题,因为接触到具体的字,特别是多义的时候,大家总不免要遇到这个问题。我们发动编写组讨论了多次,由张清源教授写了《谈义项的建立与分合》,这篇文章在当时字典组内部颇有影响,我的《义项琐谈》就是读了张清源文章后写的。

在字典编写完成的时候,我又听取了各编写组和编纂处一些工作人员的意见,写了《谈字典的修订工作》,那篇文章针对性非常明显。知道内情的人一眼就看得出来,有人说这篇文章谈到的问题都能够"对号入座"。我想真能够"对号入座",对下一段工作有个交代,也算自己给自己办了"后事"。

这本论文集的第一部分选录有关《汉语大字典》编纂问题的文章都属于这方面的内容。

文集第二部分是有关辞书史的,有一部分写在编字典以前,如《从〈切韵·序〉论〈切韵〉》、《读〈广雅疏证〉》等,是当年在北京大学进修离校向导师高名凯教授辞行时他励我今后治《中国语言学史》而写的。这两篇文章先祖父都看过,并且作了修改。其余则是在编字典时候写的。虽说这些论文是为《中国语言学史》备课而写,但是在编字典,所以这些文章中自然地写进了一些辞书学的内容。

第三部分是两篇有关音韵学的,是读书笔记,也是为字典审音收集材料写的。带有资料性质,以为两篇文章都不好找,所以把它们收录进来。

第四部分三篇文章多少带有一点纪念意义,它们是我上个世纪50年代在当时几个语文刊物《中国语文》、《语文知识》、《语文学习》上面发表的文章。用的都是笔名。其中发表在《语文学习》上的那一篇,被收入《现代汉语》课的教学参考资料。发表在《中国语文》的那一篇是突击学习了俄语后作的一个习作,时间已经过去了50年,现在我学的俄语多年不用已经快还给老师了。

文集编完,总觉得有些话要说,文章里面有些话今天看来已经不是什么问题,但是在当时却使我们为它大伤脑筋。费了不少的时间和精力,才初步弄出一个究竟。从这些文章也可以看出一个参加辞书编纂工作的人所经历的道路。如果读者读了这本书,能够对辞书发生兴趣并因此下工夫去探讨它,参加到辞书编纂的实践中来,我这本书的目的也就达到了。这本书有不妥当甚至错误的地方,恳请专家、学者和读者们能够给我以批评和教正。

赵振铎记
2005 年 10 月 10 日于四川大学之东风楼

目　录

关于《汉语大字典》的编写工作 …………………………… 1
论我国字典编写的传统 ………………………………………… 8
在楷书汉字上下功夫 …………………………………………… 22
大型字典收列复音词刍议 ……………………………………… 30
审音述闻 ………………………………………………………… 39
义项琐谈 ………………………………………………………… 49
字典杂议 ………………………………………………………… 70
潜心壹志　乐在其中 …………………………………………… 78
谈字典的修订工作 ……………………………………………… 82
论字典 …………………………………………………………… 90
字典情缘 ………………………………………………………… 102

《尔雅》 ………………………………………………………… 118
扬雄《方言》在语言学史上的地位 …………………………… 136
刘熙《释名》在中国语言学史上的地位 ……………………… 148
《广雅》散论 …………………………………………………… 153
郭璞《尔雅注》简论 …………………………………………… 175
读《经典释文》札记 …………………………………………… 193
从《切韵·序》论《切韵》 …………………………………… 208

《广韵》的又读字…………………………………………… 231
关于《集韵》的校理………………………………………… 258
读《广雅疏证》……………………………………………… 265
《经籍籑诂》和辞书编写…………………………………… 282

先秦两汉人名异文的音韵学分析………………………… 289
唐人笔记里面的方俗读音………………………………… 325

同行语(语言学名词选译)………………………………… 354
关于方言词的问题………………………………………… 356
关于汉语外来词的几个问题……………………………… 362

后记………………………………………………………… 370

关于《汉语大字典》的
编写工作

一

　　《汉语大字典》是一部以解释汉字的形、音、义为主要任务的大型语文工具书。

　　在使用拼音文字的国家里,用为数不多的字母记录语言,它的一个单字就是语言里的一个词,字典和词典没有区别。在我们国家,记录汉语的是一种表意体系的方块汉字,每一个单字表示一个音节。而汉语,特别是现代汉语,复音词占绝对优势,一个方块汉字不一定就是一个词,它有的时候可能只是一个词素。这就决定了字典和词典的区别,字典不就是词典。语言里的词是语音和意义的结合体,词典的重点在注音和释义。方块汉字包括形音义三个方面,字典除了注音释义外,还有解形的任务。可以这样理解,由于方块汉字的存在,决定了汉语字典的存在。今后汉字改革了,实行拼音文字,还有人要研究用方块汉字记录的文献,汉语字典仍然需要。

　　汉语有悠久的历史,有丰富的文献。从殷商时代的甲骨文到今天的楷书,已经有近四千年的历史。在这漫长的历史时期中,由于社会不断向前发展,科学文化的进步,书写工具的改进,汉字经历了不同的阶段。从甲骨文、金文、小篆、隶书到今天的楷书,字形有了不小的变化,字数有了很大的增加;几千年的历史进程中,字音也在演变;方块汉字表示的意义更是纷纭复杂。因此,编写出一部反映汉字形音义各方面现状和发展变化的《汉语大字典》,不仅有重大的科学价值,而且有很大的实践意义,它将对提高整个民族的科学文化水平,促进汉字改革,推广普通话,实现汉语规范化,起重要的作用。

根据《周礼》的记载,公卿大夫的子弟八岁入小学,学"六艺",其中第五个项目就是"六书"。这里虽然讲的是统治阶级的事,但是读书首先要识字,对任何人都是一样的。秦汉时期的各种识字课本,如《仓颉篇》、《博学篇》、《爰历篇》、《凡将篇》、《急就篇》等的出现,就是适应了这种需要。东汉许慎的《说文解字》,算是我国最早的字典。随后陆续出现的有晋吕忱的《字林》(已亡)、梁顾野王的《玉篇》(原本已残)、宋司马光的《类篇》、明梅膺祚的《字汇》;到了清朝出现了《康熙字典》,这是把语文工具书叫作字典的开始。本世纪初又出现了《中华大字典》。可以这样说,编写字典在我国有悠久的历史传统,有丰富的工作经验。

1975年教育部和国家出版事业管理局在广州召开了词典编写出版规划座谈会,确定要编写一批中外语文词典,敬爱的周总理批准了这个规划。规划决定要编写的汉语词典有三十多部。《汉语大字典》的编写任务就是这次座谈会上提出来的。

《汉语大字典》要反映汉字形音义各方面的现状和变化,就这一点说,它和专门解释现代词语的《现代汉语词典》、专门解释古代词语的《辞源》、综合性词典《辞海》以及解释古今词语的《汉语大词典》都有区别。在这五部较大的辞书中,只有《汉语大字典》是以字作为收录研究的对象,其余几部都是收录研究词的。这也就确定了它在辞书领域里占有特殊的地位。

二

《汉语大字典》是一部新编的字典。它跟旧字典有不同之处,它跟现在新编的和修订的词典也应该有所不同,有自己应该着力的地方。从编写的实践看,《汉语大字典》应该在以下几方面多做一些工作。

首先是收字。汉字在使用过程中字数不断增加。《说文》收小篆9353个,《字林》收字12824个,《玉篇》收字22824个[①],《广韵》收字25164个[②],《类篇》收字31319个,《字汇》收字33179个,《康熙字典》实际收字49174个[③],《中华大字典》收字46867个[④],日本诸桥辙次主编的《大汉和辞典》收字48885个,台湾省出的《中文大辞典》基本上抄袭《大汉和辞典》,它收字也没有超过5万。《汉语大字典》估计收楷书单字6万左右,比上面提到的任何一部字典收字都多,它是当前收录楷书单字最多的字典。

其次是异体字的整理。汉字发展到今天,形成了复杂的汉字体系,它有不少异体字。解放以来,遵照毛主席有关汉字改革的指示,进行了汉字简化工作,包括精简笔画和字数。文化部和中国文字改革委员会发布的《第一批异体字整理表》确定了一批正体字,废除了一些异体字。但是这种简化目的在于方便当前的运用,它只涉及一些常用字,并没有触及汉字的整个复杂体系。编写《汉语大字典》必需对这些复杂的异体现象进行整理,从中找出规律性的东西。根据初步分析,《康熙字典》的异体字约有2千组,涉及2万多字,它们之间的关系非常复杂,如果将大字典所收的6万个字拿来研究,发现的问题将会比现在已掌握的多得多。这项工作是编写工作中的一个较难的课题。

关于字形解说,对《汉语大字典》来说,是一个重要的方面。要在楷书单字条目下收列能够反映汉字形体演变关系的、有代表性的甲骨文、金文、小篆、隶书,并且要简要地说明它的结构和演变。字形解说作为一个独立的部分,不并入有关义项的释文中。

在字音方面,《汉语大字典》要求对几万个汉字注出现代普通话的读音,并根据可能反映出中古和上古的字音情况。中古音的标注以《广韵》《集韵》为主要依据。上古音只标注韵部,以近人归纳的三十一部为主要依据。近代出现的字,不标注中古音和上古音;中古出现的字,不标注上古音。

释义是字典编写最重要的部分。《汉语大字典》收列单字的义项应该尽量完备一些。一个单字本身就是一个词,它的所有义项都应该收列;有些方块字在现代汉语里并不单纯记录一个词,而是表示一个词素,或者某个意义只出现于词素中,这种词素意义也应该收进字典作为单字的义项。

字的通假意义是一种文字上的借用,不属于词的意义体系。对一部词典来说,可以不管或少管这种通假现象。但是,对于一部字典来说,应该多多收集字的通假用法。《大汉和辞典》比较重视通假现象,不过它使用了朱骏声《说文通训定声》关于通假的系统,把通假的范围扩大了许多,使人感到不易掌握。《汉语大字典》处理通假义注意语音和意义的关系,凡是语音上有关联而又有不少用例的,才算通假。

三

编写《汉语大字典》本身就是一项群众性的、集体的科学研究工作。可以这样说,科学研究工作是字典编写工作很重要的一环,科研的好坏,直接影响着字典的速度和质量。几年来的编写实践,虽然积累了一定的经验,对编写工作的内在规律有了一些认识。但是,经验仍然有限,编写工作中亟待解决的问题还不少。比方,以马克思主义的立场、观点、方法指导收字、注音、解形、释义和举例这个总的原则如何具体化?如何正确地反映汉字(特别是其中的多音多义字)形、音、义的历史发展及其辩证统一?如何处理历史地反映字音的演变与现代汉语语音规范化两者的关系?"古今兼收、源流并重"的原则在释义和举例中如何体现?这些带根本性的问题,都必需认真研究,作出科学的解答。

至于编写方案规定的每一个方面,都有许多新的问题需要研究。以收字而论,《汉语大字典》固然是楷书汉字的大汇编,它不是见了楷书汉字就收,因为有些字没有多大的实用价值,收进字典只会增加字典的篇幅。要使《汉语大字典》收字尽量完备,又不失于芜杂凌乱,必须制定科学的收字原则。魏晋南北朝隋唐的石刻、碑、志、造象和写本上的字,宋元刻本里的新造字和俗字,明清白话小说、地方志里的新字和方言字,现代出版物中的方言字、科技字和新字,它们哪些可以收进字典,哪些可以不收?为什么这些字应该进入字典而那些字又不该进入字典?都应该从理论和实践的结合上把问题讲清楚。

再以注音而论,根据统计,现在用汉语拼音字母注了普通话读音的字没有超过 15000,就是这 15000 字中有些注音还有争议。如果《汉语大字典》收 6 万个单字,至少有 45000 多字有注音的问题。此外,同一字在《切韵》系韵书中有音韵地位不同的反切,如何收列?方言字的注音是否可以突破普通话具有的音节?这些问题也迫切需要解决。

在释义方面:如何建立义项?怎样算是一个义项,怎样又不算是一个义项?旧字典的义项不少是从古书注释中抄来的,其中有不少可以凭信,可以作为建立义项的依据,但是确也有不少随文释义、望文生义的地方。我们应该根据马克思主义的语言学说,从语言的社会性出发,探索建立义项的原则。

这些问题解决好了,不仅对于字典编写、审稿、定稿提供了理论依据,而且也将进一步促进汉语和汉字的研究。

四

王力先生三十几年前在《新训诂学》一文中把训诂学分为注释派、纂辑派和发明派[5]。《汉语大字典》虽然是一部新编的字典,但是它的编写仍然是一种纂辑派的工作。在编写过程中,一方面要吸收古今已有的词典编写的经验,另一方面还应该大量地吸收前人研究语言文字的成果。

旧字典在吸收前人成果方面做了大量工作,汇集了不少有用的材料,我们要根据批判继承文化遗产的原则,剔除其封建性的糟粕,吸收其民主性的精华,为我所用。但旧字典并不能反映当时的语言文字研究成果,以《中华大字典》而论,它是本世纪初的出版物,对于清代乾嘉时代语言文字研究成果,虽然也吸收了一些,但是还有许多该吸收的没有吸收进来。我们编写新的《汉语大字典》,应该在吸收前人研究成果上多下功夫,狠下功夫。

编写字典是纂辑派的工作,并不是不可以有所发明。旧字典的义项,先秦的多一些,两汉以后的就收录得少了,魏晋唐宋就显得更少,元明清的几乎没有。这跟我国传统的语文学建立在经学研究的基础上,对经书和先秦古籍研究得多一些有密切的关系。今天我们编字典,就不能让这样的重古轻今的情况再继续下去,必须注意收罗两汉以后各个时代字义特殊用法的材料,丰富和充实字典的内容。

[附 注]

① 参看唐封演《封氏闻见记·文字编》。
② 这个数字是四川大学中文系赵少咸教授统计的。
③ 据《汉语大字典》收字组同志统计,《康熙字典》实际字头为 46128 个,加上不作字头的字共 49174 个。
④ 这是《汉语大字典》四川省第一编写组资料组统计的。
⑤ 载《开明书店二十周年纪念文集》。

(载《辞书研究》第一辑 1979 年)

论我国字典编写的传统

一

　　字典编写的传统指的是在千百年漫长的历史中形成的适合于汉语字典编写的方式和方法，它在长期的字典编写实践中被认为是行之有效的，它是我国文化史的一个重要组成部分。

　　我国字典编写有悠久的历史。《史籀篇》、《仓颉篇》等著作属于童蒙识字课本，不能够算作字典。现存最早的字典应该从东汉时期许慎编写的《说文解字》(以下简称《说文》)算起。

　　《说文》在词典学上属于详解词典一类。它的出现是由于日益增长的解读本族语言文字的需要。国外词典学界不少人认为详解词典产生于公元17世纪，这是就西欧的一些情况说的。如果把东方一些民族词书编写的情况考虑进去，详解词典产生的时代会大大提前。就我国的情况而论，应该提前到公元1世纪。

　　许慎在《说文解字叙》里有这样一段话：

　　　　今叙篆文，合以古籀，博采通人，至于小大，信而有证，稽撰其说，将以理群类，解谬误，晓学者，达神旨，分别部居，不相杂厕。万物咸睹，靡不兼载，厥谊不昭，爰明以谕。

这段话把《说文》这部字典的作用、编写方式、收字、释义、举例的原则都讲清楚了。在世界词典史上像这样明确地提出词典编写原则还是第一次。许慎在自己的著作里认真地贯彻了这些编写原则。这在当时西方国家的词典中是找不到的。

《说文》问世以后,我国的字典编写历久不衰,不同时代总有反映那个时代社会风貌的字典出现。举其荦荦大者言之,南朝梁有顾野王的《玉篇》;宋朝有司马光等人编的《类篇》和当时北方民族政权辽代和尚行均编的《龙龛手鉴》;金代有韩孝彦、韩道昭父子编《改并五音类聚四声篇海》;明朝有梅膺祚的《字汇》、张自烈的《正字通》;清朝出现了《康熙字典》,这是首次以"字典"命名的工具书。民国初年又编出了《中华大字典》。每一种新字典的出现,都不是前代字典的重复。它一方面继承了前代字典有用的东西,同时又给字典编写带来某些新的内容。研究不同时代不同字典的编写情况,从中总结规律性的东西,是继承我国字典编写悠久传统、为编写出新的字典服务的不可缺少的方面。

二

字典的产生是由于社会文化生活的需要,它和社会发展、文化需求所提出的任务有密切的联系,也就是说字典是适应社会文化需求而产生的。紧密结合社会的文化需求是我国字典编写的一个传统。

由于汉字的特点,读书必先识字,识字成了国民教育的启蒙课程。汉朝在我国文化史上是一个重要时期,这时期的汉字已经从殷周古文经过小篆发展到隶书阶段,生产的发展,技术和科学的发展,社会生活和日常生活的进步,促使汉语补充了大量的新词,也出现了一些前代没有的新字。字体的变化,给识字教育带来了混

乱,谶纬学家和一些文人任意解说文字,违背了造字的本意,遭到了学者们的反对。许慎在《说文解字叙》里说:

> 而世人大共非訾,以为好奇者也。故诡更正文,向壁虚造不可知之书。变乱常行,以耀于世。诸生竞逐说字解经谊,称秦之隶书为苍颉时书,云父子相传,何得改易。乃猥曰:马头人为长,人持十为斗,虫者,屈中也。廷尉说律,至以字解法,苛人受钱,苛之字,止句也。

从这里已经可以看出当时在汉字解说上出现的混乱情况。许慎在这段话的后面有几句总结性的论断:"若此者甚众,皆不合孔氏古文,谬于史传。"因此他广泛收集资料,博访通人,编出了《说文》这部划时代的著作,满足了社会的需要。

秦汉以后,隶书流行,晋朝出现了楷书。和小篆相比,楷书在字体上有较大的变化,人们在使用文字的过程中不断创造新字,一个字出现了多种写法。颜之推在《颜氏家训·书证篇》里为我们描绘了当时汉字的书写情况。

> 案:弥亘字从二间舟,《诗》云:"亘之秬秠"是也。今之隶书,转舟为日;而何法盛《中兴书》乃以舟在二间为舟航字,谬也。《春秋说》以十四心为德,《诗说》以二在天下为酉,《汉书》以货泉为白水真人,《新论》以金昆为银,《国志》以天上有口为吴,《晋书》以黄头小人为恭,《宋书》以召刀为邵,《参同契》以人负告为造:如此之例,盖数术谬语,假借依附,杂以戏笑耳。如犹转贡字为项,以叱为七,安可用此定文字音读乎?潘、陆诸子离合诗、赋,《栻卜》、《破字经》,及鲍昭《谜字》,皆取会流俗,不足以形声论之也。

在这种情况下,旧的字典满足不了需要,应该有新的字典产生。顾野王的《玉篇》就是适应这种要求而编写的。顾野王在《玉篇序》里说：

> 但微言既绝，大旨亦乖。故五典三坟，竞开异义；六书八体，古今殊形。或字各而训同，或文均而异释。百家所谈，差互不少；字书卷轴，舛错尤多。难用寻求，易生疑惑。猥承明命，预缵过庭，总会众篇，校雠群籍，以成一家之制，文字之训矣备。

可见《玉篇》的目的在于总结前代文字音训。和《说文》不同，它以楷书为主，每个字头下面博引字书训释，广征传注，并且附有按语，其详解词典的特性更为明显。遗憾的是这部书的卷帙繁多，在当时的条件下抄写传布都很困难，因而不久就出现了萧恺的删节本，到了唐代又出现了孙强的增字减注本。宋代陈彭年等人又在此基础上改编为《大广益会玉篇》，这和原本《玉篇》相比，已经有了很大的不同。从字典发展的情况看，它反而是退步了。

宋朝出现了字典和韵书并行的双轨制。韵书是字典的旁支，它是一种按音序编排的字典。这种音序是以当时流行的韵目为准，而不是今天拼音文字字母表的顺序。首先是大中祥符年间出现的《广韵》和《大广益会玉篇》并行的局面。宋仁宗景祐年间开始编写一部较《广韵》更为详尽的韵书《集韵》，《大广益会玉篇》已经不能够和它相配，于是出现了新编的字典《类篇》。

这一时期，北方民族政权的字典编写工作也很活跃。辽代和尚行均编写的《龙龛手鉴》注意收集当时北方地区流行的俗字和一些佛典里的专门用字。这和一般正统的字典不同。金代韩孝彦父子编写的《改并五音类聚四声篇海》和《改并五音集韵》，是仿照宋朝政权字典、韵书双轨制而编成的著作。这些字典在编排上都有大胆的创新。

明朝学术思想并不发达,但是社会经济的发展,人们文化要求的增长,促进了新字典的出现。《字汇》、《正字通》这些私家撰集的字典,暂时满足了社会的需求。和前代的字典相比,这些字典已经有了很大的改进,它们所采用的214部编排方法一直影响到今天的字典编写。

清朝政权的建立,社会有了进一步的发展,旧字典不能够满足社会的需要,正如康熙皇帝玄烨在康熙四十九年三月初九的一道上谕所说:"《字汇》失之简略,《正字通》涉于泛滥。"因此,他要求组织力量编写一部新的字典,具体要求是:"增《字汇》之阙遗,删《正字通》之繁冗。"五年之后,这部字典编成,它就是通常所说的《康熙字典》。《康熙字典》在我国文化史上占有重要的地位,多年来一再翻印出版,直到今天还没有失去它的意义。

清朝中叶以后,西学东渐,西方的科学技术大量传入我国,社会生活的变化,人们迫切地要求了解新的知识,陆费逵、欧阳溥存等人开始编写《中华大字典》。这部字典收列了当时一些新名词,如化学元素的名称、社会科学的概念等,它的面貌比旧日的字典新得多。这部字典开编于宣统元年,到民国三年编成,民国四年出版。因此,一般人把这部字典看作民国时期的字典了。

民国四年,在我国辞书史上是重要的一年。这一年商务印书馆出版了《辞源》,标志着我国辞书编写进入一个新的阶段,形成了字典和词典分立的局面。尽管如此,由于汉字的特性和人们的传统习惯的作用,词典并没有能够完全取代字典,相反地,字典的需要仍然有增无已。不久,陆尔逵就将《辞源》里的单字汇集起来编成《新字典》,曾经风行一时。接着,姚汉章以《中华大字典》为底本,去掉其中的冷僻字,删节繁复,编成《实用大字典》,这部字典在历史上也曾起过一定的作用,有积极的影响。

新中国建立,出现了新的文化需要,我国学者以现代语言学理论为指针,编出了一批高质量的字典,《学文化字典》、《新华字典》、《同音字典》等都各具特色,其中《新华字典》的影响最大,它作为中小学生必备的语文工具书,发行上亿册。但是,由于众所周知的原因,大型的《汉语大字典》直到1975年才正式提上编写日程。

当前,我国出现了一个新的政治局面,人们的文化需求不断增长,预计不久的将来,将会有更多更好的新字典展示在读者面前,辞书编写领域将会更加繁荣兴旺。

三

面向古代,注意历史,是我国字典编写的又一传统。

我国有丰富的文化遗产,有四千多年连绵不断的文献资料,这些文献资料记载了我们祖先物质文明和精神文明的成果,为了保存这笔财富,使它们能够传给子孙后代,而不是让它们中断,就需要了解它、研究它,整理古籍的任务提上了日程。然而古今语言文字的差异,给读者造成了阅读上的困难。

首先是汉字的障碍。早在殷商时代我们就有了系统的文字,这是一种表意文字,它字数多,形体复杂,它不断孳乳,产生新字,越到后代,汉字积累的数量越大,一个人要认识所有的汉字几乎是不可能的,有了字典把所有的汉字记录下来,会给人以查阅的方便。不少汉字所代表的事物到今天已经成为历史的陈迹,它在文言或史书里可以见到,学习历史、阅读文言,不可能不知道它们,这就是我们的字典,哪怕是中小型字典,要收录古字、古义的原因。

长期以来,用方块汉字记录的文言文是汉族人民的书面文学语言,它在先秦散文的基础上形成起来,后来逐渐和口语脱节。虽然口语的变化也在文言中有某些反映,但是文言模式与活的口语相比它的变动极其缓慢。而古人运用语言文字的习惯,体现在词义的引申、文字的借假等方面,有字典把它们记录下来,将会给读者带来很大的方便。这就是我们字典比较注意古代的又一原因。

汉字复杂众多,用汉字记录的文献历史悠久,汉语的字典,特别是历史性的大型字典,就必得对历史的过去多下一些工夫。这也是容易理解的。英国牛津大学编的《新英语大词典》(*The New English Dictionary on Historical Principles Founded Mainly on the Materials Collected by the Philological Society*)最早的材料是公元8世纪。8世纪相当于我国历史上的唐朝,唐朝的文献资料在我国的字典中利用并不多,因为唐代以前我国还有一千多年的文献资料可以利用。

早在春秋战国时代,我国就有了丰富的文献。所谓"经书"就是这一时期的著作。这是我国传统的国民教科书,后世出仕做官,读经是一条重要的门径。汉朝以来围绕经书的解读出现了大量的著作,其中汉儒的注释又被看成"去古未远"而带有较大的权威性。在语言的研究上,先秦的语言研究得多一些,两汉语言的研究还积累了一些资料,至于魏晋以下的语言研究就没有做多少工作,有些时代几乎还是空白点,字典的编写可资利用的材料很自然地集中在古代,面向现实,考虑活的语言,当时的社会还没有提出这样的任务。

在这方面,《康熙字典序》的说法是有代表性的。他说:

> 爰命儒臣,悉取旧籍,次第排纂。切音释义,一本《说文》、《玉篇》,兼用《广韵》、《集韵》、《韵会》、《正韵》,其余字书,一音一义之可采者,靡有遗逸。至诸书引证未备者,则自经史百子以及汉晋唐宋元明以来诗人文士所述,莫不旁罗博证,使有依据。

可见它的重点仍然是前代典籍。虽然序中也提到"汉晋唐宋元明以来诗人文士所述",但是,就整个字典来看,宋元以下的材料实在太少了。

现代汉语的发展,复音词日益增多,复合构词法成了丰富汉语词汇的重要方式。词义的变化,特别是单音词词义的变化,虽然也有,但是比起合成词的产生,它的数量要少得多。因此,从汉字来说,它记录单音词,在字义上发生的变化就不明显。这也就是字典记录材料偏重前代的一个不小的原因。

有人有这样一个看法:过多地面向过去,会使辞书的编写脱离现代语言的规范。其实,经过历史上千百年淘汰而保存下来的文献,它总是比较规范的。我国传统的字典是很注意规范的。字典编写利用了前代丰富的资料,不仅没有破坏语言的规范,恰恰相反,它更能够体现语言的连续性和一贯性。

当前大型辞书的编写,提出"古今兼收,源流并重"的原则。就是说:既要注意历史,不要割断历史;同时也要注意现实,不要脱离现实;把古今关系处理好,正是这一传统的发展。就字典编写来说,这点更为重要。应该在编写实践中很好贯彻。

四

字义的解释充分考虑到文化历史因素,这是我国字典编写的又一传统。

我国是世界文明古国之一,有悠久的历史和丰富的文化遗产。在漫长的历史进程中,人们的生产方式、生活方式都有了很大的变化,这些变化用汉字记录在文献中,阅读这些文献会遇到它们。由于这些事物在现实生活中已经不存在了,或者发生了重大变化,要认识和理解它们就比较困难。有好些文献意义并不难懂,只是里面涉及的名物、典章制度费解。因此,解释这些名物、典章、制度,既是古书注释者的任务,也是辞书编写工作者的一项任务。

语言的历史和创造使用这种语言的人民的历史有密切的联系,语言的词汇反映社会的变化非常敏感,它们处在经常不断变动的状态。因此,解释语言的词义,特别是与生产、生活有密切联系的那些词的意义,就不能不考虑它们产生的社会历史条件和历史文化因素。

字典是语文工具书,它和百科词典不同。在百科词典里面,不同的名物、典章、制度都可以写成详尽的专门条目,而字典在释文的撰写上却要考虑字典本身的特点,在体例规定的有限范围内为读者提供更多的内容。

我国的字典学家在联系历史文化因素解释字义方面作了不少有益的尝试,有许多可以吸取的经验。比方古代一种大肚小口装水或酒的瓦器称为"缶"。现代的字典收了这个字,并且对它的形状和用途作了说明。《说文·缶部》对这个字的解释是:

缶,瓦器,所以盛酒浆。秦人鼓之以节歌。

缶是汉朝人们常见的器物,所以许慎没有对它的形制作更多的描写,只是对它的作用作了说明,特别强调秦人用它来调叶歌唱的节拍。这一点对于理解古人的生活有一定好处,它可以帮助理解《史记·廉颇蔺相如列传》渑池之会蔺相如逼秦王击缶的史实。对于理解下面这些文学名篇也很有好处:

李斯《上书秦始皇》:"夫击瓮叩缶,弹筝搏髀而歌呼呜呜快耳者,真秦之声也。"

杨恽《报孙会宗书》:"家本秦也,能为秦声,妇赵女也,雅善鼓琴,奴婢歌者数人,酒后耳热,仰天抚缶而呼呜呜。"

古代有一种捕鱼的方式,把成捆的柴扔到水中,鱼怕寒冷或者受到惊吓,都会往柴下躲藏,人们就可以在柴的周围进行捕捉。《尔雅》和郭璞注里面有这方面的记载。

《尔雅·释器》:"椮谓之涔。"郭璞注:"今之作椮者,聚积柴木于水中,鱼得寒入其里藏隐,因以薄围捕取之。"

《淮南子》的作者把"椮"写成"槑"(原作㮮,据庄逵吉、王念孙二人说改),《说林训》有这样一段话:"槑者扣之,罩者抑之,罿者举之,为之异,得鱼一也。"高诱注:"槑者,以柴积水中以取鱼。扣,击也。鱼闻击舟声,藏柴下,壅而取之。"这种捕鱼方式当然比较原始,但是在当时无疑是普遍采用的。《说文·网部》收录了"槑"字,并且有简明扼要的解释。

槑,积柴水中以聚鱼也。

字典在体例容许的范围内,结合使用那种语言文字的人民的历史,对事物的名称、生产活动的方式、典章制度进行释义,或者在选择用例时考虑到历史文化因素,会大大增加字典的知识性,使字典能更好地为社会服务。

当然,随着科学的进步,人们对周围客观事物的认识不断深化,原来一些错误的、不妥当的认识得到了纠正;一些片面的认识得到补充而更加完善,字典的释义内容也将随着发生变化。

鲸是生活在海洋中的哺乳动物。长期以来人们对它的本质属性缺乏认识。《说文》对它的解释是"海中大鱼也"。这个解释沿用了 1000 多年,《康熙字典》也承用这个说法。今天生物学的进展,弄清楚了这种动物的归属,现代的字典,哪怕是小型的字典,也不再采用传统的说法认为它是鱼类,而要赋予它以新的科学内容了。

天指地面上的高空。《说文·一部》用颠去解释它,意思是头顶,这可能是天最初的意义,古代文献里面还可以发现它的遗迹。头顶在人体的上部,由此引申出天空的意思。东汉刘熙作《释名》,对天的解释是"在上高显","坦然高远",都是从高高在上立说。这是对天的朴素认识。在科学不发达的古代,人们是无法真正认识天空的,但是又想认识它,揭示它的奥秘,于是产生了不少玄想。字典对"天"的释义也不可避免的要受到这种影响,试以《康熙字典》对"天"字的解释为例:

> 天……《说文》:"天,颠也。至高在上从一大也。"《白虎通》:"镇也。居高理下为物镇也。"《易·说卦》:"乾为天。"《礼·礼运》:"天秉阳,垂日星。"《荀子》曰:"天无实形,地之上至虚者皆天也。"邵子曰:"自然之外,别无天。"《程子遗书》:"天之苍苍,岂是天之形,视下亦复如是。"《张子正蒙》:"天左旋处,甚中者顺之,少迟则反右矣。"《朱子语类》:"《离骚》有九天之说,诸家妄解云有九天。据某观之,只是九重,盖天运行有许多重数,里面重数较软,在外则渐硬,想到第九重成硬壳

> 相似,那里转得愈紧矣。○按:天形如卵白,细察卵白,其中絪缊融密处,确有七重,第八重白膜稍硬。最后九重,便成硬壳,可见朱子体象造化之妙。今西洋历说,天一层缓似一层,此七政退旋,所以有迟速也。

按语以下是《康熙字典》的编者加的。引用西洋历法,在当时也算是时髦的了。但是整个按语并没有真正说明天是什么。今天科学的发展已经能够认识天空的奥秘,现代编写字典就没有必要再引述这些说法了。

充分考虑历史文化因素是指对于那些可以用历史文化因素来解释的字而言,至于与历史文化因素无关的字,自然没有必要牵强附会去硬作解释了。

五

密切联系语言学科的进展,不断吸收新的语言研究成果来丰富充实自己,是我国字典编写的又一传统。

字典的出现总是在语言文字的研究发展到了一定水平的时候,没有语言文字理论的指导是无法进行字典编写的。我国古代的语言文字研究通常称为小学,它包括文字学、音韵学、训诂学各个部分。不论哪一个部分有进展,都会直接或间接地给字典编写带来新的东西。

对汉字进行分析产生于春秋战国时期,分析汉字结构的理论是"六书",它在东汉年间达到成熟的阶段。许慎编《说文》,就充分地运用了这种理论来分析汉字,并且根据这种理论把汉字分为不同类型,从而创造了汉字的部首编排方法。这也就是说,我国字典是在文字学理论的指导下开始编写的。

许慎的时代,反切的注音方法还没有产生。《说文》里面表示字的读音,形声字则注明某声;不是形声字,如果需要注音,则用读若的方式;也有个别形声字,注了某声,又注明读若。东汉末年产生了反切。不久,它就被字典编纂者用来为汉字注音。一般认为,魏晋时期的字典,如李登的《声类》、吕静的《韵集》、吕忱的《字林》都是利用反切来注音的。

齐梁之际,出现了四声理论。这种理论运用到字典编写上,产生了按四声分卷的韵书。编排韵书的理论也运用到按照部首编排的字典上来。《龙龛手鉴》把部首归并为244部,部首的顺序和部首内部字的排列都按照平上去入分配。《类篇》在部首的安排上虽然因袭《说文》,没有多大的变动,但是部首内部字的排列上却利用了《切韵》系韵书韵目一东、二冬、三锺、四江的顺序,打破了《说文》以类相从的原则。《改并五音类聚四声篇海》把部首确定为444部,部首排列顺序则利用了等韵学上的字母理论,按照三十六字母的排列办法将部首字进行归类。

古音学萌芽于宋明时期,梅膺祚编《字汇》,在注音释义之后有"叶音"一项,几乎无遗漏的收列了吴棫《韵补》的材料。所谓叶音是指这个字头除了《切韵》系韵书的读音外,在古代它还和哪些字相通押。实际上所指的是上古音。《康熙字典》继承了这个传统,把《字汇》的叶音材料都抄了过来。今天大型字典注音分上古、中古、现代三段,不能说和这个传统没有联系。

训诂的发展,古书注释的增多,为字典的编写提供了丰富的资料。字典和古书注释是相互依存的。一方面,字典从古书注释里得到营养而大大地丰富了自己。另一方面,字典又为古书注释提供了依据。清朝嘉庆年间,阮元编写《经籍籑诂》,大量收集前代故训,为后世的字典编写提供了众多的资料,《中华大字典》在义项的收列上大大超过前代的字典,实际上得力于这部书。

　　本世纪以来,语言学的发展非常迅速。传统的小学得到进一步发扬,从西方语言学吸收来的语音学、词汇语义学、语法学等使字典的编写建立在更为科学的基础上。字典的收字原则、汉字特有的字形结构分析和字体演变的解说、注音、义项的建立、义项的排列、词义的诠解和词的语法作用的描述、例句的选择、异体字的整理、通假义项的确立,字和词的矛盾的解决,所有这些都离不开现代语言学理论的指导。新字典的编写必需建立在科学的语言学的基础上。

(载《词典研究丛刊》第十辑　1989年)

在楷书汉字上下功夫

《汉语大字典》是楷书汉字的大汇编,因而应该在楷书汉字上多下功夫。这里面有其他词典不必考虑而《汉语大字典》应该认真对待的好些问题,对它们的处理也就构成为《汉语大字典》的一些特点。

收字多,这是第一个特点。

我国语文辞书在收字上是不断增加的。《说文解字》收字不过9000多,加上重文也只是1万出头,《康熙字典》收字就达到47000多。本世纪出版的一些词典,如日本的《大汉和辞典》和台湾省的《中文大辞典》,收字又有增加,但是都没有超过5万。

《汉语大字典》要求尽可能收录古今楷书单字。它以《康熙字典》为收字底本,从古今有代表性的著作和字书中补收《康熙字典》没有收的字。目前大规模的收字工作已经告一段落,收录的单字早已超过了6万。经研究,这6万多单字有些在形体或笔形上还可以进一步规范统一。如在字体方面有宋体、仿宋体、人民体,还有刻工自己创造的字体;在笔形方面侧点写成撇点、竖点、横点、斜方点、长方点等等。所有这些都要求统一,并本着收录从宽,入典从严的原则,对不同字体,不同笔形的字进行统一。据初步估计,《汉语大字典》收列楷书单字字头将有57000个。

楷化的甲骨文、金文和小篆形体是学者们根据古文字写成的,它们并不具有社会性,不同学者可以有不同的楷化办法。人们任何时候也没有用它们来记录语言,交流思想。它不收录进字典作为单字字头。像前些年在书刊上出现的楷化甲骨文"兽"字,就不能作为单字字头收进我们字典。

方言字在某一地区使用,有一定的群众基础,应该说是有社会性的。但是字典应该考虑自身的典范性,它要收录方言字,却不能够取代方言字典的任务。因此,收录进《汉语大字典》的方言字应该是在较广大地区流行的;过于狭小范围使用的方言字不宜进入我们的字典。有些地区创造了一些不必要的方言"新"字,如把耗子的"耗"写作"獂",薣头的"薣"写作"藙",这样的字不必收录。

近6万个方块汉字,包括传统的楷体字,也包括新的简体字,旧的部首编排法已经不能够满足需要,应该考虑新的对繁简体字都适用的部首编排。这个部首编排法应该有相当的群众基础,不要跟传统的编排法距离太大,最好是在《康熙字典》的214部的基础上增删调整。如"彪"字《康熙字典》列在"彡"部,按照这个字的形体和意义,应该考虑调整到"虍"部来。《汉语大字典》的立部归部要考虑到汉字的标准化,有利于现代通用汉字的四定(定量、定形、定音、定序)工作。

在楷书字头下确切说明汉字的字形结构和演变,这是《汉语大字典》的第二个特点。

以前的字典不是没有注意字形的结构和演变。《说文》就有字形的分析,它的重文中就有古文字形体。《康熙字典》在释义时总是先引用《说文》。《大汉和辞典》在楷书字头下列有《说文》的小篆形体。《中文大辞典》在单字下面更列有甲骨文、金文、小篆、隶书、草行、行书等各种形体。但是,他们多利用第二手材料,出现了一些差错;他们也有解形,但是材料没有超出《说文解字诂林》,显得有些陈旧。

《汉语大字典》在有古文字形体的楷书单字下按照时代先后顺序列出那个字的古文字形体,并且附上简单的文字解说。这是它不同于词典的地方。楷书字头下列出甲骨文、金文、小篆、隶书等有代表性的形体,为的是说明楷书形体的来龙去脉,佐证字的本义。这又决定了它和专门的甲骨文字典、金文字典不同。《说文》的解说应该注意收录,它是认识古文字的桥梁。但是它毕竟是东汉人写的,有些古文字材料当时没有看到,因而对小篆的认识有不尽妥当的地方,这就需要用古文字的材料来校正。如"衣"字照《说文》的解释是"象覆二人之形"。清代有不少人相信这点。段玉裁认为"云覆二人,则贵贱皆覆,上下有服而覆同也"。还有人认为二人指男女。其实这个字见于甲骨文,像一件上身穿的衣裳,楷书写得完全变样了。应该根据甲骨文和古文字学研究的成果纠正《说文》的解释。

说明汉字的形体结构和演变重点在甲骨文、金文等古文字形体,只有隶书以后(包括隶书)形体的单字,一般只排列形体,不加解说。但是有些隶书形体与楷书差别较大,还是应该有简单的说明。如"亮"字不见于《说文》,大徐本《说文·儿部》的"㒍"字下有徐铉的一段按语说:"今俗隶书作亮。"《中文大辞典》"亮"字下面没有列小篆形体。但是在义项中却又引《说文》:"明也,从儿高省"。而第五个义项又说:"与㒍通。"其实加入"亮"字及解说是段玉裁所做的。段玉裁在儿部末尾加了这个字并且说:"各本无,此依《六书故》所据唐本补。"像"亮"字这样复杂情况的字,可以考虑加字形解说。

《汉语大字典》的字形工作一开始就注意收集第一手资料,由四川古文字字形组的同志编出了《汉语古文字字形表》[①],收录甲骨文、金文、战国文字的材料,共有字头三千多个。川鄂两省古文字字形组的同志收录秦汉隶书资料工作也已经告一段落[②]。

古文字形体的收列和字形结构演变的解说是一件新的工作,而古文字的研究又是众说蜂起、群芳争艳的局面。编写人员来自五湖四海,师承不同,见解各异,反映到这个领域是各说不一,因而调整统一,大非易事。但是有一点可以肯定,字典是供群众学习语文的工具书,不是百家争鸣的战场。一部字典是一个统一体,不应该自相抵牾,前后矛盾。要做到选字合理,解说协调,将是今后一项复杂而艰巨的任务。

对异体字进行初步的清理,这是第三个特点。

由于汉字本身的特点,就决定了它要出现异体字。许慎编《说文》就接触到这个问题。《说文》里的重文就是指异体字。随着时间的推移,文字的孳乳,异体字也越来越多。历代字书对异体字都进行过整理,规定出正体。但是异体字不断增加,整理工作也在不断进行。《汉语大字典》的编写不能够回避这个问题。

早在《汉语大字典》开始上马的时候,就注意了异体字问题,并组织了专门班子对《康熙字典》的异体现象进行了清理,并且和《第一批异体字整理表》、《新华字典》作了对比,发现《康熙字典》的异体字竟超过了2000组。说明编写一部大型字典处理异体字非常必要。以后,一些编写组积极支持,献计献策[③],目前已经摸索到一些清理异体字的办法。

在异体字的清理过程中,确定哪一个字为正体非常重要。几年的编写实践说明,通行的楷书繁体字最有资格作为一组异体字

的正体。具体的选取办法有以下这些:

(一)《简化字总表》、《新华字典》、《现代汉语词典》、《辞海》等收录的简体字后面括号内的繁体字都是通行的楷书繁体字,应该把它们选定为正体。如"挤"字后面括号内的"擠"字,"乱"字后面括号内的"亂"字。如果括号内有几个形体,就从这些形体中选择一个通用字为正体。如"关"字后面括号内有"關"、"関"两个形体,"關"字比较通用,就选它作为正体。

(二) 没有简体字的异体字,以《第一批异体字整理表》和《印刷通用汉字字形表》以及上面提到的三部辞书所列的正体为正体;括号内的字为异体字。如"梅(楳、槑)",以"梅"字为正体。

(三) 上面各种字表和辞书都没有反映的异体字,以文籍中通行习见的为正体。如"搹"、"挌"、"扼"等字就以"扼"为正体。

(四) 篆体隶定过程中的几种形体,以现今通行的楷书繁体字为正体字。如"抓"、"抓"、"抓"都来源于同一篆体,其中"抓"字通行,以"抓"为正体。

(五) 形体差别较大的异体字,一般以《新华字典》、《现代汉语词典》、《辞海》、《辞源》所取的字形为正体字;这四部辞书没有收的字,应该参照《康熙字典》、《中华大字典》所取的字形确立正体。

(六) 冷僻罕用的异体字,以有用例的为正体。都没有用例,应该根据历代辞书提供的材料进行具体分析,然后再作决定。

异体字的情况非常复杂。有全同异体;有本来是异体,后来分化为表示不同意义的字;也有本来不是异体,后来因为假借关系而成异体的;也有仅在部分音项下面有异体关系。《汉语大字典》要求历史地具体地反映字的形音义的发展,对于这些各种各样的情况要一个一个地进行分析。一般地说,全同异体字可以用"同某"

的形式表示,其余则分别情况用不同的方式处理。有些可以在义项下注明,有些可以列入字形解说。

在单字条目下收列这个字较习见的通假用法,这是《汉语大字典》的第四个特点。

通假是指古代汉语书面语言中音同音近而意义原本没关系的字的运用。通假现象在古代汉语的书面语中存在,这是古人用字的一种习惯。陆德明《经典释文·叙录》引用郑玄的话说:"其始书之也,仓卒无其字,或以音类比方假借为之,趣于近之而已"。这段话道出了通假字产生的原因。通假字是汉字特有的现象,它属于文字上的借用,不属于词义体系。拼音文字就没有通假现象,使用拼音文字的人也不会提出通假问题。

《汉语大字典》从一开始编写就注意到通假现象的处理④。多年的编写实践在处理通假问题上有下面这些认识。

首先,必须把通假现象和"六书"的假借、文字孳乳中的古今字区别开。

按照许慎的解释:"假借本无其字,依声托事。"像"而"、"虽"、"焉"这些虚字都是利用假借的方式造成的。而通假则是本有其字,只是书写时写了另一个音同或音近的字。假借字在字形解说里说明,通假字在义项下注明"通某"。

古代字少,一个字可以有多种功能。后来由于交际的需要,创制了后起区别字,这就是通常所说的古今字,如"莫"字,《说文》的解释是"日且冥也。从日在茻中"。它的意思是傍晚。后来又另造了一个"暮"字。它是"莫"的后起区别字。"莫"和"暮"的关系是古今字的关系。不作通假处理,在"莫"字傍晚的义项释文后面注明"后作暮"。

通假现象较多出现于秦汉时期的古籍中,收录通假现象应该以秦汉的传世典籍为重点。秦汉碑刻以及新出土的竹简、帛书里面也有很多通假现象,对它的收录应该分别情况,凡是正式出版的材料中文句明确又比较通用的通假现象可以考虑收录,生僻的而又不见于传世典籍的通假现象收录应该从严。

通假现象要严格从语言事实出发来考虑。有无用例是确定通假的重要标志。古书上的文句里有些字意义扞格难通,把它读成另外一个音同或音近的字,意思就清楚了。这种情况可以考虑作为通假现象处理。如果一个字的含义适合上下文的意思,本来就怡然理顺,没有什么扞格难通的地方,就应该看作字义的正常运用,就不必作为通假处理。

处理通假现象要注意吸收前人的研究成果。汉代学者注释古书就已经注意到通假现象。他们有的明确指出是通假,有的用"读为"、"读如"、"读若"来表示。这些成果我们应该吸收。清代古音学昌明,钱大昕、段玉裁、王念孙、王引之、朱骏声、俞樾利用通假的原理解决了古书阅读上的一些疑难问题,他们的研究成果也应该很好地吸收。但是前代辞书里有用"通"表示通行的字体,不是通假;朱骏声《说文通训定声》里的假借比我们所说通假的范围宽得多。这些又是在吸收前人成果的时候应该引起注意的。

通假现象是客观存在,解释它就是揭示这种存在。由于各人的认识不同,解释的时候可能出现分歧。如《管子·形势》:"抱蜀不言而庙堂既修。"这句话里的"蜀"字非常费解。前人想从通假去解释,又是各有各的看法⑤。这种分歧的解释虽然在古书中不多,但是却是麻烦事,对它的处理比较困难。是否选择一种比较有影响的说法,或者直接用尹知章注解释为"祠器"。

确定通假现象应该规定一些条件。经过几年的编写实践,可以考虑把确定通假的条件归结为以下三点:

(一)通假的两字必须同时并存,同时并存才谈得上通假。

(二)两字音同音近,音同音近应该以通假时的语言为准。

(三)两个字的意义原来没有关联。

这里写的只是《汉语大字典》有关字的形体以及与此有关的一些主要特点。

[附　注]

① 《汉语古文字字形表》,四川人民出版社出版,一九八〇年。

② 参看:无闻《现存秦汉魏晋篆隶石刻表》。《词典研究丛刊》第三辑,一九八一年。

③ 参看:刘又辛《大型汉语字典中的异体字、通假字问题》,《中国语文》杂志一九七九年第四期。又《关于整理异体字的设想》,《辞书研究》一九八〇年第三辑。

④ 参看:甄尚灵《汉字假借义试探》,《词典研究丛刊》第一辑,一九八〇年。

⑤ 郭沫若等《管子集校》。

(载《辞书研究》第 2 期　1983 年)

大型字典收列复音词刍议

一

汉字是一种表意体系的音节文字,它不同于单纯记录音节的音节文字,也不同于表示音素的音素文字。这种文字形体繁复,字数众多。东汉许慎撰《说文解字》,收字9353,重文1163。在漫长的历史进程中,汉字的数目在不断增加。现在通行的汉字总数虽然不上1万,但是各种别体、异体、古体、讹体加起来的数目远远超过6万。

汉字一个字代表一个音节,对于上古汉语单音词占优势是适应的。汉晋以来,由于语言发展内在规律的作用,汉语里的复音词日渐增多,一个词要用两个或两个以上的字去表示,字和词的矛盾突出了,字和词的矛盾也反映到字典辞书的编写上来。

在我国编写语文工具书的传统中,字典和词典在性质和体例上是有区别的。字典以收单字为主。《说文》按照小篆的形体偏旁,编次汉字,分540部,创立了按部首编排汉字的体例,为后世按部首编排汉字打下了基础。《字林》、《玉篇》、《类篇》都是按这个体系编成的。《广韵》、《集韵》则是按韵排列的字典。遇到某些单字只出现在复音词中,这些字典就用单字带复词的办法处理。下面举《说文》为例:

璠　璠,鲁之宝玉。(玉部)

璵　璵璠也。(同上)

葰　葰䋁也。(艹部)

"璵璠"、"葰䋁"都是复音词。再举《广韵》为例:

茙　茙葵,蜀葵也。

艨　艨艟,战船。

"茙葵"、"艨艟"都是复音词。

《康熙字典》、《中华大字典》等名为字典,实际上收列的复音词已经超出《说文》、《广韵》。如"行"字,《康熙字典》在这个字下收了"行人"、"歌行"、"中行"、"太行"、"行行"等复音词。《中华大字典》在"行"字下收列的复音词比《康熙字典》更多,除了《康熙字典》所收的之外,它还收了"五行"、"行书"、"行走"、"行媒"、"行马"、"行星"、"行所在"、"群行为"、"行启"、"大行"、"微行"等等。在没有专门的语文词典的情况下,大型字典收录一些复音词,从某种意义上说也可以起到词典的作用,对于解决字和词的矛盾有一定的好处。

我国词典编写已有很长的历史。在汉朝就有类聚同义词的《尔雅》、收录方言词的《方言》、阐述词源的《释名》。它们在编排上以义为纲,查检不便,直到清代《佩文韵府》采用"以韵统字,以字系事"的办法,词典的编排才有了新的突破。随着我国语言科学的发展,词的观念更加明确,单字头下面带复音词的办法已经成为今天编写汉语词典的一种主要方式。已出版的《辞源》、《辞海》、《现代汉语词典》、《四角号码新词典》都是按照这种方式编排的。这种方式能够很好地解决词典编写中字和词的矛盾。

二

汉字是一个形音义的统一体。词典偏重词的注音、释义、提示它的用法；对于字的形体构造、字音流变、古音通假等涉及不多。字典，特别是大型的字典就要求能够解决这方面的问题。

在有了大型词典的情况下，大型字典要不要收列复音词，收列哪些复音词，我们在编写《汉语大字典》(以下简称《字典》)的过程中曾经进行过探索，也走过一些弯路。

记得七年前《字典》刚上马的时候，当时曾经设想在单字下列出联绵词。一个联绵词有不同的写法，《字典》里面都要反映。比方"委蛇"这个词，写法有五十多种，在相应的字头下要全部收列。不久，又在"把无产阶级专政的任务落实到每个词条"的提法的影响下，又曾经设想在单字条目下增收"有重大政治意义的词"。比方《新华字典》(1957年6月新1版)在"共"字下面收了"共和国"、"共产党"、"共产主义"几个词，大型的字典在"共"字下就应该比《新华字典》更多收一些。这样一来，像"共青团"、"共同纲领"、"共产主义劳动"、"共产主义道德"等等都要在《字典》的"共"字下带出来。一部《字典》里面包孕着一部联绵词典和一部政治术语词汇总不那样妥当。

1977年编写工作逐渐走上正轨，经过两年多的编写实践，认识到《字典》应该有自身的特点。今天编《字典》和《康熙字典》、《中华大字典》的编写条件有很大的不同，那时没有相应的词典，字典里面多收一些复音词是必要的。而在今天，除了《字典》以外，还有它的姊妹篇《汉语大词典》正在编写。《汉语大词典》在单字下要收列更多的复音词,《字典》如果也用同样的收词原则来处理复音词,势必发生重复,造成不必要的人力浪费。

《字典》单字下收列复音词应该从它本身的特点来考虑。《字典》收字要求完备,注音要能够反映这个字读音的历史演变,义项也要相对齐全。根据这个特点来确定复音词的收列,在一般情况下,只要单字有义项,就不必在单字下面再带出复音词。例如"行"字是一个多音多义字,不论哪一个音项下面都统率着一批单用义项,因此像《康熙字典》、《中华大字典》的"行"字下面所收列的那些复音词,《字典》就不必收列。又如"玎"字,《说文·王部》解释为玉声,意义已经明确。"玎珰"、"玎玲"、"玎琤"等复音词也就可以不再收录了。

这样,《字典》把收词的原则规定为:存字、存音、存源。下面分别说明。

三

收词存字 有些单字只在复音词里面出现,不收这个复音词,就可能漏掉这个字。要收这个字就要收相关的复音词,不然就说明不了这个字的意义和用法。

"蜈蚣"、"蜻蜓"这些词都不能够拆开,它们是一个整体。不收这些复音词,就无法收列"蜈"、"蚣"、"蜻"、"蜓"这些单字。因此在处理这些复音词的时候,采用头一个字下列出复音词,并且释义举例。第二个字下只列出复音词,注明参见,不再释义举例。如:

蜈　wú　《广韵》五乎切　平模疑

　　[蜈蚣]虫名。(下略)

蚣　gōng　《广韵》古红切　平东见

[蜈蚣]虫名。见"蜈"字

"孜孜"、"赳赳"这些词,见于文献记载就是两字叠用,传统上称为重言。《字典》在相应的单字下收列这个复音词。

孜　zī　《广韵》子之切　平之精

[孜孜]勤谨;努力不息。(下略)

赳　jiū　《广韵》居黝切　上黝见

[赳赳]雄壮威武的样子。(下略)

"凤凰"、"蝴蝶"又是另一种情况。"凤凰"古作"鳳皇"。"蝴蝶"古作"胡蝶",由于汉字的类化作用,它们变成了现在的通用形式。尽管它们是整体,但其中一个成分可以单用。这类词只收在不能单用的字下,能单用的字则照一般的单字处理。例如:

鳳　fèng　《广韵》

"凤凰"的单称。《论语·微子》:"楚狂接舆歌而过孔子曰:'鳳兮鳳兮!何德之衰也?'"参看"凰"字。

凰　huáng　《广韵》胡光切　平唐匣

[鳳凰]古代传说中百鸟之王,羽毛美丽,雄的叫鳳,雌的叫凰。《淮南子·公孙丑上》:"麒麟之于走兽,鳳凰之于飞鸟。"《淮南子·本经》:"覆巢毁卵,鳳凰不翔。"

蝴　hú

[蝴蝶]昆虫名,翅膀阔大,色彩美丽,静止时四翅竖立在背部,白天在花草间飞行。吸食花蜜,种类繁多,幼虫多对作物有害。

蝶　dié

蝴蝶的单称。梁简文帝《咏雪》:"盐飞乱蝶舞,落花飘粉奁。"

沈约《八咏诗·会圃临春风》："蝶逢飞摇飏,燕值羽参差。"

汉字里面有些字是专为翻译非汉语的词而造的,这些字数量不大,但却是汉字,它和日本人造的方块字不同,这类字应该根据《字典》的收字原则收录。如果这个字出现在复音词中,就应该收录相应的复音词。如"隬嵫"是佛经上的人名。是一个音译外来词,就可以考虑按"蜈蚣"这类词的收列办法处理,因为"隬"、"嵫"这两个字在文献上没有发现单用例①。类似的还有和尚披在外面的法衣称"袈裟",也应该如此处理。

收词存音　有些单字在特定的复音词中有特殊的读音,这种特殊的读音往往反映了这个字在历史上出现的读音变化。不收录这个复音词,就无法表示这个字有这个特殊的读音。例如"阏"字作阻塞讲音 è(《广韵》乌葛切),在干支的名称"阏逢"、"单阏"中有专门的读音。为了保留这些异读,就应该收录这些复音词。表示的办法如下:

阏　(一) è

①阻塞(下略)

(二) yān《广韵》於乾切　平仙影

[阏逢]十干中甲的别称。《尔雅·释天》:"太岁在甲曰阏逢。"

(三) yè《广韵》於歇切　入月影

[单阏]十二支中卯的别称。《尔雅·释天》:"太岁在卯曰单阏。"《史记·历书》:"端蒙单阏二年。"司马贞索隐:"单阏,卯也。"

又如"鲑"字音 guī 表示河豚,音 xié 表示用鱼作的菜肴。但是《庄子·达生篇》:"东北方之下者,倍阿鲑蠪跃之"。"鲑蠪"是一个复音词,为古代传说中的神名,在这个复音词中"鲑"音 wā(《集韵》乌蜗切)。又《后汉书·牟融传》说永平十一年牟融代鲑阳鸿为大司。鲑阳是复姓,这里鲑也有特殊的读音,音 kuī(《广韵》苦圭切)。为了保存"鲑"字的全部读音,也必须收录"鲑鲨"、"鲑阳"这两个复音词。

"龟"音 guī,兹音 zī,这是两个常用字。但这两个字连在一起,作为汉代西域国名的时候,不音 guīzī,而是音 qiūcí。为了表示这两个字的特殊读音,就要收这个复音词。

龟 (一) guī 《广韵》居追切 平脂见乌龟,爬行动物。……

(二) qiū 《广韵》音丘(之韵疾之切兹字下)

[**龟兹**]汉代西域国名,在今新疆维吾尔自治区库车县一带。见《汉书·西域传》。

兹 (一) zī 《广韵》子之切 平之精(下略)

(二) cí 《广韵》疾之切 平之

[**龟兹**]汉代西域国名。参看"龟"(二)。

同样还可以举出"可汗"这个词。它是古代鲜卑人对其尊长的称号,音 kèhán。现代汉语"可"音 kě,汗音 hàn。为了表示这两个字的特殊读音,也需要收"可汗"这个复音词。

收词存源 有些字很早就存在于复音词中,后来才有单用例。有些复词和单用时毫无关系,有些单用就是复音词的节缩,为了体现这个字的历史,反映它出现的时代,就要首先收录那个复音词。

"蟙"字最早出现于汉代的文献。《方言》卷八:"蝙蝠,北燕谓之蟙䘃"——是一个复音词。这个字单用表示另一种动物,见于《本草纲目》,它和这个复音词的意义没有任何历史上的渊源。如果只收单字,这个字的用例距离它产生的时代太远了。为了反映

这个字的历史,在这个单字下先收复词,后收单字。如:

蟙　zhì　《广韵》之翼切　入职章

①[蟙䘍]蝙蝠。(下略)

②高脚蟹。蜘蛛蟹科,头胸甲形似葫芦,宽约四十厘米,两螯足伸开,相距可达三米,为世界上最大的蟹,产于日本东京湾以南深海中。(下略)

"艗"这个字是另一种情况,它最早出现于"艗首"这个复音词中,在汉魏的辞书《方言》、《广雅》里收录了它。但是宋词里有单用的。为了反映这个字的历史,也需要收这个词,并作如下处理。

艗　yì　《广韵》五历切　入锡疑

[艗首]船首。《方言》卷九:"首谓之阎闾,或谓之艗首。"郭璞注:"鷁,鸟名也。今江东人船前作青雀是其象也。"后也有单用的。[宋]赵溍《临江仙·西湖春泛》:"骄骢穿柳去,文艗挟春飞。"

"琵琶"是一个复音词,它指国乐里的弦乐器。《初学记》卷十六引《风俗通》:"琵琶,近代乐家所作,不知所起,长三尺五寸,法天地人与五行也,四弦象四时也。"后来又拆开单用表示弹琵琶的指法。《唐语林》卷三:"(王瑀)又见康昆仑弹琵琶云:琶声多,琵声少,亦未可弹五十四丝大弦也。自上而下谓之琵,自下而上谓之琶。"按照收词存源的原则,在"琵"和"琶"两字下都应先收"琵琶"这个复音词,释义和举例采用互见办法,然后再收单用义项。

四

从前有这样一种设想,某些不能够单用而见于多个复音词中的字,可以在这个字头下收列这些复音词,并释义举例。如"䴔"字在《尔雅·释鸟》里就有"鹕鹈"、"鹕鸥"等，都应在"鹕"字下收列，"鹈鸥"等字下只收相应的复音词作互见条。这样，把单字条目下收列复音词的范围扩大了。实践证明，这样处理很难掌握。有一种看法，《字典》收的复音词本来就不多，这样多收几个也可以，反正对读者有好处。另一种看法则认为收列复音词还是应该考虑《字典》的性质和规模，任何一部辞书都不能"包打天下"，绝不是多多亦善。《字典》收复音词的目的是为了存字、存音、存源，收一个复音词已经能够达到目的，又何必多收呢？目前后一种看法似乎占优势。

这样来处理《字典》的复音词，《字典》收列复音词的数量不会很大，不致和别的词典重复。

[说明]本文在写作过程中曾经参考了《汉语大字典》四川省第三编写组1979年写的"大型字典中处理复音词的几点意见"，特此说明。

又所举例子是从《字典》稿中摘引的，只是为了说明某一方面的问题，不能作为《字典》的样稿看待。

[附　注]

①《康熙字典》阜部十画收有"隒"字，引《字汇补》："徒协切，音牒，出开元释迦目录。"没有指出它是复音词。

（载《辞书研究》第 1 期　1982 年）

审音述闻

审音是字典编写工作中的一个复杂问题,其中包括了字音的确定,又音的选择,音义的配合等等。在收列前代韵书的切语时,还应该考虑这些切语是否准确可靠。

《康熙字典》对前代韵书的切语,曾作过一点辨正工作。如口部"嗺"字。

嗺　〔玉篇〕子虽切,〔正韵〕遵绥切并音逡……〔集韵〕祖回切音摧……又〔集韵〕祖猥切音摧……。按山部内崔字。口部内嗺字,笔画虽同,字形迥别。今诸韵书,义音杂出,如此字系口旁加崔,而《正韵》于遵绥切内云山高貌,亦同崔。《广韵》子于切,《集韵》遵须切内云"高貌"又《广韵》遵诔切云"山状",应是"嗺"字。注不宜溷入,诸韵书疑误。

然而,《康熙字典》对字音的辨正,并不完全妥当;而且对前代韵书中许多注音错误,也没有纠正。

十几年前,我随祖父赵少咸教授整理古书切语,曾经参阅他的《广韵疏证》手稿,写了一些读书札记。在十年浩劫中,《广韵疏证》原稿虽大部散失,但我写的札记尚存。现将有关辨正《康熙字典》录引前代韵书切语讹误的材料进行整理;整理时,又据唐五代各种韵书残卷作了校录。

《康熙字典》收字4万多个,切语有问题的,当然不止这34个字。相信有更多的同志将对这一工作进行研究,使字典审音工作能够达到一个新的水平。

由于这份材料的基本观点是我祖父的,所以叫作"述闻"。

垼 〔广韵〕〔集韵〕〔韵会〕并营只切音役。《说文》:"陶灶窗也。"又〔广韵〕度侯切音投,义同。(《康熙字典》土部四画。以下同,不再注"《康熙字典》"四字)

按:《说文·土部》:"垼,陶灶窗也。从土,役省声"。徐铉音营只切。《玉篇·土部》音唯壁切。《仪礼·士丧礼》:"甸人掘坎于阶间少西,为垼于西墙下东乡"。"垼"即"垼"字,释文音役。以上各书都不音度侯切。"切三"、"王一"、"王二"度侯反下,也没有收这个字。

夾 〔广韵〕〔集韵〕并失冉切,音闪。《说文》:"盗窃怀物也。"又〔集韵〕施只切,音释。义同。

(大部四画)

按:《广韵》入声昔韵施隻切下收此字,"王二"、吴县蒋斧藏《唐韵》残卷(以下简称《唐韵》残卷)昔韵施隻反下亦有此字。"切三"渍施反、"王一"施隻反下无此字。《说文·亦部》:"夾,盗窃怀物也。从亦,有所持。俗谓蔽人俾夾是也。弘农陕字从此。"徐铉音失冉切,施隻一切来源不明。

娑 〔广韵〕〔集韵〕并苏禾切,音莎,女字。《穆天子传》:"盛姬之丧,叔娑为主。"又醋加切,音叉,沙疾也。又〔集韵〕邶戈切,音莝。又徂禾切,音醝,义并同。(女部七画)

按:"切三"莎音下无"娑"字。"王一"苏和反、"王二"苏禾反下亦无"娑"字。《穆天子传》卷六郭璞音"娑"为"痈痤"。《说文》:"娑,訬疾也。从女,坐声"。徐铉音昨何切。徐铉音和郭璞音一致。苏禾切来源不明。

妦　〔广韵〕雨非切,音韦。与斐通。(女部八画)

按:《集韵》、《韵会》于非切,《五音集韵》雨非切,都没有收这个字。《集韵》平声微韵芳微切下收"斐"字,注云:"〈列仙传〉江斐二女,或书作妦"。可见"妦"是"斐"的异体字,不应该音雨非切。"切二"王悲反、"切三"王非反都没有"妦"字,"王一"也没有收"妦"字。

𤸪　〔广韵〕跪顽切,〔集韵〕渠鳏切,并宦平声……

又〔广韵〕丁全切,音拳,行不正也。(尤部十八画)

按:从"堇"得声的字没有读舌音的。《五音集韵》作巨全切。疑此"丁"字为"巨"字。

挤　〔唐韵〕前智切,〔集韵〕疾智切,并音渍。《说文》:"积也。诗曰:助我举挤,摵频旁也。"又〔集韵〕〔韵会〕并子智切,读若委积之积。又〔广韵〕〔集韵〕并奇寄切,音芰。义并同。(手部五画)

按:"王一"渠宜反下收此字,"王二"奇寄反下未收。《说文·手部》"挤"字徐铉音前智切。今《小雅·车攻》"挤"作"柴",释义:"子智反又才寄反,积也。说文作'挤',士卖反"。都没有奇寄这个切语。

敨　〔广韵〕芳万切,〔集韵〕孚万切,并音娩。《说文》:小舂也。又〔集韵〕充芮切,音毳。又初芮切,音毳,义并同。又楚快切……(支部十四画)

按:"王一"芳万反收此字,"王二"芳万反未收。

《说文·支部》"敨"字徐铉音初紊切。内府本《广韵》去声愿韵叉万切下收"敨"字。芳万切来源可疑。

旭　〔广韵〕许玉切,〔集韵〕吁玉切,并音勖……又〔集韵〕许元切,音喧。又许皓切,音好,义并同。(日部二画)

41

按:"切三"况袁反未收此字。《诗经·邶风·匏有苦叶》:"旭日始旦。"释义:"旭,许玉反,徐又许袁反……"段玉裁校:"《类篇》、《集韵》云许元切,徐邈读。按徐心许九反,讹九为元耳。今《释文》又作许袁,则更难考正矣。"段校是。此音不能成立。

梀 〔唐韵〕〔集韵〕并千木切,音瘯。《说文》:"短椽也。"又〔唐韵〕桑谷切,赤梀木,可为车辋……

又〔广韵〕山责切,〔类篇〕色责切,并音蓬。……(木部七画)

按:"切三"、"王二"送谷反下未收此字。《唐韵》残卷音速下有此字,注云:"赤梀,木名,出尔雅,加。"桂馥《札樸》卷六"梀"字下云:赤梀,木名,桑谷反,此音大谬。释文云:"梀又作樕同山厄反。郭音霜狄反。从束,乃误从束缚之束。"桂馥的说法正确,应据此订正字形和切语。

棴 〔广韵〕〔集韵〕〔类篇〕并房六切,音服。《玉篇》:木出昆仑山。又〔集韵〕〔类篇〕并苏谷切。

(木部八画)

按:"切三"、"王二"送谷反下未收此字,《唐韵》残卷音速下亦未收此字。《广韵》桑谷切下收此字。然从服得声之字不应有桑谷切。此字当音房六切,苏谷切一音当删去。

欥 〔唐韵〕许其切,〔集韵〕虚其切,并音僖。又〔集韵〕呼来切,音哈。(欠部四画)

按:"切二"、"切三"、"王一"许其反下未收此字。《广韵》七之许其切下收此字。《说文·欠部》"欥"字段玉裁注:"此今之嗤笑字也。《广韵》画欥嗤为二字殊误。其云嗤又作欥,不知皆欥之俗耳。《文赋》曰:'虽濬发于巧心,或受欥于拙目。'李善曰:欥,笑也。与嗤同。今本转写乖谬。"此字徐铉音许其切,段玉裁改赤之切。段玉裁说清正确,当据其说订正。

殕 〔玉篇〕〔广韵〕并方九切,音缶。又〔唐韵〕芳武切,〔集韵〕斐父切,并音抚。又〔集韵〕奉父切,音同。又〔玉篇〕步墨切〔集韵〕鼻墨切,并音蔔。又〔广韵〕爱黑切音餩。(歹部八画)

按:"王二"爱黑反未收此字,《唐韵》残卷餩下亦无此字。从"音"得声的字多在唇音,没有在喉音的。爱黑切可疑。

焣 〔集韵〕〔韵会〕并楚绞切,音谢。扬子《方言》:"焣,火乾也"。又〔广韵〕楚洽切,音锸。义同。(火部八画)

按:"切三"、"刊"、"王一"、"王二"、《唐韵》残卷楚洽切下都无此字。《方言》卷七:"焣,火乾也。"郭璞音创眇反。《广雅·释诂二》:"煼,乾也。"曹宪音初绞反。《玉篇·火部》同。"焣"、"煼"就是今天"炒"字的古体,应该根据《集韵》、《韵会》音楚绞切。

胗 〔广韵〕驰遥切,音潮。《玉篇》:几也。《广雅》:"胗、俎,几也。"又〔广韵〕渠遥切,并音翘。又〔广韵〕〔集韵〕并施隻切,音翅。义并同。(片部六画)

按:《广雅·释器》:"胗,几也。"曹宪音尸赐反。王念孙疏证:胗,即《方言》榻字。《盐铁论·散不足篇》云:"古者无杠楊之寝,牀栘之案。栘与胗同。""胗"字当音施智切。

猋 〔唐韵〕平表切,〔集韵〕彼表切,并音殍。《玉篇》:猣也。又〔集韵〕巨夭切,音骄,又俾小切,音标,义并同。又〔集韵〕〔类篇〕并巨小切,音跷《博雅》:猋狁,健也。(犬部八画)

按:《玉篇·犬部》此字音巨表切。《广雅·释诂二》曹宪音口尧切。"口"字疑为"巨"字之误。此字当以巨夭切作为正音。

皼 〔广韵〕〔集韵〕并争义切,音柴。《玉篇》:皮不伸也。又〔广韵〕〔集韵〕平义切,音彼。义同(皮部五画)

43

按:"王二"此字收在争义切下。此字从皮,此声,不应当音平义切。

眹 〔广韵〕舒闰切〔集韵〕〔正韵〕输闰切,并音舜,与瞚、瞬、眴并通。《玉篇》:目动也,以目通指也。《公羊传文七年》:"眹晋大夫使与公盟。"疏:言其用目眹之,并使向鲁。若今时瞬眼矣。又〔广韵〕〔集韵〕并式荏切,音审。《广韵》:瞋也。《类篇》:视也。又〔广韵〕书之切,音:诗。眹的也。见《声韵》。(目部五画)

按:任大椿《小学鉤沈》卷十一,王念孙校云:"念孙案的当为眴。《大戴礼记·易本命篇》:'三月而微眴。'卢辩注曰:'眴,转视儿。今本眴讹作的,正与此同。'眴,《说文》作旬。云:'目摇也,从目,眴省声。或作眴,从旬声。'《一切经音义》卷二引通俗文云:'目动曰眴。通作瞚。《说文》曰:瞚,开阖目数摇也。'《文七年公羊传》:'眹晋大夫。'何休注曰:'以目通指曰眹。'释文:眹音舜,引字书:'眹,瞋也。'"依王念孙校,眹字无书之切,应当删去。又"《声韵》"当依《广韵》改作"《声类》"。

睒 同眹。又〔广韵〕式其切〔集韵〕升其切,并音诗。眴也。(目部七画)

按:《公羊传·文公七年》"眹晋"条释文:"音舜。本又作睒。丑亦反,又大结反。以目通指曰眹,本又作睒,音同。字书云:眹,瞋也。"《集韵》以眹、睒为一字。《广韵》列"眹"于书之切,训为的;列"睒"于韵末,音式其切,训为眴。音义都不同。《康熙字典》照样抄录,未加辨别。其实"眹"、"睒"为同一字的不同写法。〔广韵〕以下切语及训释均可删。

竷 〔广韵〕〔集韵〕并房六切,音伏。《说文》:"见鬼魃儿。从立,从录。"又〔广韵〕〔集韵〕并卢谷切,音禄。(立部八画)

按：《说文·立部》："竦，见鬼鬽貌。从立，从录。录，籀文鬽字。读若虙羲氏之虙。"徐铉音房六切。徐锴曰："录音禄。"又《录部》"录"篆文作彔，徐铉音卢谷切。《鬼部》"鬽"古文作鬿，徐铉音密秘切。二字形体相近。徐锴误读为卢谷切。《广韵》、《集韵》沿袭了这个误读。《玉篇·立部》音摩笔、扶福二切，没有卢谷切。"切三"、"王一"、"王二"、《唐韵》残卷卢谷反下都不收"竦"字。这个字卢谷切当删。

绎 〔广韵〕息林切，音心。《玉篇》久缓儿。又〔集韵〕夷针切，音淫。义同。（糸部八画）

按："王二"息林反下未收此字。《集韵》、《五音集韵》此字均在夷针切下。似当以夷针切为主切。

䊀 〔广韵〕〔集韵〕并丑玉切，音街。糲䊀，损米也。《篇海》从朿，与束不同。（米部七画）

按：《玉篇·米部》："䊀，丑厄切。字书云：糲䊀，损米。"《广韵》二十一麦韵未收此字。糲䊀为迭韵联绵字。《广韵》误作䊀而列入烛韵。《集韵》䊀、䊀两字并收也不妥当。"王一"、"王二"丑录反下均未收此字。

翸 〔广韵〕〔集韵〕并胡桂切，音慧。《广雅》风狄羽也。《玉篇》：六翮之末。又〔广韵〕馀制切，〔集韵〕以制切，并音曳。风六翮。（羽部十二画）

按："王一"、"王二"、《唐韵》残卷馀制反下均未收此字。《玉篇·羽部》音胡桂切。《广雅·释器》曹宪音惠。馀制切未详所出。

䴪 〔广韵〕如之切〔集韵〕人之切，并音而。《说文》：丸之熟也。又〔广韵〕胡官切，音丸。义同。又〔集韵〕同㰠。

按：《说文·丸部》："䴪，丸之熟也。从丸，而声。"徐铉音奴禾切。编韵书的人认为这个字从丸得声,所以列了胡官切。

睍　〔集韵〕居苋切,〔韵会〕居谏切,〔正韵〕居晏切,并艰去声。与睍同。《博雅》:视也。又杂也。《礼·祭仪》:"荐黍稷羞肺肝首心见间以侠甒。"注:见当为睍。又〔集韵〕何间切,〔正韵〕何艰切,并音闲。亦同睍。又〔广韵〕古闲切,〔集韵〕居闲切,并音艰。视儿。又〔广韵〕方免切,〔集韵〕邦免切,并音鹎。义同。(见部十二画)

按:《礼记·祭义》释文:甒,徐古辩反。《广雅·释诂一》:"甒,视也。"曹宪音古苋切。《广韵·山韵》古闲切、《襴韵》古苋切均收此字。可以证明从间得声的字都在喉牙音,没有在唇音的。"方"疑为"古"字之误。《集韵》改类隔为音和,更看不出致误的痕迹了。

诚　〔广韵〕〔集韵〕并七赐切,音刺。《玉篇》:谋也。又〔广韵〕〔集韵〕并奇寄切,音芰。(言部五画)

按:"王二"七寄反无此字。《玉篇·言部》:"诚,七赐切,谋也。"奇寄切未见所出。

诶　〔广韵〕矢利切,屎去声。志也。《正字通》与誓同。(言部五画)

按:"王一"矢利反无此字。《说文·言部》:"诶,亡也。"《广韵》云:"诶,忘。"与《说文》合。"志"字当为"忘"字之误。徐铉诶音徒结切。《广韵·薛韵》收此字,与徐铉音同。此字当以徒结切为主切。音矢利切盖以从矢得声而附会。

谁　〔广韵〕以迢切,〔集韵〕夷佳切,并音夷。又〔广韵〕〔集韵〕并视佳切,音谁。又〔集韵〕仓回切,音崔。又川佳切,音推。又〔广韵〕〔集韵〕千侯切,辏平声。又〔集韵〕〔类篇〕并此宰切,音采。

按:"王二"子候反未收此字。《诗·邶风·北门》"王事摧我"释文:"韩诗作谁,音千佳、子佳二反。"从崔得声的字,不当在侯韵。

千侯切可疑。

趡 〔广韵〕慈吕切,音咀。邪出前也。又前结切,音截。义同。(走部十一画)

按:《龙龛手鉴·走部》:趡,俗;趞,正。才结反。傍出前也。又音吉,走意。"切三"慈吕反无此字。"王一"、"王二"慈吕反有此字。但是从雀得声的字多在入声,慈吕切为上声,值得怀疑。

鄜 〔广韵〕〔集韵〕〔韵会〕〔正韵〕并芳无切,音孚。《史记·秦本纪》:"初为鄜畤。"注:鄜县,属冯翊,于鄜地作畤,故曰鄜畤。又〔广韵〕〔集韵〕并卢谷切,音鹿。地名(邑部十一画)

按:"切一"、"王一"、"王二"、《唐韵》残卷卢谷反下均无鄜字。《玉篇》鄜音芳珠切,没有别的读音。《广韵·虞韵》芳无切下收"鄜"字,没有注明又音;但《屋韵》在卢谷切下收了这个字,大概根据偏旁鹿读音,所以,卢谷切这个音可以考虑删去。

鄿 〔广韵〕昨含切〔集韵〕徂含切,并音簪。《广韵》:亭名,在贝丘。又〔广韵〕〔集韵〕并徂合切,音杂。(邑部十二画)

按:"切三"、"王二"、《唐残》残卷徂合反下均未列此字。《玉篇·邑部》:"鄿,才含切。贝丘亭名。"《广韵·覃韵》昨含切下有鄿字,没有列徂合这一又音。徂合切这个音值得怀疑。

铧 〔广韵〕鲁刀切,〔集韵〕郎刀切,并音劳。《玉篇》:铧铲,铧也。《广韵》:铧铲,镝也。(金部七画)

按:"切三"、"王一"、"王二"卢刀切下均未收此字。《广雅·释器》:"铧铲,镝也。"王念孙疏证:"铧铲当为䥥鑪。隶书甲字作申,牢字作牢,二形相似,故䥥字讹而为铧。铧,曹宪音牢。《玉篇》云:䥥,古狎切,䥥鑪,箭也;铧,力刀切,铧铲,铧也。《广韵》同。则䥥讹为铧,由来已久。《方言注》云:䥥鑪,今箭镞凿空两边者也。唵卢两音。郭氏读钾为峆,是其本字从甲不从牢,今据以辨正。"王念孙疏证极精辟,此字讹误已久,亟需订正,故特全部录出。《广韵》鲁刀切集韵郎刀切都是根据讹字作音。

骳 〔广韵〕〔集韵〕并蒲拨切,音跋。《玉篇》肩髀也。又〔广韵〕苦曷切,〔集韵〕丘曷切,并音渴。又〔集韵〕房废切,音吠。义并同。(骨部五画)

按:"王二"苦割反未收此字。《唐韵》残卷(渴)纽亦无此字。《玉篇·骨部》此字音蒲葛切。《龙龛手鉴·骨部》音跋(原作跂,今正)。从发得声的字当在唇音。《广韵》苦曷切、《集韵》丘曷切当删。

骳 〔集韵〕〔韵会〕并平义切,音被。骩骳,曲也。又〔广韵〕毋彼切,音靡。义同。(骨部五画)

按:"广韵"上声纸韵收此字,音文彼切,不作毋彼切。"切三"、"王二"文彼反下均未收此字。《汉书·枚皋传》:"其文骩骳曲随其事皆得其意。"颜师古注:"骩骳,犹言屈曲也。骳音被。"音被即平义切。毋彼切来历不明。

髤 〔广韵〕许尤切,〔集韵〕虚尤切,音休。与髹髤并同。又〔广韵〕〔集韵〕七四切,音次。义同。(髟部十一画)

按:"王一"、"王二"七四反均收此字。《说文·桼部》:"髤,桼也。从桼,髟声。"许铉音许由切。段玉裁注:"韦昭曰:叔桼曰髤。师古曰:以桼桼物谓之髤,或作髹"。又段玉裁《周礼汉读考》(巾车):"桼在真臻部,髤从桼,髟声,俗作髹,在尤幽部。音理远隔,而俗或误创一字如筐师注文髤,香牛反,或七利反。则字当作桼。《广韵》《集韵》音七四切,误放于此。"

(载《词典研究丛刊》第二辑 1982年)

义项琐谈

——《谈义项建立与分合》读后

义项的建立是词典编写的关键。一部词典的质量如何,在很大程度上取决于这部词典的释义。在这方面,义项的建立占有很重要的地位。但是,什么是义项?至今尚没有一个详尽无遗、众所公认的界说。

有人认为,包括在词典里的每一个意义就是一个义项。这个提法虽然没有什么大错。但它对于建立义项,可以说是毫无帮助。我们无法从这个说法里得到任何关于建立义项的启示。

还有一种说法认为,建立义项应该考虑到意义的独立性,从意义的独立性来给义项下定义。从这里入手,似可以解决问题。但是怎样才算意义的独立性,怎样又不算?这个问题仍然没有解决。

在研究词典编写的论文中,对于怎样建立义项的讨论,做得还很不够。甚至有人认为这是一个无法解决的难题,编写词典,只有靠词典编辑们的经验,来建立义项。

我们认为,义项是客观存在的东西。按照辩证唯物主义的观点,世界上一切事物都是可以认识的。目前虽然还无法确定义项是什么,但是并不等于说这个问题无法弄清楚。随着词典编写的不断实践,积累更多更丰富的经验,总有一天能够给词典里的义项问题找到一个科学的定义的。

张清源同志的论文《谈义项的建立与分合》,对义项的建立提出了一个很有参考价值的意见。那就是:词典里词的义项,应该是词的理性意义;词义应具有概括性。这篇论文中还采用了"排除法",把一些不能建立义项的因素区别开来。例如:词义的流动性产生的变体——"随文释义"不应当建立义项;词的修辞用法不应当建立义项;词的语法作用不应当建立义项,等等。这虽然不一定是最完善的方法,但是在编写词典的实践中,却是个比较行之有效的方法。

一

在这里不准备探索什么叫义项,只准备从词义具备什么样的特征,词典里应收录什么样的意义谈起。

一般地说,词是语音和意义的结合体。或者把语音比作词的形式,用这个语音表示出的意义比作词的内容,那么,词的语音和意义的关系就成了词的形式和内容的关系了。词的声音和意义之间没有必然的联系,这种联系是在人们交际、交流思想的过程中建立起来的。这种联系一建立,使用这个语言的人们就得遵守它,这也就决定了词义的社会性。词义的这种社会性,使语言能够成为人们交际、交流思想的工具。

词义和概念的内涵并不相同。概念是最基本的思维形式,它要反映事物特有的属性。这种反映出的对象特有属性的总和称为概念的内涵。如"水"这个概念的内涵包括"氢和氧最普遍的化合物,分子式为 H_2O,是动植物机体所不可缺少的组成部分。它是最重要的溶剂,能溶解许多物质,在摄氏四度的时候密度最大"等等。而"水"这个词的意义,并不包括"水"的这一切特有的属性。人们讲到"水",主要是指"存在于江河湖海中那种无色无臭的液体"。这是"水"和其他液体有区别的特征。凭这一点可以把"水"和其他液体区别开来。就这点来说,词义所包括的是这个词和那个词有区别的特征。①

词之所以成其为词,是因为词具有使用这个语言的集体共同理解的意义。但是每个词可以随着人们生活经验、教育程度、年龄的长幼、见解的不同等原因,而在词义里带上某些附加的个人因素。刘真的小说《春大姐》里有这样一段描写:当玉春的娘听到别人讲玉春有了对象的时候,还好受一点;但是听到别人说玉春有"相好"的啦!她觉着脸上挨了巴掌一样,热辣辣的,又疼又麻。为什么呢?因为"相好"这个称呼在她听起来是另外一个意思。她根据她的老习惯,以为从古到今,养汉的坏女人才有"相好"的呢②!这个例子告诉我们,"相好"这个词在玉春娘听起来,除了有人们共同理解的意义外,还带上了她个人的主观理解。它是词义的个人因素。

词义的这种个人因素依赖于词义而存在,并且在词义的基础上表现出来。它不容易被人发现,但是它的确是存在的。随着环境的不同,思想的改变,这种词义的个人因素可能发生变化。试以"革命党"一词在阿Q脑子里的反映为例。"阿Q的耳朵里本来听到过革命党这句话,今年又亲眼见过杀掉革命党。但他有一种不知从哪里来的意见。以为革命党便是造反,造反便是与他为难,所以一向是'深恶而痛绝之的'。殊不料这却使百里闻名的举人老爷有这样怕,于是他未免有些'神往'了。"③这又说明词的个人因素由于时间的推移在变动,它不像词义的社会因素那样稳定,它不是词典收录的对象。词典收录的应该是词义的社会因素。

此外,词还有使用范围和意义色彩。如某些词用于一般场合,某些词用于较隆重的场合;某些词含有褒义,某些词含有贬义;某些词是中性的,某些词表示喜爱、憎恶、尊重、庄严等色彩;某些词是敬词,某些词是谦词,某些词是婉词;某些词限于某一文体(如公文、法令、外交、辞令、诗歌、散文等);某些词使用于某些科学技术领域;某些词多用于口语,某些词多用于书面语。所有这些,在各种类型的词汇学著作中都有论述,编写词典建立义项时应该考虑词的这些使用范围和意义色彩,把它们纳入释义之中。

还应该说明一点,词典里收录的是词义。不属于词义范围的解释不应该作为词义收进词典。我国古代有丰富的诸子哲理散文,它们谈到某些概念,有些解释是接近词典的释义的。例如《孟子·梁惠王下》:"老而无妻曰鳏,老而无夫曰寡,老而无子曰独,幼而无父曰孤。"这里对"鳏"、"寡"、"孤"、"独"四个词的解释就非常明确,编写词典建立义项完全可以用它作为依据。但是,诸子的哲理散文里有些为了阐发某一观点而作的解释,它已经超出了词义的范围,就不应该作为义项进行收录。且举"良"字为例,在诸子散文中有这样一些解说:

《贾谊新书·道术》:"安柔不苛谓之良。"

《管子·戒篇》:"以财予人者谓之良。"

《论衡·别通》:"(医)能治百病谓之良。"

这些对"良"字的说明不能看作词义,本世纪初编的《中华大字典》,把它们都作为义项收列,是不妥当的④。如果把这些解说都作为义项,那么"道"字的义项就多得无法统计。

《易·系辞上传》:"一阴一阳之谓道。"

又:"形而上者谓之道。"

《管子·兵法》:"始乎无端者道也。"

又《君臣上》:"顺理而不失之谓道。"

《庄子·在宥》:"一而不可不易者道也。"

又《天地》:"夫道,覆载万物者也。"

《鬼谷子·阴符》:"道者,天地之始。"

《鹖冠子·环流》:"无不备之谓道。"

《荀子·礼论》:"曲容备物之谓道。"

《白虎通·三纲六纪》:"一阴一阳谓之道。"

《论衡·本性》:"顺之谓道。"

如果要继续举下去,还可以举出许多。把这些都作为一个个义项往词典里塞,能够给读者什么好处呢?读者为了了解词义来查词典,能够从这样的义项里得到什么东西呢?因此,不是词义的那些解说,不能作为义项收列。

二

有这样一种看法,大型的语文工具书收列义项应该细一些。这种看法是值得商量的。我们认为建立义项不是什么粗细问题。义项是客观存在,词典编纂者应该揭示出这个存在。如何使建立的义项能够反映语言的客观实际。把义项分得过细,使人感到烦琐,不仅不能体现大型语文工具书的特点,反而使读者不得要领,感到是大堆现象的罗列,这也就降低了词典的质量。

曾经有人讲,"爱"这个词在《新华字典》里有"喜爱"一个义项。如果是大型语文工具书,就应该把它分成若干个。"周总理爱人民"的"爱",是对人民有深厚的感情;"人民爱周总理"的"爱"是敬爱;"父母爱儿女"的"爱"是慈爱;"我们爱祖国"的"爱"是热爱,……这样分下去,《新华字典》只是一个义项,到了大型的字词典里,就应该有七八个甚至十几个,试问,这样建立义项究竟有多少意义呢?

也许这是一个极端的例子。在实际处理义项的时候,把一个义项扯成几个碎片的情况还不是个别的。当前编写词典的工作中,对义项的建立不是失之过粗,而是失之过"细"。

列宁在《黑格尔"哲学史讲演录"一书摘要》里写道:"这是最一般的词,这是谁?是我。一切人都是我。'这个'?不论什么都是这个。"同时在旁边加了一条批语:"在语言中只有一般的东西。"⑤列宁的这些话为研究义项提供了理论依据。词具有概括性,没有这种概括性,语言也就无法成为交际、交流思想的工具。人们任何时候也不能用没有经过概括的词来表达思想。作为词表现的内容的词义,不可能不具备概括性。张清源同志强调词义的概括性,是完全有根据的。

在具体的编写实践中,运用词义概括性的原则,单义词只有一个义项,处理起来困难不大。但是处理多义词,特别是一些古义比较多的词,遇到的困难会多一些。有时在纷纭复杂的语言材料中,要合理地概括好义项,的确很费斟酌。

解决这个问题的关键,在于按照词义概括性的原则,注意吸收词典编写的历史传统,充分利用前代词典编写的有用经验。我国历史上保留下来的字典、词书非常丰富,里面有不少可供利用的成果。对于那些概括得好的义项,应该吸收到我们新编的词典中来。

但是,应该看到旧日的字典、词书,在义项的建立上存在严重的问题,它们往往不注意词义的概括性。以本世纪初编的《中华大字典》为例,它继承了《康熙字典》的传统,吸取了《康熙字典》里一些有用的东西;但同时它又采用了阮元编《经籍籑诂》的办法,把古书旧注和古人为了阐发某一政治哲学观点而对概念的解释,都作为义项收列。结果,一个词的下面列的义项,丛杂繁多。例如一个"言"字下面收了三个音、三十九个义项;"行"字的义项、音项更复杂,共有四个音、六十个义项。其实,一个词在一个时代不会有太多的意义,就是就已经有的文献来分析,从古到今一个词的义项也不可能多到好几十个的。就编写的实践来说,《中华大字典》这两个字下面列的义项,有些可以删去[6],有些可以合并,真正可作为词典的义项是不多的。

关于前人为阐发某一政治哲学观点对概念作的解释,不一定作为义项收列,在前一节已经谈到。这里只就古书旧注的取舍,谈一些看法。

编写词典和给古书作注,是传统训诂学上两个有联系而又有区别的方面。编写词典大部分要依靠古书旧注,在古书注释的材料基础上概括;而古书注释又要以词典提供的材料为依据,同时为了疏通文字,有时难免有随文释义的地方。东汉的语文学家许慎,他编过一部字典《说文解字》,又注解过《淮南子》。这两部书虽然同出一人之手,但是由于性质不同,往往同一个词的解释,在两种书中并不完全一致[7]。清人段玉裁对此有一段精彩的说明。

> 《说文・艸部》:"蓏,在木曰果,在艸曰蓏。"段注:"许慎注《淮南》云:'在树曰果,在艸曰蓏。'凡为传注者,主说大义;造字书者,主说字形。此所以注《淮南》,作《说文》出一手而互异也。"

明白了这点,编写词典建立义项,对待古书旧注,既要勤于收集,更要慎于选择。那些随文释义的旧注,应该认真分析,凡是无补于确立义项的,应该大胆抛弃。如"道"字有一个义项是泛指政治主张、思想体系。如《荀子·不苟》:"百王之道,后王是也。"又《解蔽》:"故治之要在于知道。"《庄子·盗跖》:"子(指孔子——笔者)之道,狂狂汲汲,诈巧虚伪事也。"这些"道"都是那个意思。而在古籍旧注中,这个意思的"道",由于随文释义却有多种解释。如《礼记》:

《曲礼上》:"道德仁义。"孔颖达疏:"道,谓才艺。"

《檀弓上》:"道隆则从而隆之。"孔颖达疏:"道,犹礼也。"

《乐记》:"君子乐得其道。"郑玄注:"道,谓仁义。"

《仲尼燕居》:"皆由此涂出也。"孔颖达疏:"涂,道也。道谓礼乐也。"

这些对"道"的解释在政治主张、思想体系的义项里都概括了。如果要凭这些建立起"道"字的"才艺"、"礼乐"、"仁义"的义项,必然使词典的义项芜杂不堪。今天编写词典,完全可以大胆地把这些随文释义的旧注摈弃掉。

"道"这个字在古代表示认识世界的范畴。朴素的唯物主义者用它来表示客观事物变化的规律。它应该作为一个义项来建立。至于唐朝王冰给《素问》作注,在不同上下文对"道"字作了不同的解释,例如:

《阴阳应象大论》:"在人道。"注:"道谓道化。"

《刺要论》:"无过其道。"注:"道谓气所行之道也。"

《天元纪大论》:"天地之道也。"注:"道谓化生之道。"

又:"右人为道。"注:"道,谓妙用之道也。"

这些就没有必要一一作为义项建立。

至于可以作为辨析词义、归纳义项依据的旧注,建立义项时应该充分地利用。例如"衢"字,《尔雅·释宫》说:"四达谓之衢。"这是传统对"衢"字的解释。所以《说文·行部》也说:"四达谓之衢。"但是在古书旧注中"衢"字还有"二达"、"六达"、"九达"等各种解释,而"衢"字语源又有分叉的意思⑧,因此,可以把这些旧注概括建立一个"分岔的道路"的义项,同时把这些旧注连同正文都作为例句,放在释义之后。

  衢 分岔的道路。《尔雅·释宫》:"四达谓之衢。"《公羊传·宣公十二年》:"庄王伐郑,胜乎皇门,放乎路衢。"何休注:"路衢,郭内衢道,四达谓之衢。"《楚辞·天问》:"靡蓱九衢,枲华安居。"王逸注:"九交道曰衢。"《淮南子·缪称》:"圣人之道,犹中衢而致尊邪。"许慎注:"道六通谓之衢。"《荀子·劝学》:"行衢道者不至,事两君者不容。"杨倞注:"衢道,两道也。……今秦俗犹以两为衢,古之遗言也。"王念孙《读荀子杂志》:"荀子书皆谓两为衢。"

我们认为,编写一部大型的语文工具书,在编写体例许可的情况下,适当地保留一些传统训诂学的成果,对于读者查阅有很大的方便。

三

建立义项应该注意词义的历史性。

词义是一个历史现象,它存在于一定的历史时期。有些词义从古到今没有变化;有些词义只存在于某一特定的历史时期;有些词义古今的差别极大,一眼就可以看出来;有些词义变化仅有微小的差别,需要仔细观察才能够发现。词义在历史上的复杂情况,是编写词典建立义项所要考虑的。

关于现代的义项,科学院语言研究所编的《现代汉语词典》,对现代汉语词汇语义系统作了一些科学的描写,为词典编写建立现代的义项,提供了不少可资借鉴的材料。至于词的古代义项,由于我国历史悠久,有丰富的文献,前代的字典、词书,虽然积累了不少资料,语文学家在发掘词的古义上也作了大量的工作。但是,根据更高的标准来要求,一部理想的词典,对词的义项的建立,不应该停留在翻译和以今释古的阶段,而应该考虑到那些义项在那个时代词汇体系中的地位。

以"谤"字为例,如果从它"表示恶意地攻击别人"或者"说别人的坏话"来给它建立义项,就现代汉语讲,当然是正确的。但是,就古代汉语来说,特别是从先秦汉语的角度来看,这个字还有别的内容。相传尧舜时代曾设立"谏鼓"、"谤木"⑨,所谓"谤木",就是在交通要道树立木牌,让人们在那里提意见,写批评。这个"谤"字,并没有毁谤的意思。它表示公开地议论评论人的过失,是一个中性词,不含贬义。清人朱骏声《说文通训定声》解释"谤"字说:"谤者,道人之实事,与诬谮不同。大言曰谤,微言曰诽。"算是弄清楚了这个字上古的含义。下面这些句子里的"谤"字,都应该这样解释。

    《左传·襄公十四年》:"自王以下各有父子兄弟以补察其政。史为书,瞽为诗,工诵箴谏,大夫规诲,士传言,庶人谤。"

    又《昭公四年》:"郑子产作丘赋,国人谤之。"

    《国语·周语上》:"厉王虐,国人谤王。"

又:"王喜,告邵公曰:吾能弭谤矣。"

《战国策·齐策》:"能谤讥于市朝,闻寡人之耳者,受下赏。"

到了后来,"谤"才带有贬义。《史记·屈原列传》:"信而见疑,忠而被谤,能无怨乎?"这个"谤"字就具有恶意攻击别人的意思。

《说文解字》把"讯"和"诘"都解释为"问也"。在上古汉语里,"问"的意义很广泛。一般的问可用它,表示审问也用它⑩。而"讯"和"诘"表示问的意思都不如"问"字广泛。"讯"字特指上问下,所以何休注《公羊传·僖公十年》"君尝讯臣矣"说:"上问下曰讯。""讯"还有一个引申义,指审问,在古代很常用。

《国语·吴语》:"乃讯申胥。"韦昭注:"讯,告让也。"

《周礼·秋官·小司寇》:"以五刑听万民之狱讼,附于刑,用情讯之。"

《礼记·王制》:"以讯馘告。"

《汉书·邹阳传》:"今臣尽忠竭臣,毕议愿知,左右不明,卒从吏讯。"颜师古注:"讯,谓鞫问也。"

又《张汤传》:"汤掘熏得鼠及余肉,劾鼠掠治,传爰书,讯鞫论报,……"

"诘"字多表示追问,所以清人徐灏《说文解字笺》说:"诘者,责问也。"下面举一些用例:

《左传·襄公二十五年》:"士庄伯不能诘。"

又《昭公十四年》:"赦罪戾,诘奸慝。"杜预注:"诘,责问也。"

《礼记·月令》:"诘诛暴慢。"郑玄注:"诘,谓问其罪穷治之也。"

《淮南子·时则训》:"仲冬之月,牛马畜兽有放佚者,取之不诘。"高诱注:"诘,呵问也。"

可见"讯"与"诘"这两个字虽然与"问"字有共同的方面,但是在古代,使用上还有不同的地方。编写词典建立义项,应当注意这些区别。

"诉"的意思是告诉,特指"以冤枉告诉在上的人"。卷子本《玉篇·言部》"诉"字下有顾野王的按语说:"诉者,所以告冤枉也。"在古代汉语里不乏用例。

《左传·僖公二十八年》:"或诉元咺于卫侯曰……"

又《成公十六年》:"取货于宣伯,而诉公于晋侯。"杜预注:"诉,谮也。"

《史记·龟策列传》:"身在患中,莫可告语,王有德义,故来告诉。"

《后汉书·谅辅传》:"至今天地否隔,万物焦枯,百姓嗷嗷,无所诉告。"

在建立"诉"字的古代义项,注意到它这个特点至为重要。

在唐代以前,"公"在讲话中使用,表示对听话的人的尊称。它的使用非常广泛。用来称亲属,不论长辈、平辈、晚辈都可以;用来称非亲属,不论上下级都通用。这是当时的客观情况。建立义项的时候,要尊重历史的规律,不必逐条罗列许多义项。必要的时候可以用举例的办法,通过释义后面的例句把它的不同用法表示出来。

公　尊称对方。《晋书·乐志》:"古人相呼曰公。"《吕氏春秋·异用》:"孔子之弟子从远方来。孔子问之曰:子之公有恙乎?次及其父母兄弟妻子。""公"指祖父。《战国策·魏策一》:"张仪欲穷陈轸,令魏王召而相之,来将悟之。将行,其子陈应止其公之行曰:'夫魏欲绝楚、齐,必重迎公。郢中不善公者,欲公之去也,必劝王多公之车'。""公"称父亲。《史记·晁错传》:"错父闻之,从颍川来谓错曰:'上初即位,公为政用事,侵削诸侯,别疏人骨肉,人口议多怨公者,何也?'错曰:'固也,不如此,天子不尊,宗庙不安。'错父曰:'刘氏安矣,而晁氏危矣,吾去公归矣'。""公"称儿子。《南史·焦度传》:"(度)后求竟陵郡,不知所以置辞,亲人授之辞百余言,度习诵数日,皆得上口。会高帝履行石头城,度于大众中欲自陈,临时卒忘所教,乃大言曰:'度启公,度启公……'。""公"称皇帝。《汉书·晁错传》:"景帝谓谒者仆射邓公曰:'公言善,吾亦恨之'。""公"称臣下。⑪

特别是有些词,它古代的意义和用法跟现代有很大的不同,用简单的话语很难把它说清楚。对这样的词要特别留意。例如"加"字,现代的意思是"增多"。"几种事物并起来"。但是在秦汉以前这个"加"的用法却很特别。《孟子·梁惠王上》:"邻国国民不加少,寡人之民不加多。"从现代汉语的角度去看,"加多"好理解,"加少"却不好理解。又《史记·项羽本纪》:"樊哙覆其盾于地,加彘肩上,拔剑切而啗之。"《廉颇蔺相如列传》:"强秦之所以不敢加兵于赵者,徒以吾两人在也。"这两例中的"加"字,从现代汉语的角度去看,也比较特殊。如果从先秦两汉的语言材料来分析,这些"加"的用法都带普遍性。先看这一组例子:

《左传·成公二年》:"奉觞加璧以进。"

又《襄公十九年》:"贿荀偃束锦,加璧乘马,先吴寿梦之鼎。"

又《昭公八年》:"加绖于颡而逃。"

《庄子·马蹄》:"夫加以衡扼。"

又《达生》:"十日戒,三日齐,藉白茅,加汝肩尻乎彫俎之上,则汝为之乎?"

《墨子·备城门》:"为楼加藉幕,栈上出之以救外。"

《荀子·正论》:"衣被则服五采,杂间色,重文绣,加饰之以珠玉。"

这些句子里"加"的用法与"加甗肩上"的用法一样,它不是简单的表示增多,而是表示把一件东西放在另一件东西上面。再看下面这组例句。

《左传·隐公五年》:"由夫贱妨贵,少陵长,远间亲,新间旧,小加大,淫破义,所谓六逆也。"杜预注:"小国而加兵于大国,如息侯伐郑之比。"

又《桓公十一年》:"君次于郊郢以禦四邑,我以锐师宵加于郧。"

又《僖公七年》:"君若绥之以德,加之以训辞,而帅诸侯以伐郑,郑将覆亡之不暇,岂敢不惧?"

《战国策·赵策》:"大王加惠。"

《庄子·逍遥游》:"且举世誉之而不加劝,举世非之而不加沮。"

司马迁《报任安书》:"及罪至罔加。"

这些句子里的"加"字可以认为是前一种用法的变体,它使用于抽象的场合,表示把一种行为施于某个国家或某个人。"加兵于赵"就是这种用法。再看下面这组例句。

《庄子·秋水》:"禹之时,十年九潦,而水弗为加益;汤之时,八年七旱,而崖不为加损。"

又《山木》:"(孔子)徐行翔佯而归,绝学捐书,弟子无挹于前,其爱益加进也。"

《荀子·劝学》:"登高而招,臂非加长也,而见者远;顺风而呼,声非加疾也,而闻者彰。"

又《正名》:"山渊平,情欲寡,刍豢不加甘,大钟不加乐,此惑于用实以乱名也。"

这个"加"表示程度深,略相当于"更"。古代"加多"、"加少"的"加"就是这种用法。

遇到这种情况,应该多分析比较,仔细推敲。

实词的情况是这样,虚词的情况也是这样。汉语的虚词,古今有较大的差别。古代有些虚词很难在现代汉语里找到相应的虚词去解它。如果不考虑古代汉语虚词的特点,从现代汉语的角度去解释和翻译,往往会造成义项众多的幻象。实际上从一个历史的平面来考察,不论古代汉语或是现代汉语,它的虚词的义项不会太多。

拿"以"字来举例。王引之《经传释词》根据传统旧注和他自己的分析,把这个虚词概括为八个义项。杨树达的《词诠》把它分为二十一个义项;除了介词外,还有名词、动词、形容词、代词、副词、连词等[12]。近代研究古代汉语虚词的还有把这个虚词的义项分得更细的。

事实上,古代汉语的"以"字虽然具有几个词类的特性,但也不是无所不包的。最古的"以"字应该是一个动词。它属于实词的范围,意思相当于现代汉语的"用"和"认为"。它按照汉语的一般发展规律转化为介词,用它组成的介词结构表示行为以某一物或工具或凭借,它后面带的宾语可以是具体的,也可以是抽象的。为了理解的方便,用现代汉语和它对比,可以把它分为若干小类:"用"、"拿"、"凭"、"把"、"跟"、"带领"等等,其实古汉语本身并不需要这样分别。这种用法的"以"还可以和"上"、"下"、"前"、"后"、"往"、"来"等词组成介词结构,表示时间、方位、数量、质量的界限。作为介词的"以"的另一个用法是引进原因,相当于现代汉语的"由于"、"因为";它又表示目的,可以译成"藉以"、"以便"。"以"有连接作用,这种情况相当于"而"。由于"以"、"已"在篆文中写法上相同,加上同音,所以有时它可以假借作"已"。"以"的用法大致就是这些。编写字典词书不等于写语法著作,对待虚词不能够像写语法书那样概括成一些语法规则,应该根据这个虚词在当时的意义和用法建立出有利于读者查阅的义项。当然分得过细,使人感到繁琐,也是不妥当的。

总之,建立义项要注意这个义项存在于什么历史时期,并注意它在那个时期的确切含义。这就是注意词义的历史性。

四

建立义项应该注意语言的社会性。

前面所讨论词义的概括性、词义的历史性,都是从语言社会性这个基本特征立论的。语言的社会性,是指语言是一种社会现象,它为使用这个语言的人类集体服务,并为使用这个语言的人类集体所共同理解。斯大林说:"语言创造出来不是为了满足某一个阶级的需要,而是为了满足整个社会的需要,满足社会各阶级的需要。正因为如此,创造出来的语言是全民的语言,对社会是统一的,对社会全体成员是共同的。"⑬建立义项不能违背这一重要的原则。也就是说,建立义项要从语言的实际出发,信而有据,而不要随心所欲地主观臆测。这就叫注意语言的社会性。

曾经有过一种论点,认为新编的词典,要在发掘新义上下工夫,并以建立新义项为编词典的任务。结果,建立的许多义项,都经不起推敲。像"我失骄杨君失柳"的"骄"字,被认为有坚贞不屈的意思。从"毛主席用兵真如神"的"用"字,建立了一个"指挥"的义项。"心中常有一支枪"的"枪"字,要建立一个"路线"的义项。这些都是违背语言社会性的原则的。从前有些训诂学家解释古书喜欢追求新颖,另立新说,结果提出的说法没有充足的论据,很容易被别人驳倒。没有充足的论据,用现代语言学的观点来说,就是不注意语言的社会性。

清朝乾嘉以来,考据之学得到很大发展。不少治文字训诂的学者,在证明一个问题时都很重视证据。他们考释词语,发掘新义,论点明确,证据充分,确实使人信服。如《汉书·高帝纪》:"沛令后悔,恐其有变,乃闭城城守,欲诛萧、曹,萧、曹恐,踰城保高祖。"王念孙认为这个"保"字有依附的意思,他用了《左传》、《庄子》、《史记》和王逸《楚辞注》来证明。现将他的论证摘录如下:

> 史记集解引韦昭曰:以为保鄣。师古曰:保,安也。就高祖以自安。念孙案韦、颜二说皆失之迂。保者,依也。僖二年《左传》:保于逆旅。杜注训保为依。《史记·周本纪》曰"百姓怀之,多从而保归焉",保归,谓依归也。荆燕世家曰:"与彭越相保。"《庄子·列御寇篇》:"人将保女矣。"司马彪注曰:"保,附也。"附亦依也。王逸注《七谏》曰:"依,保也。"⑭

孙诒让《扎迻》认为汉晋六朝"扇"字有侵削的意思。现在把他

的考订摘引如下:

《吕氏春秋·辩士》:"肥而扶疏则多秕。"注:"根扇迫也。"案,"扇"者,侵削之意。《齐民要术》云:"榆性扇地,其阴下五谷不植。"陶弘景《周氏冥通记》云:"内多劳,扇削鬼神。"盖汉晋六朝人常语。⑮

这些有根据的解说,可以丰富词典义项的内容,应该吸收到词典中来。

乾嘉以来的学者在纠正旧说方面,也常以有没有相同的用法为依据。如《淮南子·原道训》:"于是民人被发文身以像鱼鳞。"高诱注:"被,剪也。"《中华大字典》根据这条材料在"被"字下建立了一个"剪也"的义项。王引之根据古代文献中没有发现把"被"解作"剪"的事实,考订出这个"被"当是"劗"字。王引之说:

诸书无训被为剪者,被发当作劗发。注当作"劗,剪也。"《汉书·严助传》:"越方外之地,劗发文身之民也。"晋灼注曰:"〈淮南〉云:'越人劗发。'张揖以为古剪字也。"此言九疑之南,正是越地。故亦劗发文身也。《主术篇》:"是犹以斧劗毛。"彼注云:"劗,剪也。"与此注同。后人见《王制》有"被发文身"之语,遂改"劗"为"被",并注中"劗"字而改之。不知"劗"与"剪"同义,若是"被"字,不得训为剪矣。曰越人以劗发为俗,若被发,则非其俗矣。

又如《吕氏春秋·爱士》:"阳城胥渠处广门之官。"旧本在"处"字下绝句有高诱注云:"阳城,姓;胥渠,名。处,犹病也。"《中华大字典》也根据这一注释给"处"字建立了"病也"的义项。毕沅《吕氏春秋新校注》、梁玉绳《吕子校补》都从古代没有把"处"当成"病"讲的事实出发,断定这句注释有问题。毕沅认为:

注以"处"训病,未见所出。贾谊书《耳痹篇》有渠如处车裂曰泉语,彼是人名,则此正相类,汉书人表载胥渠,无"处"字。

梁玉绳认为:

"处"无训病之义,亦未必以三字为人名。"处"犹居也。当连下"广门之宫"作一句。

因此,这类经考订不能成立的义项,应当删去。

当然,这并不是说乾嘉学者的考订一切都好,都应该吸收。而应有分析有批判的对待。对那些主观武断、牵强附会、缺乏语言事实作根据,不符合语言社会性的原则的解释,是要坚决摈弃的。

旧字典、词书,特别是早期的字典词书,因去古未远,它们能看到的资料我们看不到。对于它们列的义项,虽然没有例证,也不宜轻易删削。如《尔雅》里有些解释,郭璞作注的时候就弄不清楚了。但是将来由于科学的研究或者地下的发掘,获得了新的资料,这些无法解决的问题也可能会得到解决的。例如《释诂》的这些材料:

䋘、縠,善也。郭璞注:䋘、縠,未详其义。

如、肇,谋也。郭璞注:如、肇,所未详。

忥、謐、顗,静也。郭璞注:忥、謐、顗,未闻其义。

雉、顺、刘,陈也。郭璞注:雉、顺、刘,皆未详。

翦、箨,勤也。郭璞注:翦、箨,未详。

这些材料编写词典,特别是大型词典,不能删掉,最好连郭璞注一并保留。

* * *

词典的建立义项和词汇学里确定词义有密切的关系。但是词典编写建立义项还应该考虑到它的实用方面。就这一点说,它和词汇学的关系很像学校语法和科学语法的关系。学校语法偏重于实用,它的目的在于训练正确地使用本族语言。而科学语法则应更多地考虑语言理论方面的问题,不断吸收人类对语言的新认识和研究语言的新方法来充实它。当然这并不是说学校语法不受科学语法的影响,但是学校语法毕竟有相对的稳定性。同样的,词典编写,既要注意它的历史传统,又要注意吸收词汇学的新成果。

我国的语言研究,词汇学最先产生。早在汉朝就已经有了好些类型的字典、辞书。在长期的语文研究工作中,积累了一定的经验,形成了特殊的具有自己传统的训诂学。在语音研究方面,从三世纪起就不断受外国语言学的影响,形成了自己的一套分析研究语音的方法。在语法方面,19世纪末马建忠"因西文已有之规矩,于经籍中求其所同所不同者",编写出了第一本语法书。几十年来,学者们不断吸收国外语言学的方法,在发现汉语语法规律,研究汉语语法方面都有较大的成就。

词汇研究,虽然创始最早,也有不少研究成果,但是近年来它的进展不大。在这个部门,吸收国外语言研究的成果最少,在研究方法上比起其他部门来,更显得陈旧。

我们认为,要使义项问题的研究有新的突破,也如词汇学要有新的发展一样,首先应该以马克思主义的语言学理论为指导,系统地整理我国传统训诂学的成果,同时还应该认真地研究国外词汇学的经验,吸取其中有用的东西。

[附　注]

① 参看石安石:《关于词义与概念》,《中国语文》杂志1961年8月号。

② 见《人民文学》1954年8月号第37页。

③ 《鲁迅全集》卷一第99—100页,1956年,人民文学出版社。

④ 六十年代日本诸桥辙次主编的《大汉和辞典》和台湾抄袭这部辞典编的《中文大辞典》,都收录了不少这种材料作为义项。

⑤ 列宁:《黑格尔"哲学史讲演录"一书摘要》,《列宁全集》(中译本)第三十八卷,第306页。

⑥ 见注④。

⑦ 许慎《淮南子闲诂》已残。《四部丛刊》影印刘泖生钞北宋小字本中《缪称》、《齐俗》等八篇是许慎注。其余佚文清人有辑本。

⑧ 杨树达:《释衢》。《积微居小学述林》第12—13页。

⑨ 《淮南子·主术》:"故尧置敢谏之鼓,舜立诽谤之木。"高诱注:"书其善否于表木也。"

⑩ 《诗·鲁颂·泮水》:"矫矫虎臣,在泮献馘,淑问如皋陶,在泮献囚。"这个"问"表示审问。

⑪ 参看顾炎武《日知录》卷二十"非三公不得称公"条,赵翼《陔余丛考》卷三十六"公"字条。这里为说明问题引文稍长一些,在编写词典时可以删节。

⑫ 见《词诠》七之八。

⑬ 斯大林《马克思主义和语言学问题》(中译本)第3页。人民出版社,1964年。

⑭ 《读汉书杂志》一。

⑮ 《札迻》卷六。

(载《词典研究丛刊》第一辑 1980年)

字 典 杂 议

一

　　字典是我国辞书的一种类型。在使用拼音文字的国家里,用几十个字母排列组合来记录自己的语言,他们的辞书没有必要分字典和词典。但是就汉语来说,记录它的是一种形意体系的文字,每个方块汉字有形、有音、有义。汉字数目众多,估计已经超出6万。因此,编写字典来收录汉字就非常必要。

　　早在先秦时期,识字教育就是国民教育的一个重要部分。根据《周礼》的记载,贵族子弟8岁入小学,识字就是小学的一门重要课目。汉朝的制度规定,不能认识一定数量的字是不能作官的。古书里面的记载,认错了字,写错了字丢官受罚的事例还不是个别的。帮助识字的童蒙课本在战国时期就出现了。

　　东汉许慎的《说文》,它的全称是《说文解字》,是现存最早的字典。它在收字、解形、注音、释义各方面都达到了相当高的水平,在世界上是首屈一指的。从此以后出现了不少字典。《字林》、《玉篇》、《龙龛手鉴》、《类篇》、《四声篇海》、《字汇》、《正字通》,它们的名称不是"字典",但是都是字典范围的辞书。清朝初年《康熙字典》问世,字典的名称才确定下来。本世纪初又出现了《中华大字典》。

在长期的封建社会里，我国出现了不少字典。这些字典虽然有它陈陈相因保守的一面，但是每种字典的出现也总会给字典领域带来某些新的东西。今天编写字典应该很好地继承这个传统。

《康熙字典》到今天已经二百多年，《中华大字典》到今天也过了半个世纪，在这段时间里，我国的社会发生了巨大的变化。白话文已经代替文言文成为规范的文学语言。新的语言文字的研究成果不断涌现。旧的字典已经不能够满足日益增长的文化需求。编纂新的字典的任务提上了日程。大型字典《汉语大字典》就是在这样的形势下开始编写的。

二

字典的编写，首先面临的是收字问题。根据字典任务的不同，收字的情况也各异。一部小字典，收字不过几千。中型的字典收字可以上万，而大型字典的收字数目就要多得多。

从《说文》以来，字典的编写，收字都有增加。《康熙字典》的收字已经大大超过了4万。字典收字多，反映了使用文字的增加。但是字典收字是比较保守的，它不可能把当时已有的文字收罗无遗。《康熙字典》收字4万多数量够大的了。它除了《字汇》、《正字通》外，还从《改并五音类聚四声篇海》、《篇海类编》、《字汇补》以及传世典籍里收录了一些字，就是这样，它也不可能把汉字收罗无遗。如《廿四史》的《晋书》以下的史书，六朝以前的子书、一些著名文集，这些著作里面也偶尔会发现有的字在《康熙字典》里查不到。台风的"台"，原来写作"颱"，这个字在清朝初年的文献里不只一次出现过，在《康熙字典》里就查不到。日本人诸桥辙次主编的《大汉和辞典》、台湾省出版的《中文大辞典》收字总数都没有超过5万。《汉语大字典》收字56000多,大大地超过现有字典,是当今世界上收字最多的字典了。

大型字典的收字,一方面要继承前代字典的传统。凡是见于字典而又信而有征的字应该尽量收录。另一方面要注意从历代文献中收录字典不载的字。

国家公布的简化字,按照《简化字表》收录,不宜任意类推。这样比较有一个客观标准,便于掌握。

民间流行的方言字的收录是一个困难的问题。不收方言字不妥,因为有些方言字已经很有影响。《新华字典》、《现代汉语词典》等中小型辞书都已收到的方言字,大型字典理所当然的应该收。但是滥收方言字也会使字典失去典范性。大型字典收录方言字可以控制在下面这个范围。即:正式出版的方言词典中收录而且流行比较广泛的字,古今文献里面使用的流通范围比较广的。

每个时期都有自己的正字原则。不合这个原则的就被认为是俗字,甚至指斥为"讹字"。殊不知这些俗字或"讹字",有的却很有生命力,经过多年的使用,约定俗成,积非成是,今天已经不能再把它看成讹字了。对待前代字典里的讹字要慎重。字典里指出某一形体是某字之讹,这是我国字典编写实践中一条行之有效的办法。因为确有讹字存在。但是不能够从"六书"的原则去随便确定讹字,要注意到语言文字的社会性,像《正字通》那样确定讹字是不足取的。

要把异体字和笔形微异的字区别开。异体字可以收录入典,而由于书写或印刷关系造成的笔形上的差异,比方侧点可以写成撇点、竖点、横点、斜方点、长方点等等,那是笔形问题,应该统一。

三

现在通行的汉字是楷体,字典的编写除了专门的字典(比方:甲骨文字典、金文字典、隶书字典)外,一般都以楷体作为收录描写的对象。汉字发展到今天,字体经过了多次变化。加上字的孳乳,形成了一个庞大的汉字体系。字典有必要分析汉字的结构,说明它的源流演变。《说文》对小篆的形体进行过有成效的分析,这个传统应该很好的继承。

日本的《大汉和辞典》在楷书字头下注意收录《说文》的小篆形体,比较谨严。台湾的《中文大辞典》在楷书字头下收列古文字形体从甲骨文、金文、小篆、隶书到行书、草书,收得滥了一些,而且展转抄袭,有把一个字写成两个字的,有把两个字写成一个字的,还有把字形写倒了的,更严重的是所引的古文字缺乏实物依据。至于字形解说则停留在《说文解字诂林》的水平,对新的成果很少反映。

大型字典在解形方面应包括两个内容:一是在有古文字形体的单字下收列有代表性的、有助于讲明其造字本源和演变的古文字形体。二是凡有古文形体的单字都要有字形解说,说明其结构和源流演变。

古文字形体的收列一定要注意材料翔实,千万不要使用转手材料。对于古匋、古钵、货币、玉石书刻和秦汉金文、砖瓦、玺印等文字,更要慎于抉择,从严选用。

字形结构和源流演变的解说,《说文》无疑是重要的参考资料。可以这样说,《说文》是解读古文字的桥梁,脱离《说文》侈谈古文字的形体结构,有时虽说新颖可喜,但是却不能得其要领。当然,许慎是东汉时期的人,他的解字从小篆出发,有时和殷周古文很有距离,因此,有必要吸收近年古文字研究的成果来补充《说文》的不足,纠正《说文》的讹误。

对于那些尚无定论的说法,对于还有争议的说法,作为一部字典的字形解说可以不必繁征博引。不妨只引《说文》以备一说。

总之,字形解说虽然《说文》就开始了,到了本世纪有很大的进展。由于古文字学还在发展,吸收成果应该慎重,力求作到平实近人。

四

字典注音起于《说文》。《说文》形声字的"从某某声"就表示这个字从某得声,它有表音的作用。至于读若,更是表示字音了。

反切发明以后,注音方式有了很大的改进。《字林》、《玉篇》、《类篇》都是用反切注音的。由于语言的发展变化,有些反切到后来失去了表音的作用。为了弥补这个不足,《康熙字典》除了采用前代韵书的反切外,还在反切之后标了直音,这给查阅字典的人带来了很大方便。

汉语拼音方案推行有年,使汉字注音工作有了更大的进步。

字典的注音应该吸收这些成果。大字典提出有重点地、适当地反映汉字字音的历史演变和发展的注音原则,无疑是正确的。根据汉语语音史的研究成果,可以采用三段注音法。即:现代汉语用汉语拼音方案注出普通话的读音。中古汉语注出反切,并标上音韵地位。上古汉语主要注出韵部。因为上古汉语的声类和声调的研究还有不少争议,而韵部的研究已经有了比较一致的公认的结论。

字音标出上古韵部,使字典的结构更加协调。因为一部字典在字形方面从甲骨文、金文开始收录,字义的收列也从有文字记载开始,它们都追溯到上古时期。如果字音仅从中古反切开始,总感觉有所欠缺。而注音标出上古韵部,使字的形音义都从上古收列也就显得均称了。

字音标注从上古开始,《康熙字典》实际已经作了。《康熙字典》在有些字下收录吴棫等人提出的"叶韵"材料,实际上已开其端倪。限于当时的学术水平,它没有概括出韵部罢了。

五

一部辞书质量的好坏在很大的程度上取决于它的释义。

字典以字为收列单位。它和词典的分词列义有所不同。由于文字有假借,词义有引申。一个字头下收列的义项比词典一个词下收列的义项要多。这是可以理解的。

什么是义项?尽管各人的说法不同,迄今还没有一个大家公认的一致的意见。但是从事辞书编写的人凭自己多年的实践经验作出的概括还是比较一致的。

字典建立的义项和词典建立的义项大体一致。传统的辞书在这方面为我们提供了很多有价值的材料,值得很好吸取。词义具有概括性,建立义项不能脱离概括性。因此一个字或词下面的义项不可能很多。如果某一个字,传统的字书只有几个、十几个义项,而一部新编的字典却立了几十个义项,那是值得怀疑的。因为它违反了常情,哪有一个字会凭空添加出一倍以上"新"发现的义项呢?

近几十年新词新义的发掘、俗语词的探求取得了很大的成绩。许多从前认为难懂的古书词句找到了比较合理的解释。这是新的研究成果,应该考虑吸收进字典。不过在吸收这些成果的时候要注意词义的概括性,去掉那些随文释义的成分,把新立的意义放到这个字总的意义系统中去考察。

通假义项的确立是汉语字典所特有的。这是根据汉字在使用中出现同音替代现象而确立的。通假义项的建立应该严格从语言事实出发,慎重吸收前人成果。对那些文义本自贯通,并不诘屈为病的现象,不能够视作通假,朱骏声《说文通训定声》所列的通假要特别审慎,不宜照搬照抄。

大型字典的义项要求要完备。不仅是有用例的义项要注意收录,对于仅见于前代辞书而未发现用例的也不宜轻易放过。因为近年考古发现和俗语词的研究表明,有些仅见于辞书的义项还不是完全没有根据的。当然,有些无用例的义项的出现是由于文字的讹误,前人多有论证,那又是另一个问题了。

在释义之后、例句之前引用前代辞书材料,在例句之后根据需要酌量引用旧注,说明所建立的义项信而有征,并非向壁虚造。字典里反映出某个义项什么时候收进辞书或见诸旧注,不仅有实用意义,对于从事科学研究的人来说也大有好处。当然,繁征博引编成《新经籍籑诂》也是不好的。

六

　　一部字典编成并不简单,哪怕编写细则定得再细,也不可能作到尽善尽美。其间总有不少罅漏,特别是前后照应,要说一点问题没有那简直是不可想象的。

　　字典本身就是一个大的照应。不论收字、解形、注音、释义等,无一不涉及照应问题,而照应问题又往往关系到各方面的关系和联系。举一个最简单的例子。宀部有一大批字都解释为"安"。旧字典这样作是可以的。但这个"安"在现代汉语里情况就复杂了。要用现代汉语来表达,作到释义准确,注意这些字的共同方面和有区别的方面,就是煞费苦心的。

　　又如异体字的处理、通假字的解释,插图的使用,都不是一个孤立的现象。不下工夫是很难作好的。

　　因此,字典编成并不就是工作的终结,它只可以说提供了一个雏形。真正的大量的工作还在听取各方面的意见,组织力量进行修订。没有多次修订,是无法使一部字典定型的。

　　　　　　　　(载《词典研究丛刊》第 11 辑　1987 年)

潜心壹志　乐在其中

没有想到,我竟会去编字典。

在1975年以前,因为教学和科研工作的需要,经常和字典打交道,但是却从来也没有想过自己会去参加字典编写工作。1975年国家出版事业管理局在广州召开了全国词典编写出版规划会议后,我被学校领导派去参加《汉语大字典》的编写,而且一编就是十几年。目前大多数参加编写工作的同志都回到了自己的工作岗位,而我还要留下来参加终审定稿工作,领导告诉我,这是工作的需要。

有人说编字典这件事是聪明人不愿意干,笨人干不了。我的天资不高,"文化大革命"十年,业务也荒疏了,编字典,边干边学,倒觉得适合。深入到编写实践中去,发现问题,钻研材料,解决矛盾,每有所得,虽然不如五柳先生那样"便欣然忘食",却也感到另有一番乐趣。

记得在初编言部字稿的时候,遇到一个"訆(以下用~代)"字。《康熙字典》解释这个字引用了《字汇》和《正字通》的材料。引《字汇》是:"呼渊切,声也。"引《正字通》是:"訆字之讹,六书无~,《字汇》误。"经核查《字汇》和《正字通》,《康熙字典》引用材料都没有错。但是我们的资料袋里面还有另外一张卡片,那是从《吕氏春秋·原乱篇》摘录来的。原文是:

乱必有弟,大乱五,小乱三,～乱三,故诗曰:"毋过乱门",所以远之也。

这个"～"字,无论用《字汇》或《正字通》的说法都不能够解释。①李宝洤《吕氏春秋高注补正》认为～或者是"讨"字,或者是"罚字失其半"。～乱三所指就是下文:晋文公败荆人于城濮,定襄王,释宋,出穀成三事。陈奇猷《吕氏春秋校释》也认为～是"讨"字之误。②为解释这个字提供了重要的线索。我们又查到玄应《一切经音义》,这部书的卷二有这样一条记载:"讨,古文～同。"音耻老切,耻在彻母,古代舌头音舌上音不分,耻老切就是他老切。明确地指出～是讨的异体。于是我们就根据这两条材料在"～"字下新建了"同讨"的义项。

在编审工作之余,总喜欢读点书,充实充实。在读书的过程中也没有忘记为字典收集资料,随手作些记录,有的时候确实也能派上用场。如读宋人庄绰的《鸡肋编》看到这样一段话:

宗室熙宁之前,不以服属,皆赐名补环卫官。……有伯珙者,辄为抱券人误写作"瑸",遂仍其谬。既而试进士中第,自范致虚唱名误呼甄姓,后皆令自注姓名音切,而求之《广韵》、《玉篇》,凡字书中皆无玉旁作恭字音,乃止以居悚切注之,众皆不悟,遂形诰敕。后世又当增此一字,亦可笑也。③

这个"瑸"字,从前的字典都没有收。《汉语大字典》理所当然的应该收这个字。这个时候,玉部字稿已经交印刷厂发排很久了。调来条样一看,确实没有收这个字,就把它补上。在临近开印前又有收获,新增加了一个字,那个高兴劲就无法形容了。

编字典离不开资料,大型字典更是如此。没有收集足够的资料,编写工作是无法进行的。多年来,我们有了几百万张卡片,但是真正开始编写,仍然感到资料不足。这时利用已有字典的资料,扩大资料的来源就感到非常必要了。利用已有的字典,一定要认真复核所引用的资料,看看是否准确无误,千万不可马虎,在这项工作中有时会有不小的收获。

台湾省出版的《中文大辞典》是我们曾经利用过的参考书。这部40卷本的大辞典脱胎于日本的《大汉和辞典》,尽管它收录的材料比较丰富,但是疏漏之处时有发现。举一个不久前发生的例子。在审读女部字稿的时候,翻检《中文大辞典》,发现"姘"字下面建立了这样一个义项。

斋戒中与女交也。《广韵》:"姘,斋与女交,罚金四两曰姘。"④

表面一看,这个义项有《广韵》作依据,可以吸收进大字典里面来。但是仔细一核对资料,情况就不那么简单了。现在能够见到的几种宋本《广韵》在耕韵"姘"字下面都是这样写的:"姘,齐与女交,罚金四两曰姘……"字都作"齐",不作"斋"。尽管古代"齐"可以通"斋"。但是《广韵》这条材料的"齐"是不是通"斋"呢?《说文·女部》的"姘"字是这样解释的:"姘,除也。汉律:齐人与妻婢奸曰姘。"《广韵》的解释大概是参照《说文》写的。看来这个"齐"和"斋"并没有关系。"斋中与女交"的义项难以成立。这类似是而非的义项不能让它进入我们的《汉语大字典》。

新近台湾省出了一本《大辞典》,印工精美,胜过《中文大辞典》。它的篇幅不如《中文大辞典》大,但是在某些方面比起《中文大辞典》有了较大的进步。就是这样一部新编的辞书,利用它的时候也不能够掉以轻心。还是举女部的一条材料来看。《大辞典·女部》八画的"婬"字下面收录了两个义项,第二个义项是:

遊，戏。《方言·十》："婬、愓，遊也。江沅之间谓戏为婬。"⑤

我们《汉语大字典》的"婬"字下面没有这个义项。难道是编初稿时把它漏掉了吗？对于这类情况，最好的办法还是核对原书。找来四部丛刊初编影印南宋李孟传刻本《方言》，在第十的第一条就是它，但是字头作"媱"不作"婬"。戴震《方言疏证》对此条有校语说："案：媱，各本讹作婬。今订正。"可见《大辞典》的编者用了误本《方言》，不足为据。

18世纪捷克辞书编纂家、"百科全书"一词的创用者斯卡利希曾经说过：如果要惩罚一个人，就应判他去编词典。这话虽近诙谐，有些开玩笑的意味，但是也道出了几番真情。成天和字词打交道，字斟句酌，确实也有枯燥乏味的感觉。不过，当你深入到工作中去，对它有了感情，就会有所发现，有所收获，有所提高，并体会到通过自己的劳动使字典、词典减少差误，那种乐趣却又不是一般人所能够体会到的。

（载《辞书研究》第4期　1987年）

[附　注]

① 清代的毕沅已经见到这点，参看他的校记。
② 陈奇猷《吕氏春秋校释》第1578—1579页，学林出版社。
③ 庄绰《鸡肋编》第111页，中华书局1983年。
④ 《中文大辞典》第九册第166页第三栏。
⑤ 《大辞典》卷上第1114页第三栏，台湾三民书局，1985年。

谈字典的修订工作

——写在《汉语大字典》全书出齐的时候

一

一部字典初编问世,不可能做到百分之百的准确无误,缺漏之处,在所难免。经过十几年的使用,字典满足不了社会文化日益增长的需要,这样,字典的修订工作就将提上议事日程。

一个忠于职守的字典编纂者在开始编纂工作的时候,总希望自己编纂的字典尽善尽美,无懈可击。在制定编写体例和细则的时候,在制定审稿、定稿条例的时候,总是千方百计把条款定得周密一些,尽量想法堵塞可能出现的漏洞,力求不要出差错。但是,书一出版,投放到市场上,再一检查,仍然会发现有不尽如人意的地方。

有人说"没有无错误的字典",也有人说"没有哪一部字典没有错误"。编纂字典的人绝不能够拿这些话来自我安慰,替字典的错误找辩护的借口。但是从另一方面说,一部字典,特别是一部大型的字典,它的初编问世,很难保证没有错误。有些字典的"前言"中总有"错漏之处,在所难免,欢迎读者批评指正"一类的话,这并不完全是谦虚之辞,而是实实在在的情况。

《康熙字典·序》里列举了《说文》以下历代的字典后说:"当其

编辑,皆自谓毫发无憾,而后儒推论,辄多同异,或所收之字繁省失中,或所引之书滥疏无准,或字有数义而不详,或音有数切而不备,曾无善兼美具,可奉为典常而不易者。"

康熙皇帝在下诏编纂字典的时候,也要求儒臣们"增《字汇》之缺遗,删《正字通》之繁冗",在前代字典的基础上有新的突破。书成之后,在《序》里也自诩"开卷了然,无一义之不详,无一音之不备矣"。而事实上,这部字典的错讹也不在少数。《康熙字典·序》里所批评的前代字典的错失,《康熙字典》本身也都存在,前人对此,多有评骘。

清朝嘉庆年间,王引之奉敕撰《字典考证》,单是引例错误就纠正了 2500 多条,其实《康熙字典》的错讹远不止这些。

日本人渡部温有《标注订正康熙字典》,共考异 1930 余条,订误 4000 余条。比王引之的发现多了不少,但是根据初步查核《康熙字典》的情况来看,他发现的讹错也不过是全部错讹的四分之一。

近人高树藩有《新修康熙字典》。这部书考虑到《康熙字典》的编排方式已经不能够满足今天的需要,于是将全书进行新的编排,采用分项排列的办法,在注音方面添加了注音符号和国语罗马字,这是一种改编工作。从形式上看,它接近了现代字典的格局,但是校正的讹误并不多。

这些"标注"、"新修"工作并不是对字典内容的全面修订,和今天所谈的字典修订工作不完全相同,但是从这些书里面也可以发现某些对今天字典修订有用的东西。

本世纪初出版了《中华大字典》,50 年代出版了《新华字典》和《同音字典》,这些字典都各具特色,但并不是没有可议之处。《中华大字典》《同音字典》编出之后,没有组织力量修订。《中华大字典》还重印过，而《同音字典》在60年代后就没有看见再版，现在一些大图书馆的工具书架上还可以看到它的踪迹，新建的图书馆里已经看不到它了。对比之下，《新华字典》经过了多次修订，精益求精，销路之广、影响之大，为各字典之冠。如果《同音字典》当时也有人修订，它也将会更广泛地流传。

70年代后期，我国辞书编写进入了一个新时期，出版了不少新辞书。字典也不例外，先后有一批字典问世。但是，就总体看，新编的多，修订的少。有些字典编出后，编写的机构也就解散，至于修订，更无从说起。这种状况值得引起重视。一部字典要能够很好地流传，不对它进行修订是不可能的。

二

字典的修订，不可能找到一个对于各种类型字典都适用的办法或方案。因为不同的字典有不同的编写情况，编纂者的水平并不都一样，书的分量大小也不同，书的性质和任务也有区别，存在的问题更是形形色色。应该根据各种字典的具体情况来制订修订的方案和办法。但是各种字典的修订也可以有某些共同的东西。

修订可以是全面的，也可以是局部的。可以在保持原编写体例的情况下改正错讹，也可以对原编写体例作某些更动调整，甚至可以重新制订。这一切都要看社会文化的需要、人力物力财力的情况来定。一般地说，在保持原书面貌的情况下改正错讹是常见的修订方法。

修订工作首先应该作比较深入的调查研究。一部字典的出版，社会上不会没有反映，必定会有读者从不同方面提出意见。这些意见是供字典修订时参考的极为宝贵的资料,值得引起重视。编辑人员在工作中反复查阅和编制附录的过程中也会发现一些原稿的疏漏。此外,组织专人通卷逐项的检查,发现的问题会更多一些。在这个基础上,将收到的问题集中起来,分类归纳,找出字典的薄弱环节、问题所在,有针对性地作出修订方案,就能够作到有的放矢。

字典本身是一个体系,它的各个方面处在相互联系的状态。相关照应往往是一个不容易处理好的问题。特别是大型字典,参加编纂的人员众多,更容易出现照应上的毛病。有的时候会发现同一页相距不远的地方就有照应不周之处。要使字典编写得前后如出一人之手,作到前后连贯,首尾一致,难度很大。必须分批列出专项,反复检查。如各类成套条目,在终审定稿、编辑发排的时候已经作了规定,列出了细目,但是在工作进程中还会发现原先的设想并不完备,又作了补充,最后成书了,一进行检查,还会发现有照应不周的地方。这就要靠修订来弥补了。

如果就字典编纂的缺漏而言,它可能表现在字典的各个方面。不妨就这些方面拟出一些项目。

以收字而论,字典有没有应该收而失收的字?有没有不应该收而收了的字?有没有重收的字?

解形是一个值得注意的方面,它不仅应该注意利用《说文》的成果,而且应该注意吸收近年古文字研究方面的成就,字典在这方面已经作了哪些工作?还有何不足?

至于音项的建立是否恰当?注音是否合乎规范?又读的收列宽严是否合适?这些都是检查的时候应该注意的。

在释义方面,义项是否具有概括性?释义使用的文字是否准确?释义和用例是否一致?

又如异体字。字典中经常会发现甲字是乙字的异体,乙字是丙字的异体,丙字又是甲字的异体,如此循环,到底谁是主体字?读者就茫然了。

再如通假义项,字典说甲通乙,是某义,而在乙字下面却又没有相应的义项,或者所建立的通假义项靠不住。

插图可以帮助释义,补充释义文字的不足,插图的选用,大有学问。哪些地方用总图,哪些地方用分图,都要有通盘考虑。

所有这些方面的问题,不一定每部字典都存在,但是,就大多数字典来说,检查一下这些方面还是必要的。

如果就字典的总体方面说,或者是字典在某个方面存在比较多的问题,或者根据形势的发展,要求在字典里增加某些内容。这就有可能要突破原有的体例规定,作新的改编。这样,字典的修订任务将会更重。比方一部字典建立义项偏细,失去了概括性,在修订的时候就应该把这个问题作为解决的重点,对它作深入的探讨,从理论和实践的结合上制定出细则,针对存在的问题逐一进行解决。如果字典在用例方面显得单薄,不能够很好地反映这一字义在不同时代、不同文体里面的使用情况,那就需要针对这个问题,补充资料,确定充实用例的细则。

总之,修订工作要从字典的实际情况出发,作好调查研究,有目的地进行。

三

字典的修订工作,不是一个单纯的技术工作,它包括了复杂的内容,就目前的情况看,应该抓好以下四个环节。

首先是队伍。如果说字典编纂要求有一支能够胜任工作的队伍,那么字典的修订更应该有专门从事此项工作的队伍。这支队伍的人数不像编写阶段那样多,但是也要保证一定的数量。特别是曾经参加过这部字典编纂工作的人员更不能少。

一部大型字典从开始编写到全书完成,所需的时间是十几年、几十年。最初参加工作的时候40来岁的人到全书编成时,不少已经年逾花甲了,有人形容是"红颜变白发",情况确是如此。这些同志在长期的编纂实践中培养了对字典的感情,愿意为字典的修订贡献力量。他们有经验,懂得其间甘苦,再从事这项工作,应该说是轻车熟路,得心应手。

此外,还应该逐步补充一批中青年,做到队伍的年龄结构层次合理。这些新同志虽然对工作并不熟悉,也许在工作中还会出现一点差错,但是在熟悉工作的同志的带领下,用不了多少时间,他们会成为熟练的修订工作人员。但是千万不要为了照顾关系,或者其他的原因把不符合条件的人安置到修订队伍中来。

抓队伍,应该抓队伍的数量,没有足够数量的队伍,修订工作将是一句空话。但是,队伍的素质更为重要。特别是思想素质值得引起重视。编纂大型字典要作长期打算,这段时间,工作繁重,生活清苦,默默无闻,成天和资料打交道,这是参加过编纂工作的人都体会到的。修订工作要十年甚至更多的时间。"又要十年!"有人不免发怵,望而却步。为此,在挑选人员的时候应该注意,要把那些愿意为文化积累作贡献,愿意为字典编写出力;不汲汲于名利,不为当前五光十色的外部现象所迷惑,有责任心的人吸收到修订队伍中来。

作为领导,要注意队伍的建设,关心他们的生活、工作和思想,在物质生活上给以保证,使他们能够安心工作。

其次是抓好机构。建立健全字典的修订机构,是保证工作能否顺利开展的重要一环。

字典编成出版了,原来分散在各地各单位的编写队伍势必解散,大多数的编纂人员将转而从事其他工作。但是也有一部分人愿意留下来从事字典的修订。修订工作任务繁难,不相对集中人员是无法进行工作的。为此,建立健全机构非常重要。

强化编纂处,由编纂处来完成修订任务是比较理想的。字典的编纂处是常设机构,它有双重任务。字典编纂阶段,它负责协调各方面的工作,搞好编纂发排;字典编成之后,它承担修订任务。一定要防止字典一出版,编纂处就名存实亡,甚至散伙。建立起一个编纂处很不容易,如果轻易撤销,将给字典的修订工作带来不可弥补的重大损失。

同时也必须看到,字典的修订工作,单靠编纂处本身的力量是不够的,可以就近聘请一些曾经参加过字典编纂,又年富力强,愿意从事此项工作的骨干来参加。编纂处要为充分发挥这些力量的积极性做好周密的组织工作。

再有就是经费的筹措。修订工作需要一定的经费。无米之炊,巧妇难为。在吃"大锅饭"的年代,可以搞协作平调,哪个单位来参加编字典,哪个单位就给本单位参加编写的人员发工资。现在情况变了,不能够靠这个办法过日子。修订工作所耗资金,如修订人员的劳务报酬、奖金,卡片的印制费用,置备必要的办公用品等,都要预先考虑。

在国外,一些大型辞书的主持者往往为资金的筹措而苦恼。

修订辞书要筹措资金会更困难。有些辞书修订工作开始不久就宣告暂停,原因是资金不足。在我国,由于社会主义制度的优越性,情况就不同了,一些大型辞书项目可望得到政府资助,拨给专款。主编们不一定为资金的筹措动脑筋,可以把更多的时间和精力用到考虑修订的业务工作中去。

在申请经费的时候,应该对所需经费作非常仔细的估计,同时要考虑某些特殊情况,留有充分余地。为了保证经费都能够用到修订工作中去,不被人挪作他用,必须健全财务制度,严格审批手续,定期进行检查。

最后,要有一个切实可行的规划。修订工作的规划要建立在实际情况的基础上。首先是调查研究,然后根据存在的问题确定修订重点,定出修订时间。如果说初编的时候资料核对有比较多的疏漏,修订的时候就应该把全面复核资料放在重要的地位。如果资料还较欠缺,在正式修订前应划出一段时间进行资料补充。

制定规划要为修订的最后通读留有足够的时间。如果各项工作作得比较充分,通读的时间可能短一些,不然,通读的时间就要适当延长。此外,印刷出版的时间也应该考虑在规划中。

末了,有一点也要强调。一部字典使用了十年或者更长一点时间,就应该出修订本。但是修订工作不能够等到某一个时间由某一个人或某一个单位下达一个指示才开始进行。字典的修订工作,好比公路的养护工程,公路通车,养护工作马上开始。

(载《辞书研究》第 5 期 1990 年 用"天水"的笔名)

论 字 典

一

　　字典是我国特有的一种辞书形式。

　　在我国辞书体系中,字典占有重要的地位。使用拼音文字的国家,用为数不多的字母记录语言,它的一个单字就是语言里的一个词,没有必要把字典和词典区别开。而在我国,记录汉语的是一种表意体系的方块字,每个单字表示一个音节。汉语,特别是现代汉语,复音词占绝对优势,一个方块汉字不一定就是一个词,它有的时候只是一个语素,甚至连语素也不是,这就决定了字典和词典的区别,字典不就是词典。可以这样认识,汉语字典的产生是由汉字的特点和我国文化教育传统决定的。

　　汉字历史悠久,结构复杂,字数众多。

　　汉字有很长的历史。有人认为早在新石器时代我们祖先就有了文字性质的符号。但是比较保守一点的看法则是汉字的历史可以从殷商时代算起。从那个时代到今天,虽然书写工具有变迁,字体有递嬗,但是现在使用的楷书不少都可以推溯到甲骨文时代,它们一脉相承,发展线索非常明显。这样连续不断一直沿用几千年,在世界文字史上是独一无二的。古代美索不达米亚巴比伦的楔形文字、尼罗河流域埃及的圣书、克里特的表形文字,它们出现的时代和汉字相仿佛,但是,它们有的已经发展成拼音文字,原来的表形面貌早已经不存在了;有的很早就停止使用,尽管考古发掘还时有发现,但它们已经是历史的陈迹,考古的对象。它们的命运都和汉字不同。

汉字形体结构复杂。虽然远在甲骨文时代汉字就有表音成分的符号出现,但是汉字并没有发展成表音文字,而是以意符和声符相结合的形声字占主要地位的文字。到今天,汉字已经成了一种难写、难认、结构复杂的文字。

汉字数目又非常众多。从古到今,字数在不断增加,有些字被淘汰了,但是在文献中又把它们保存下来。长期的封建社会,官方一再强调正字的作用,要求注意使用文字的规范性,但是民间却在不断地创造新字。从字典记录的情况看,越到近代字典收录的字数越多。今天汉字的总数已经超过 6 万。由于它们产生于不同时代和不同地域,有人把这一大批汉字比喻为历史的堆积物。

识字教育在我国传统的文化中非常重要。根据《周礼·地官·保氏》的记载,保氏的任务是以道艺教养贵族子弟,其中第五项就是六书。[①]

班固《汉书·艺文志》引用了《周礼》的说法,同时还谈到汉代识字在国民教育中的作用。

> 汉兴,萧何草律,亦著其法,曰:太史试学童,能讽书九千字以上,乃得为史。又以六体试之,课最者以为尚书、御史、史书令史。吏民上书,字或不正,辄举劾。

以后历代的统治者都很重视识字教育。在这样的情况下,汇录汉字的识字课本出现了。早期的《史籀》、《苍颉》、《凡将》、《急就》、《训纂》,后期的《千字文》、《三字经》都是为了适应这种需要而出现的。童蒙识字课本只是把字汇集起来,按一定的方式进行编排,还不能够算作字典。只有把汇集的字进行分类排比,分析它的结构,注出读音,解释它的意义,才能够说真正有了字典。

字典的产生基于社会日益增长的文化需要。汉字在历史发展进程中,字数有增加,形体有变化,音读有分歧。字义出现了古今差异,特别是使用上出现了混乱,要求进行规范,使人们能够很好地理解、运用和掌握它。一部好的字典应该承担起这个任务。每当社会发生重大变革,语言文字出现了新的差异,这就要求编出新的字典来满足社会的需要。

二

我国的字典编纂有悠久的历史传统。

许慎的《说文解字》是我国现存最早的字典。汉朝隶书流行,改变了小篆的书写形式,由婉曲的线条变成平直的线条,从没有棱角变成有棱角,有的字经过省变或讹变,也有没有经过省变的隶定字。当时有些读书人从隶书的角度来解释汉字,如"马头人为长,人持十为斗,虫者屈中也"。[②]违背了造字的原意。为了纠正这种差误,出现了许慎的《说文解字》。这部书的叙对书的编写有了很好的说明,是一篇很有价值的字典编纂学论文,他所阐述和发挥的"六书"理论对于今天分析汉字的结构和源流演变仍然有它的积极意义。

汉字的发展,一方面要求正字规范,另一方面民间又创造新字。魏晋南北朝时候,这种新字日益增多,人们从当时的书写习惯出发分析文字,有的远远脱离许慎阐明的"六书"原意。早在汉献帝的时候就有童谣把"董"分解为"千里草",把"卓"分解为"十日卜",刘宋时期,京师民谣把王恭的"恭"析为"黄头小人",都属于这个类型。当时一些有识之士已经认识到字的形体演变社会性的趋势,认识到不能够墨守《说文》。③

梁朝顾野王编《玉篇》,收录楷书字头就数量说已经超过了《说文》。从《玉篇序》可以看出,他编书的目的在于考证古今文字形体异同,为读者释疑解惑。梁简文帝认为这部书卷帙繁重,下令萧恺加以删削,唐高宗时又由孙强增字修订。宋朝大中祥符年间又诏陈彭年等人重修,称为《大广益会玉篇》。这部著作几经删削,已经面目全非。幸而日本还保存有一些《玉篇》残卷,它们即或不是顾氏原本,也是比较接近原本的。从残卷可以看到,它收录的义项比较完备,引例也翔实,特别是注意字与字之间的异体关系,在我国字典编纂史上是一大进步。

汉朝末年发明了反切的注音方式,出现了韵书。韵书是一种按音序编排的字典,它和按部首编排的字典同时并行。这种字典、韵书并行的双轨制在宋代被确定下来。宋真宗时有《广韵》和《大广益会玉篇》同时刊行。宋仁宗时又开始编纂新的韵书,前后用了30年时间,这就是《集韵》。为了和《集韵》相配,又编了新的字典《类篇》,它们收字都超过3万。

稍后一些,北方少数民族政权也参照类似的体制编写了字典。这就是金代韩孝彦、韩道昭父子编写的《四声篇海》和《五音集韵》。

宋代在字典的编纂上有一些创新。《类篇》的分部和各部之间的顺序因袭《说文》,而各部内部字的排列则依照韵书里韵的顺序,把韵书编排的原则运用到字典编纂中来了。北方民族政权编纂的字典有辽朝行均和尚编的《龙龛手鉴》,收录了不少民间流行的俗字,它把部首归并为244部,部首的顺序按照平上去入四声排列。《四声篇海》确定了444个部首,部首按三十六字母顺序排列,部首内部的字按照笔画多少排列。这是现在能够看到的按部首笔画检字的字典。

明朝末年出现了两部字典。一部是梅膺祚的《字汇》,另一部是张自烈的《正字通》。这两部字典对传统的540部部首作了重大的改动,归并为214部,部首内部按笔画多少排列顺序。后世楷书字典都沿用这个体系。在注音、释义和举例方面,它们和现代详解字典的格局已经非常接近。清朝的《康熙字典》就是在这两部字典的基础上编成。这类工具书正式命名为"字典"从《康熙字典》开始。如果没有《字汇》、《正字通》作蓝本,《康熙字典》要在短短五年内编成是不可能的。

清朝末年,我国的社会发生了急剧的变化,人们迫切地要求学习新知识,旧的字典已经不能够满足查阅的需要,于是在前人文字学、训诂学及古籍整理的基础上,借鉴西方辞书编纂的经验,开始了《中华大字典》的编纂。这部字典开编于宣统元年,它编成正式出版是民国四年(1915),因此一般把它作为民国时期的字典看待。

从《中华大字典》问世到今天将近80年,我国社会变革更为迅速,旧字典已经适应不了新的社会需要,人们要求编出新的大型字典,《汉语大字典》正是在这样的新的历史条件下开始编纂出版的。

回顾我国字典编纂的历史,可以看到,一部新的字典的出现,它都不可能是前代字典的完全重复,它总有一些新的值得后人借鉴的东西。今天编纂新的字典,不能够抛弃前代的优良传统,要在继承前代成果的基础上吸收现代的辞书编纂理论中有用的东西,作到有所发现,有所发明,有所创造,有所前进。

三

字典有其自身的特点。

可以把字典看成汉字的档案库,它要为读者提供汉字各方面的信息。不仅是字的静态的描写,还要有字的变动情况,字与字之间的关系和联系,人们如何使用等等。要达到这一目的,需要作大量的工作。概括起来有以下这些:在字形方面,它要对古今汉字进行初步的整理;在字音方面,它要对所收录的字的读音进行审订;在字义方面,它要求义项完备,尽量使这个字表示的意义包罗无遗。

具体地说,字典的特点可以从以下八个方面来体现。

一、**收字** 楷书是今天通行的字体。它从东汉末年开始通行,在漫长的岁月中,它日积月累,数目已经相当可观。对于这些字,不同的字典收录可以不同。一部小学生字典收三四千字就可以了。如果一部大型字典,像《汉语大字典》,它收字应该尽可能的多。凡是曾经使用过的单字都应该尽量收到。这和词典也不相同,词典以单字头带复词条目的形式出现,它收字的数目是有限的。收字有历史继承性,首先要认真审订前代字典已经收录的字头,同时还要注意从文献中收录字典失收的字。重收和漏收字头,不列目字在初编的时候容易发生,但是要想方设法尽量避免。

二、**解形** 成千上万的汉字,它们的形体结构各不相同。从历史的角度分析汉字的结构,就能够科学地认识它,从而掌握它。《汉语大字典》的编写体例规定在楷书字头下面收列能够反映字的形体演变关系的、有代表性的甲骨文、金文、小篆和隶书形体,这就使一个汉字的形体演变情况能够清楚地呈现在读者面前。罗列古文字形体之后附上简明的解说,更有利于读者去认识一个字的形体结构和源流演变。

三、清理异体字 汉字的总数虽说已经超过 6 万,但是同一个字的不同写法的异体字占相当大的比重,这是世界上其他文字所没有的。清理异体字,处理好字的异体关系,将是汉语字典的一项任务。历代字典对异体字都有反映。《说文》里的"重文"、"或体",《玉篇》里的"亦作"、"或为",谈的都是字的异体关系。

异体字是一个历史范畴。不同时代确定的正体字和异体字可能并不一样,也正因为是历史范畴,音义相同而形体不同并不就是异体字的全部特征。由于时过境迁,某一个异体字会出现新的意义。有必要根据新的情况对字的异体关系进行新的整理。

四、审订读音 这主要指现代音的审订。当前标注了普通话读音的字不到 2 万,如果以 6 万字来计算,至少还有 4 万多字需要标注普通话的读音。虽然说没有标注普通话读音的字多数是异体字,但是要论证它们的异体关系也还有审音订音工作。何况有些字并不是异体关系,确定它的音读就更有其重要意义。

词典以词为收列单位,一个词的不同读音可以认为是不同的词,要分列字头。而字典以字为收列单位,一个字的不同音读只在字头下分列音项。古今言殊,四方异谈,字典不可能有音必录,需要认真拣选,确定应该建立的音项。

五、标注古音 一部大型字典只标注现代音不免显得单薄,难以满足不同文化层次读者的需要。为了反映字音的古今变迁,标注古音非常必要。《康熙字典》在单字字头下面收列《唐韵》到

《洪武正韵》各种韵书的反切,又标注了直音,还根据吴棫《韵补》等著作收录出叶音资料,已经开启后代上古、中古、现代三段标音的端倪。继承这个传统编纂字典,科学地标注上古音和中古音,难度不会太大。如果根据黎锦熙先生编纂《中国大辞典》的设想,采用五段标音,要作的工作可能多一些。

六、诠解字义 以单字为收列单位,决定了字典在字头下面释义的内容比词典多。字典的性质决定了字典要收列造字之义。造字之义有的时候和词义是一回事,有的时候又不是一回事,需要认真鉴别。意义有本义,也有引申义。引申义是由本义发展来的,它和本义有这种或那种联系。也有一些意义,它和本义的联系不清楚,也许是词源中断,而大部分是"依声托事"的假借义或通假义。所有这一切在研究字的义项及其排列时都应该弄清楚。

七、揭示通假 通假是汉字使用过程中出现的一种现象,它是汉字特有的。时代愈早的著作这种通假现象愈多。东汉时期郑玄曾经说过:"其始书之也,仓卒无其字,或以音类比方假借为之,趣于近之而已。受之者非一邦之人,人用其乡,同言异字,同字异言,于兹遂生矣。"[④]这话道出了文字通假现象产生的实质。关于通假,学术界的意见并不一致。一般认为应该把通假和文字假借、古今字区别开来,但是从字典编纂的实际情况来看,其间交叉的地方不少。根据有无确切的用例来建立通假义项是比较可行的办法。字典应该把那些规律性、普遍性强的通假现象作为义项收列。

八、精选用例 释义的水平决定了一部字典质量的高低。佐证释义、提示语源的例句也不能忽视。字典在举例上注意收录早期用例,尽量在"始见书"上下功夫,已经取得了较大的成绩。现在一些大型辞书确定了"古今兼收，源流并重"的编纂原则，选择用例的范围扩大了。从编纂的实践看，选择体现源的用例比较好办，选择体现流的用例就困难了，特别是某个意义什么时候停止使用，就目前对汉字使用情况的研究来看，也还不容易说清楚。目前我们还不可能提供这样详尽的材料。

这八个方面的课题解决好了，字典的特点也就体现出来了。

四

资料、队伍、规划是字典编纂工作应该抓紧的三个环节。

编纂字典是一项繁重的任务。它和撰写单篇论文或学术专著不同。论文或专著不需要把一切材料都摆出来，它有某种灵活性，没有弄明白的问题还可以放一放，不去涉及它。字典就不同了，它要对所收录的字在形音义各个方面作一次总结。一些有争议的或者没有解决的问题，要根据编写体例和编写细则的规定妥善地进行处理，回旋的余地不多。

这项任务的繁重还在于汉语在历史上积累了丰富的文献，这是世界上独一无二的。英语有比较多的文献，英国牛津大学编的《新英语大词典》收录的材料最早是公元8世纪。8世纪相当于我国的唐朝。在我国大型字典的编纂中，唐朝的材料能够入典的并不多，因为在此以前，我们还有一千多年的文献记录，许多义项的用例唐以前的文献里就可以发现。

从我国语言文字研究的传统看，长期以来这种研究是经学的附庸，经书多是先秦时期的作品。读经要读经注，经注又主要成于汉代。基于这样一个情况，我国研究先秦两汉语言所积累的资料要多一些,六朝以下的语言文字研究就显得薄弱,而元明清时代的语言研究则几乎是空白点。现在观念变了,不同时期的语言文字都有同等重要的地位。魏晋以下语言文字的研究提上了日程,新的成果不断出现,编纂者应该关注这些材料,把它们吸收到字典中来。

字典编纂首先要注意资料建设。这是字典的物质基础。没有足够的资料,即便有天大的本事,也编不出好字典的。《汉语大字典》的编写,查阅了4000多种著作,积累了700多万张卡片,到终审定稿的时候仍然有资料不足的感觉。

读者使用字典,并不都会去关心这部字典使用了多少资料。但是一部高质量的字典,没有足够的资料是编不出来的。

资料要人去使用,字典要靠人来编写。培养足够数量的具有一定编写和编辑能力的编纂人员是字典编纂工作应该强调的。从目前情况看,开始编纂工作的时候并不可能有一支现成的训练有素的队伍,我们的队伍是在实际工作中培养出来的。不少同志都是在编纂实践中熟悉了字典工作,认识到字典在精神文明建设中的重要性,从而决心投身到这支队伍中来。

一个合格的字典编纂人员除了要有奉献精神外,还应在业务素养和识断能力两方面进行要求。

编纂字典需要的知识非常广泛,几乎是无所不包。有一位学术界的老前辈曾经讲过:编写字典,谈何容易,本科毕业的大学生还要读十年书才能够胜任。最初听到这话,觉得有些耸人听闻。跟字典打了十几年交道,仔细玩味这位老前辈的话,渐渐能够体会到这话的道理。的确,只要认真去接触字典编纂,都会感到自己知识的不足,需要不断补充新的知识,不仅是社会科学的知识,还要有自然科学的知识。

识断能力是不可少的。缺乏这种能力,面对纷纭复杂的材料、众多的解说,就会进退无据,甚至茫然不知所措。识断能力的培养在于有正确的思维方法和丰富的编纂实践。勤能补拙,如果对于一些问题无法判断,不妨多查查有关资料。那种不看书,不查资料,一味凭主观办事往往会出差错。

末了,还应有一个切实可行的规划。这种规划不是少数几个人坐在屋子里订出来的,也不可能一开始就完满无缺。它要经过不断的实践,无数次的反复,听取各方面的意见才能够完成。字典的编纂可以划分为资料建设、编写(包括试编)、审稿(包括初审、复审和终审)、编辑发排各个阶段,大型字典更是如此。各个阶段应该有具体的要求,达到什么要求可以转入下一阶段。阶段与阶段之间时间上可以交叉,各阶段的时间安排要科学,要留有充分余地。比方编写和审稿时就应该充分估计,编写阶段参加的人多,而到终审的时候参加的人就少了,但是所有的稿子都要经过终审。因此,终审的时间就应该长一些。这些在规划中都应该有明确的规定。

[附　注]

① 《周礼·地官·保氏》:"保氏,掌谏王恶,而养国子以道,乃教之六艺,一曰五礼,二曰六乐,三曰五射,四曰马驭,五曰六书,六曰九数。"

② 见《说文解字叙》。

③ 《颜氏家训·书证篇》:"世间小学者,不通古今,必依小篆,是正书记。凡《尔雅》、《三苍》、《说文》,岂能悉得苍颉本指哉?亦是随代损益,互有益同。西晋已往字者,何可全非?但令体例成就,不为专辄耳。……吾昔初看《说

文》,蚩薄世字,从正则惧人不识,从俗则意嫌其非,略是不得下笔也。所见渐广,更知通变,救前之执,将欲半焉。"

④ 见陆德明《经典释文·叙录》。

(载《汉语大字典论文集》 湖北辞书出版社
四川辞书出版社 1990年)

字典情缘

参加《汉语大字典》编纂工作到全书出齐一共用了 16 年时间。全书出齐到今天又过去了 10 年。算起来从开始编写到今天总共 25 年,是四分之一个世纪了。时间不算短。回顾一下这二十几年,和字典词典打交道,却也有许多感受。

一

我接触字典应该说很早,小学时候,老师要我们买一本字典,随时翻检。那个时候我的书包里面就有一本《学生字典》,它帮助我认识了不少的字。考上高中以后,人也长大了,我的祖父赵少咸教授给我布置家庭作业,每天读《说文》里面的字 5 个,当初我觉得 5 个字并不算多,就是把段玉裁的注文读了,也还能够承受。每周星期六回家,祖父要抽查,我总是说懂了,提不出什么问题。几周以后,祖父说要考一下,我也不在乎。他要我讲一下《王部》的"闰"字,我说闰就是闰月的闰,阴历是三年两头闰,三年两不闰。祖父说这些不读《说文》也答得出来。于是给我讲了"闰"字的来历,足足讲了两三个钟头,并且指出读段注还要细心,一句一句都不能够放过。还说里面的反切和古音第几部,属于音韵学的问题,你现在不懂,可以不去管它。这时我才知道《说文》有那样深奥,一个高中生是无法把它全部弄懂的。

我大学读的是中文系,更是离不开字典。祖父在系上任教,除了一般的语言文字课程如音韵学、文字学、训诂学他要检查我的学习外,还指点我标点《广韵》,注出每个韵的韵摄、开合和等,韵里面每个小韵的声类、清浊、开合和等。用蓝笔标清音,用朱笔标浊音。这些当时做起来感到枯燥,久而久之也就习惯了。这给我后来在北大进修语言学打下了很好的基础。

以前在教学和科学研究工作中天天和字典打交道,但是从来没有想过自己会去编字典。直到1975年夏天,听说在广州召开了一次关于辞书编纂的座谈会,确定要编写一批字词典,其中有一部《汉语大字典》,任务落实给湖北和四川两省。我想编字典总比当时到处去讲"儒法斗争"、"评《水浒》"好,虽然那个时候我并不知道"四人帮"利用这些搞影射史学,把矛头指向周总理,当时的确也没有那样高的觉悟。但是心想能够去编字典,不去讲那些连我自己也感到茫然的内容,兴许还可以做一点有用的事情。特别是"文革"快十年了,成天搞斗争,自己去斗别人,别人批斗自己,真把人搞烦了。

坐下来编字典,认真读一点书,还是自己愿意的。于是我去找了出版社的有关同志,向他们表示我愿意参加编字典。有些人谈到编字典,特别是编大字典,就望而生畏,连躲都躲不及,而我却自己跳了出来,甘愿去做这件事,正如有位朋友说的,我是自己去跳火炕。

后来我的要求得到了批准。

10月初,省出版局、高教局和有关大专院校召开了四川省中外语文字词典编辑出版工作座谈会,我被邀请参加。当时西南师范学院的方敬院长说，字典要编十年，编写的时间长，应该要一个年轻一点的人来抓业务工作。结果我被定为省领导小组成员，同时还负责《汉语大字典》编写的业务工作。

二

湖北方面负责字典业务工作的是李格非教授。我和格非是多年好友。50年代初期，我们两人在北京大学中文系进修，我当时是那个进修教师小组的组长。50年代末到60年代初我们又一起到苏联去讲学，一同住在莫斯科，他是我们的党小组长。这次是我们第三次搭档了。平时我们的关系就不错，彼此都很了解，他比我恰好大一纪，都是属龙的，我们爱开玩笑说，他是大龙，我是小龙。

10月中旬他和当时湖北出版局的领导余溪同志、武大党委书记刘介愚同志一起到四川商讨字典编纂有关问题。我和省里出版局的领导、川大革委会副主任黄觉民参加了会谈。11月在武汉开编写工作会议。这次会上讨论了字典的分工及今后的工作问题。字典的编写方案、细则，资料建设工作的安排，今后工作的部署都是格非提出意见，大家讨论，他的多数意见得到了大家赞同。

格非对《汉语大字典》的整个工作可以说是尽心尽力，当时字典处于草创阶段，组织编写队伍是一个难题。四川省把几个编写组放在高等学校，人员问题并不突出。湖北方面除了三个编写组在高等学校以外，专区有三个编写组，还有三个编写组在工厂和部队，人员组织难度非常大，就是在大学的编写组也还需要充实编写骨干。为了这个问题，格非跑了好些地方，据说那一年腊月三十，天上下着大雪，他还在黄岗、孝感地区为调动人奔忙。当地组织部门的干部都说:这样年岁的老同志,年三十晚还在为字典需要人而奔走,太感动人了,他要的人就给他吧!就是靠了这样一股子精神,武大编写组的队伍在当时两省的各个编写组中力量是最强大的。

格非有一个最大的特点,就是能够团结人,能够为大家着想。开编的时候情况还好,后来学校趋向正规化,队伍逐渐不稳定了,编写组里面有的同志要求回去上课,或者去搞科研。在编写组里面的也感到职称的压力。格非不止一次在两省的工作会议上为编写组的同人们争高级职称的指标。有时甚至声泪俱下,听了真叫人为之动容。可是有个别同人,由于自己的要求没有得到满足,对格非不仅有微词,甚至当面和他吵。论说格非还是他们的师辈,这样做使他很伤心,他向我谈过多次,但是在工作中从来没有流露出一点不满情绪,仍然是那样精神饱满地投入工作。一次,他对我谈,他对于这些事想通了,写了一幅对联:

唾面自干,鼻吸五斗醋

掉头不顾,心萦一字经

我的老师刘君惠教授觉得太露了,为他把最后一句改为"耳听万壑松",那时格非家住在珞珈山顶,四面都是松林,每当风起,松涛的声音听起来使人感到另是一番景况。

这次我和格非共事了16年,工作中有不同意见是难免的,有时也有争吵,甚至吵得面红耳赤,但是总是他让我,吵过了也就算了,我们照样合作得很好,很愉快。湖北和四川一共有六位副主编,虽然来自不同学校,但是论师承,算是同门,十几年来在协调两省各个编写组之间的关系方面,没有出现大的毛病,格非在里面起了不少的作用。

三

武汉会议后,我们回四川,准备组织队伍大干一场。在船上听到广播梁效关于教育革命不容否定的文章,敏感的同志已经意识到又将有一场大的运动要来临。但是大家谁也没有把这话说出来。

1976年1月6日在总府街总府饭店召开了省内的字典编纂工作会议,落实武汉会议确定的各项任务,布置了各个编写组的资料收集工作。1月8日,周恩来总理逝世的消息传来,大家陷入一片悲痛之中,领导小组组长袁仲凡同志要求大家化悲痛为力量,把字典编纂工作做好。会议就这样结束了。

我们开始紧张地组织编写队伍,资料建设工作也同时开展起来。4月在重庆召开第一次工作会议。

那时"批邓反击右倾翻案风"的嗓门越来越高,听说要求干部表态"转弯子"。在机场听到几个开会回家的干部在发牢骚:"再转几下,饭都要没有吃的了。"我们成天关在图书馆楼上作资料卡片,社会上闹成什么样子一点也不清楚,听了这些话,也没有更多的反应。

我们编写组费了很大的力气,由甄尚灵教授写了一个如何做现代汉语资料的经验,项楚教授写了一个他如何从敦煌变文里面收字的经验,当时满以为我们组的这两份材料一定会得到与会同仁的赞同。但是却出乎我的意料,材料印发后,一位好心的同志对我说,你们的材料好是好,就是开头没有一个"帽子",意思就是没有表示要批判"右倾翻案风"的套话。会上有的先生开始发难,说字典组就没有右倾翻案风？武汉会议期间，邓小平的弟弟邓肯那天晚上来字典组干什么？有几个领导看了电影《春苗》后说"走资派再受教育"是啥意思？一时会议的气氛搞得非常紧张。其实邓肯同志是来拜望他在重庆工作时共过事的几位老朋友，当时我也在场，那是一般的朋友见面。至于所谓"走资派再受教育"，也不过是看了电影后几个人开玩笑的话，不知道这位仁兄为什么要把这些端出来？

这一紧张，我们组的材料反而没有人提意见。我以为过了关。在会议结束后准备回成都的那个晚上，主管我们字典组的领导召集我们组的全体代表开会整风，说我领导小组工作是业务挂帅，没有"以阶级斗争为纲"，并且声称要把赵某调离一段时间，使他的业务挂帅不能得逞。

幸好上级领导仁慈，没有再追究这件事。反而给我一个外出参观学习的机会。我到上海访问了《汉语大词典》的几个编写组，又到北京向国家出版局汇报了工作，提出我们目前遇到的问题，陈原同志的讲话，解决了我们许多难题。在北京还访问了《新华字典》修改组、语言研究所《现代汉语词典》修订组，学习到不少东西。在出版局我看到了一些领导同志的讲话稿，我特别留心他们的讲话是如何开头的。我在重庆会议上无非就是没有写几句套话嘛，把这些领导讲话开头的那些话抄下来，以后自己不是也就有了这些话了吗？后来回成都向领导汇报工作，我把在北京抄的那些话写在我的汇报材料中，一位领导听了说：赵某还是进步很快，你看他的报告讲得多有力量！

在这种气氛下，真不知道怎么搞资料收集工作了。最初我们组一个月做了5000多张卡片，现在一个月1000张都没有，大家都怕没有阶级斗争这个纲。很多编写人员对于这样做法还是有意见的,见面就问:"你纲起来没有?"发泄自己的不满。当领导的也为难。一次我们交了一个试编稿给省领导小组办公室,办公室的负责同志把我叫去,问道:上次你们这份稿子里面有毛主席的话26条,为什么这次交来的只有25条了?要我说个所以然。真不好回答。

也有人用这种或那种方式表达了自己的意见。有一位同志在一次讨论会上说:毛主席的话要用黑体表示,将来字典印出来花花塌塌的恐怕不好看吧!我这个人有的时候也显得不怕事,对于某些领导的做法不以为然,也要说几句怪话。我曾经说:"弯子转过来没有,不能够凭他在会上表个态。最好是发明一种机器,让人走下面过,真的转过弯子的,就亮绿灯,没有转过弯子,想蒙混过关的,就亮红灯。"有个同志听了我的话说:"你走下面过,肯定是亮红灯。"黄觉民主任为此曾经找我谈话,他说:"上头的问题你不懂。现在要特别留意,业务上你犯一千条错误,没有什么。政治上犯了一条错误,那就要吃不完,兜着走。"对他语重心长的打招呼,我非常感激。

我最佩服语言研究所的丁声树先生,他看了我们编的字稿里面用了一些马克思、恩格斯、列宁、斯大林的话语,在当时那个环境下,他曾给一位同志说:"你回去告诉赵振铎,马、恩、列、斯的话是我们的人翻译的,用在字典里面不妥当。"那时"四人帮"还在台上,丁先生敢明确地表露出他对字典的这个观点,使我受了很深刻的教育。对丁先生这种学术品质感到无比钦佩。

四

  1976年10月"四人帮"被粉碎了。束缚我们的精神枷锁没有了，可以放手地开展编纂工作了。11月下旬在成都召开的工作会议上，我作了工作情况的汇报发言，当谈到我们可以理直气壮地编字典了，我的声音特别大，这是积压了多少时间的话呀！那种发自内心的激动心情二十多年了还历历在目，永远不能够忘记。

  格非和我一样激动，他在考虑今后怎么把字典工作更好地推向前进。

  1977年秋天，我们两人应邀参加了在青岛召开的《汉语大词典》编写工作会议，学到华东五省一市辞书界同人们的不少好的经验。格非在会后对我说，我们编字典已经进入第三个年头，后年是建国三十周年大庆，我们是不是搞一点成果出来作为献礼。他还说：十周年国庆，我们在莫斯科；二十周年国庆，我们都在当"牛鬼蛇神"；这一回可千万要做出一点成绩向党汇报。他的热情感染了我，我同意他的想法。因为马上要回去，没有讨论出什么结果。后来他托人给我带来口信，他已经向湖北领导小组提出编一本《汉语大字典难字编》作为国庆三十周年的献礼，希望我能够支持。

  12月在荆州召开了工作会议，尽管当时有不少同人对目前的印刷条件能不能够把书在国庆前印出来表示怀疑，但是格非和我坚持，还是决定上马。当时对《难字编》的设想是把《新华字典》、《现代汉语词典》没有收而又有用例的字汇集成一本书，不少编写组的成员都想，这些字反正是要编的，早点把它们编出来也就完成了自己的任务。这时学校的工作逐步走向正规化，教学岗位需要人,编写队伍已经有些不稳定了,但是任务一压,大家忙着赶任务,别的也就不想了。

在 1978 年 5 月,各个编写组都把初稿写出来,送到了编辑部。6 月 2 号在武汉第二招待所组织了审稿会。湖北省图书馆专门为我们开辟了一个阅览室,资料是相当充足的。严学宭、朱祖延、刘又辛、龙晦等教授都参加了这次审稿工作。武汉的夏天真热,从下午 6 点到晚上 12 点,一点风也没有。第二招待所靠近长江边,也没有江风,热得真不知道该到什么地方才凉快。在这里一共工作到 8 月 18 日。将近三个月。

在这段时间,我曾经回四川汇报过两次工作,并且写过几次情况反映,四川省负责这项工作的崔之富局长对工作进展的情况是了解的。到了 8 月,考虑当时印刷条件并不具备,出版局投资近百万的字模还没有动工,国内没有哪一家出版社敢承担印刷这部书;费了很大力气编出来的稿子,一经审读,问题不少;而且一个夏天在武汉苦战身体也受不了。经过多次向出版局反映情况,崔局长决定去和湖北的领导商量暂时停止《难字编》的编写。

《难字编》没有编出来,但是我们从中学到了不少东西,特别是大型字典的编写和审稿定稿工作该如何进行,从教训中总结了一些有用的经验,避免了以后审稿定稿走弯路。

五

1979 年全年,我们都忙于字典的各项工作,完善充实编写领导小组,由中宣部出版局许力以局长任《汉语大字典》领导小组组长,再组建编委会,聘请四川大学历史系徐中舒教授任主编,确定格非和我任常务副主编,任副主编的还有冉友侨、严学宭、朱祖延、李运益等,同时着手聘请学术顾问,并且开始从事字稿的编写。考虑到川大和武大都有常务副主编,便决定这两个编写组各写出一个部首,由他们先走一步,看看审稿工作应该如何进行,目的在于总结经验,以利推动今后的编写和审稿工作。

11月2日许力以局长写了有关《汉语大字典》编写情况的建议的书面报告给当时任中宣部部长的胡耀邦同志,6日耀邦同志对此作了批示:"请川鄂两省有关部门大力协助进行,希望全体编写同志同心同德,克服一切困难,完成这项有历史意义的工作。"这对我们是很好的鞭策,我们及时做了传达,增添了措施,加快了编写进度。

1980年川大编写的《虍部》印出油印稿,5月下旬在成都召开了审稿会。会议进行了一个星期。会前大家对这份字稿进行了充分的研究,有的在编写组内部还组织了讨论,准备是充分的。会上各组的代表就这份字稿的各个方面提了不少意见,有的意见还非常尖锐,虽然没有说是全盘否定,但是这些意见真像在我背上击一猛掌,使我头脑更加清醒了。有的先生怕我对这些意见接受不了,通过和我比较接近的人来给我做工作,要我正确对待这些意见,不能够躺下,更不能撒手不管。其实当时我的心情比较坦然,既然让大家讨论,那就要有听取意见的思想准备。已经把我推到这个岗位,那就只有面对这个现实,字稿的质量有问题,别人才会提出意见。根据大家的意见改正就是了。至于意见尖锐一些,那也没有什么。

格非没有参加这次审稿会,我把当时的情况告诉了他,也谈了我上面这些想法,要他有个思想准备。

10月在武汉举行了《宀部》的审稿会,也提了不少意见。

在这个基础上,当年12月在武汉召开的第六次编写工作会议开得非常顺利,使此后几年字典的编写工作能够有条不紊地进行。

六

1983年10月,《汉语大字典》的第八次编写工作会议在武汉召开。这是一次非常重要的会议。原来在开会之前我在去武汉的轮船上曾给当时已经任四川文化厅副厅长的崔之富谈到字典的质量问题,希望向领导反映,终审定稿的时间要长一些,时间短了恐怕保证不了质量。可是到了会上,许力以局长提出要尽快出书的意见。领导已经定了,我想就照办吧!格非说,由于周围环境的影响,人心思散,编写组内部已经有些不稳的苗头,赶快把书编出来,不然几千万张卡片和一批油印稿很可能成为一堆废纸。我听了背地里还责怪他,说他危言耸听。

1984年初,《汉语大字典》的初稿本已经全部油印出来,省内复审工作由各省自己组织力量进行,很快也就结束了。这年11月,开始了字典的终审工作。在终审中确实也暴露出了一些问题。但是还是按照领导小组预定的计划在1988年把全部字稿终审完毕。

在这段时间,我一方面要管字典的终审工作,另外一方面要分管编纂处的编辑发排。编纂处的业务工作,千头万绪,的确非常紧张,好在身体还可以,又有一股想把字典编出来的愿望,工作累点,也能够挺得住。

当时编纂处的人手不够,出版社想方设法从外地物色了几位中学退休语文教师,参加稿件的处理工作。特别是几位年过古稀的原中央大学毕业生,他们是林荫修、郝作曹、秦学海等,他们业务能力强,有责任心,改起稿子来一丝不苟。和他们相处几年,聆听他们的谈论,使我受益匪浅。听他们谈论字稿的问题,我作了不少笔记,对后来写《字典论稿》起了很大的作用。

  这几年我和格非见面的时间比较多,除了谈字典的编纂外,也谈到总结字典编写的经验问题。格非曾说:从前编字典的学者们,编完字典就万事大吉,没有把他们编字典的心得体会甘苦用心写出来。我们这一代编了这样一部字典,应该给后代留点什么。他的话深深地触动了我,以前读书就有作笔记的习惯,这次编字典,又遇上参加了领导工作,除了每天记日记外,还把在编写工作中接触到的问题都记录下来,到了终审和编辑发排阶段记录的材料更多。这些材料大部分都成为后来写字典方面论文的素材。

  在刚开始编纂字典的时候,格非曾向我谈及,《集韵》一书有五万多字,把这些字的情况弄清楚了,编写《汉语大字典》会有很大好处。这使我回忆起在 50 年代祖父少咸公的《广韵疏证》完稿的时候,我曾经给他谈起想仿效他的研究写《集韵疏证》。这是一项整理古代辞书的工作,祖父认为我读书不多,还不是做这种工作的时候,要我多读一些书再说。现在过了二十多年,编字典也接触了不少材料,也许可以开始作点准备,等字典告一段落就开始着手。1990 年,字典编辑发排工作结束,稿件都到了印刷厂。这时我申请到第四批博士点基金,就利用这点钱自己再贴上一点,到江浙两省的各大图书馆去查阅和抄录了大量有关《集韵》的资料,本以为字典工作结束就可以上马整理《集韵》,但就在这一年底我被国务院学位评审委员会增列为博士生导师,接着就准备招生,直到满 70 岁以后,工作松了一些,才真正把这项工作提上日程。

七

　　1990年底《汉语大字典》全书出齐,新闻出版署在北京人民大会堂云南厅举行了总结表彰大会。我代表编委会汇报了字典编纂的经过,中共中央政治局常委、书记处书记李瑞环参加了总结表彰会,他对大字典的出版表示祝贺,同时指出:我们在文化建设方面取得了许许多多的成绩。但是我们也毫不隐讳地说,在文化战线上,我们还欠了许许多多的这样的账,诸如《汉语大字典》这一类的工作,还有许多正在进行的过程之中,有的还没有摆上日程。这番讲话对我们与字典结下不解之缘的人是鼓励,又是鞭策。的确,在我们面前还有许多工作要做。

　　早在1989年3月,许力以同志就对《汉语大字典》出书后的工作作了安排:决定在《汉语大字典》的基础上由湖北负责出版《汉语大字典》的缩印本和简编本,四川负责《汉语大字典》的修订本。四川辞书出版社社长左大成曾经向我谈过,以后修订要我作好思想准备参加,因此在《辞书研究》关于《汉语大字典》全书出版那个专辑中我曾经用"天水"的笔名发表了一篇关于字典修订工作的文章,针对当时发现的一些问题提出了自己的看法。里面有这样一段:修订工作不能够等到某一个时间由某一个或者某一个单位下达指示才开始进行。字典的修订工作,好比公路的养护工程,公路通车,养护工作马上开始。字典也一样,字典编成,就应该组织力量收集各方面的反映,从事修订的准备工作。这些话都是有所指而发的。

　　总结表彰会后,我曾经用了一个月的时间整理了当时已经收集到的一些意见，觉得大字典虽然已经编成，虽然是一片赞扬声，但是作为一个参加了字典工作全过程的人，应该看到它的不足，看到它需要补苴的地方。我把大字典的不足初步归结为以下四点：

1. 字形方面　早在1981年，吕叔湘先生看了我们的工作本后，曾经对我和格非说，你们的字典古文字形体部分，只收列到魏晋隶书，行书和草书没有收，是一个不足，应该想法补进去。吕先生的意见是完全正确的，当时限于人手不够，没有做。这个意见曾经给当时负责字典字形工作的徐永年教授谈过，他表示吕先生说得很对，在修订的时候他愿意参加补行书和草书的工作。

2. 义项方面　有过细的情况，在后来发表的论文和出版的一些专著中，不少学者都指出了这一点。

3. 虚字的解释　有一位和我关系不错的老朋友不止一次向我谈到大字典中的虚字，他认为大字典对于虚字的解释还停留在清朝《助字辨略》、《经传释词》的水平，对近年虚字研究的成果很少吸收，这是一种退步。他的话尖锐一些，但确实是善意的批评。

4. 字典的资料　这方面问题更多。引例文字的衍、讹、缺、倒不少，还有一些"硬伤"，这些在一定的程度上影响了字典的质量。

我曾为此找了一些对字典有兴趣的同志交换意见，不少人都表示趁这个时候大家年龄还不算大（其实这批人中最年轻的都已经快六十了），再累上几年，把现有的错讹改掉，把前面提及的四个方面补一下。

我带着这个问题去找了出版社一位总编，他表示赞同，但是和他谈报酬的时候，我根据一些同志的建议说是否每人承包一册，全面核查一遍资料，把该补的部分都补上，一些突出的问题全部解决，用五年时间，承包费一册一万元。1990年，这个数目还是合情合理的,没有漫天要价。听到的回答出乎我的意料,他说:八百元一册就可以了。差距太大,看来谈不成。似乎,也没有人真正在考虑修订问题,我们已经完成了历史使命,也就不去管这个问题了。

现在回想起来,我对字典修订发表的意见是正确的。十年过去了,一些同志离开了我们。徐永年教授的去世,使我们的字典修订工作失去了一位对字形很有研究的好同志,目前四川要找一位像永年教授那样对字典有感情而又有很强业务能力的专家,恐怕很难很难。周炳森、陈壬秋教授也都因为患高血压去世,也是不可弥补的损失,去年秋天冉友侨教授又离开了我们。现在要组织一支理想的修订队伍,来进行修订工作,就不如90年代那样容易。

这些年,因为我编过字典,来找我审订字典的不少,大部分都谢绝了,有二三本托不过人情的也审了两种。《成都大词典》请我去当编审委员会副主任,我写了前面的"成都概况",一万来字,足足用了半年时间。后来《四川百科全书》开编,几个承办的人要我做主编,我最怕当头一号人物,坚决不干,最后达成协议,当一个副主编,主管编写的业务工作,这本书编了三年,"四川概况"是各分卷供稿,省政府雷秘书长和我汇总了大家的材料,作了一点统一加工,就署了雷秘书长和我的名字,算是对百科性的工具书也去尝了一尝。

2000年春,我得到退休通知,这下可以摒弃一切事务,专心搞一点自己想做的工作。三句话不离本行,我觉得在字典方面,有些事应该画一个句号,哪怕是阿Q画的圆圈,也想把它画了。

第一件就是把《字典论稿》整理成书,成书的时候把"稿"字去掉。这是从1979年开始写这方面文章的总汇,把它们整理后纳入到这本书中。

第二件就是《汉语大字典》的罅漏,本来想在修订工作的时候好好清理一下,从1990年开始,我就在做这项工作。我选了两种书作为研究字典的对象,看字典对读这两种书能够起多大的作用。一本是《淮南子》,另外一种是《集韵》,平时读书的时候遇到有可以订正字典讹误的地方都抄成签条,贴在相应的字头下面。因为年事已高,古稀早过,修订字典的事情应该让那些年富力强的同人去做。已故的《汉语大字典》副主编晏炎吾教授曾经提出希望编一本《汉语大字典考证》,我就想继炎吾之后写一本这样的书。为将来的修订工作添砖加瓦,也算是一个参加字典的老兵对字典修订贡献的绵薄之力。

第三件就是校理《集韵》,这是一个大工程,没有五七年工夫是无法完成的,两年来因为一些杂事牵羁,只完成两卷。今后时间充裕一些,可望加快速度。

(载《字典论》 上海辞书出版社 2001年)

《尔雅》
——古代辞书史话

一

《尔雅》是我国现存最早的一部按照意义编排的词典。
《汉书·艺文志》著录《尔雅》三卷二十篇,附在六艺略的《孝经》类,没有提到作者的姓名。到了东汉末年才开始有人提到这部书的作者。郑玄以为是孔子门人所作①。三国时张揖《上广雅表》对此有更详细的说明。他说:②

> 昔在周公,缵述唐虞,宗、翼文武,克定四海,勤相成王,践阼理政,日昃不食。……六年制礼,以导天下。著《尔雅》一篇以释其义。……《礼·三朝记》:哀公曰寡人欲学小辩以观于政其可乎?孔子曰:尔雅以观于古,足以辩言矣。《春秋元命包》言,子夏问夫子作春秋,不以初哉首基为始何。是以知周公所造也。率斯以降,超绝六国。越秦踰楚,爰暨帝刘。鲁人叔孙通撰置礼记,文不违古。今俗所传三篇《尔雅》,或言仲尼所增,或言子夏所益,或言叔孙通所补,或言沛郡梁文所考。皆解家所说,先师口传,既无证验圣人所言,是故疑不能明也。

张揖曾经仿照《尔雅》的体制编了《广雅》,为了使人们尊崇他的著作,他抬出了周公作《尔雅》的传说来提高自己作品的地位,并且还用了纬书《春秋元命包》里面子夏的一段话作为证明。《春秋元命包》是汉朝今文经学家写的书,书中记载孔子及其门徒的话多属后人编造,不能够作为依据。至于鲁哀公问孔子的话,见于《大戴礼·小辩篇》,"尔雅以观于古"和上文"循弦以观其乐"是对文。北周卢辩注释这段文字说:"尔,近也。谓依于雅颂。"可见这个"尔雅"不是书名,张揖把它当成书名是不妥当的。

"尔雅"一词是古代习惯用语,两汉文献里经常出现。下面举一些例子。③

《史记·三王世家》:"公户满意习于经术,最后见王,称引古今通义,国家大礼,文章尔雅。"司马贞索隐:"尔,近也。雅,正也。其书于'正'字义训为近。故云尔雅"。

又《乐书》:"至今上即位,作十九章,多尔雅之文。"

又《儒林传》:"臣谨案诏书律令下者,明天人分际,通古今之义,文章尔雅,辞训深厚,恩施其美。"索隐:"谓诏书文章雅正,训辞深厚也。"

《汉书·王莽传》:"秋,遣武威将王奇等十二人班符命四十二篇于天下。其文尔雅依托,皆为作说,大归言莽当代汉有天下云。"颜师古注:"尔雅,近正也,谓近于正经,依古义而为之说。"

《释名·释典艺》:"尔雅,尔,昵也,昵,近也;雅,义也,义,正也。五方之言不同,皆以近正为主也。"

根据这些材料可以看出,"尔雅"的"尔"是近的意思,"雅"是雅言的雅,用现代的话来说就是规范。看来《尔雅》这部书的命名大概是解释文字训诂要近于"雅正",合乎规范。从这部书得名的情况看,它不可能是西周的作品,也不会是春秋时期的作品。根据后汉赵岐《孟子题辞》的记载,汉文帝时曾经把《尔雅》列于学官。④如果这话可靠,《尔雅》纂集成书的时代应该在西汉初年。但是《尔雅》里有些词语的解说与晚出的《周礼》相合而与早出的《尚书》、《礼记》不同。如"释山"列五岳的名称和《周礼》相合,和《尚书·尧典》、《礼记·王制》不同;"释地"的九州名称比较接近《周礼》,和《尚书·禹贡》的差别比较大;"释乐"、"释天"的一些解释也很接近⑤。如果明白古书不一定一人一时之作,可以设想,西汉初就有一个《尔雅》的本子,后来有人不断进行增补。

二

现存《尔雅》为十九篇,和"汉志"著录不同。有人怀疑它不是全书,或者考订它缺了"释礼"一篇,或者以为佚亡的是"叙篇"⑥,都没有多少充足的证据。这里没有必要去论证。但是可以指出这样一点,三国时张揖见到的《尔雅》已经是十九篇,跟现在看到的《尔雅》基本一致,这说明现在这个格局的本子出现至少已经有一千八百多年了。

《尔雅》全书收词语4300多,共计2091条⑦,分列在十九篇中。这十九篇的细目是:释诂、释言、释训、释亲、释宫、释器、释乐、释天、释地、释丘、释山、释水、释草、释木、释虫、释鱼、释鸟、释兽、释畜。它们可以归为两大类。释诂以下三篇为一大类,大体上说,"释诂"是罗列古今的同义词。而用一个较为通用的词去解释它们;"释言"所解释的多数是常用词;至于"释训"则是解释描写事物情貌的词。这三篇内部词条的排列有一定的内在联系,如"释诂"第一条是始,按照古代人们的认识,"君王长育群伦",所以始之后列表示君的词。又因为君王尊大,所以把大的意思放在君之后。"释诂"的最末一条是死,它的前面是终,也不是任意排列的。⑧

"释亲"以下十六篇为一大类,多半是解释名物词语。每一篇内部也是按照所表示的意义依类相次,条与条之间保持着某种联系。"释亲"解释亲属的称谓,细分起来又有宗族、母党、妻党、婚姻四类。"释宫"、"释器"、"释乐"三篇是解释人们制作器物的名称。"释天"以下五篇是解释天地山川等自然现象。"释天"是关于天文的训诂,它包括的范围很广,分四时、祥、灾、岁阳、岁名、月阳、月名、风雨、星名、祭名、讲武、旌旂等十二类。"释地"是关于地理的训诂,包括九州、十薮、八陵、九府、五方、野、四极共七类。"释丘"有丘和崖岸两类,"释山"解释各种名山,都是指自然形成的高地。"释水"包括水泉、水中、河曲、九河四类。"释草"以下各篇则是动植物的名称。"释草"讲的是草本植物,"释木"讲的是木本植物。"释虫"主要解释昆虫类,"释鱼"主要解释鱼类。"释鸟"是关于鸟类的训诂,"释兽"是关于兽类的训诂,包括寓属(能够爬树的兽类)、鼠属、龤属(反刍动物)、须属(动物的呼吸)等。"释畜"是关于家畜的训诂,包括马、牛、羊、狗、鸡、六畜等六类。

《尔雅》解释词语的方式归纳起来有以下三大类。

第一类,把许多意义相近的词类列在一起,然后用一个通用的词去作解释。这一类解释,有的用当时的话去解释古语,有的用共同语去解释方言,还有只把古今方俗语中意义相同或相近的词排列在一起,因此,每一条里解释的词和被解释的词之间的关系是复杂的,必须经过深入细致的研究才能够弄清楚。例如⑨:

允、孚、亶、展、谌、诚、亮、询,信也。(释诂)

> 粤、于、爰,曰也。(同上)
>
> 仇、雠、敌、妃、知、仪,匹也。(同上)
>
> 绩、绪、采、业、服、宜、贯、公,事也。(同上)
>
> 斯、诶,离也。(释言)
>
> 格、怀,来也。(同上)
>
> 遏、遾,逮也。(同上)
>
> 恀恀、惕惕,爱也。(释训)
>
> 葼、谖,忘也。(同上)

第二类,属中求别。"释亲"以下十六篇有不少地方采用这种方式。

> 一达谓之道路,二达谓之歧旁,三达谓之剧旁,四达谓之衢,五达谓之康,六达谓之庄,七达谓之剧骖,八达谓之崇期,九达谓之逵。(释宫)
>
> 木豆谓之豆,竹豆谓之笾,瓦豆谓之登。(释器)
>
> 一染谓之縓,再染谓之赪,三染谓之纁。(同上)
>
> 夏曰岁,商曰祀,周曰年,唐虞曰载。(释天)
>
> 崖内为隩,外为隈。(释丘)
>
> 山大而高,崧;山小而高,岑。(释山)

第三类,描写。凡是实物都可以用描写的方式去表示。《尔雅》里有些描写已经非常细致。例如:

> 羆,如熊,黄白文。(释兽)
>
> 狒狒,如人,被发迅走,食人。(同上)
>
> 卷施,拔心不死。(释草)
>
> 蝍蛆,长踦。(释虫)
>
> 蝮虺,博三寸,首大如擘。(释鱼)

黄白杂毛,駓。(释畜)

这些释义的方式在今天辞书编写中仍然被采用,⑩只不过更完善,更细密罢了。

三

古代汉语有丰富的词汇,这是传世典籍已经证明了的。甲骨文、金文、竹简、帛书等出土文物的整理研究,对古代汉语的词汇又有新的发现,但是占主要地位的仍然是历代相传的古代文献。这些文献中不少词语在《尔雅》里面已经有了记载。因此,要了解先秦古籍,研究它们的词汇,《尔雅》有很大的作用。

《诗经》的毛传、郑笺有不少解释和《尔雅》相合。唐朝孔颖达撰《毛诗正义》,凡是毛传、郑笺和《尔雅》相同的都特别指出是《尔雅》某篇的文字。例如:

《卫风·硕鼠》:"硕鼠硕鼠,无食我黍。"郑笺:"硕,大也"。孔疏:"硕大'释诂'文"。

又:"三岁贯女,莫我肯顾。"毛传:"贯,事也。"孔疏:"释诂'文。

《豳风·七月》:"无衣无褐,何以卒岁。"郑笺:"卒,终也。"孔疏:"卒终'释诂'文"。

又:"馌彼南亩,田畯至喜。"郑笺:"喜读为饎,饎,酒食也。"孔疏:"饎酒食'释训'文"

又:"七月鸣鵙,八月载绩。"毛传:"鵙,伯劳也。"孔疏,"鵙伯劳'释鸟'文"。

又:"五月斯螽动股,六月莎鸡振羽。"毛传:"斯螽,蚣蝑也。"孔疏:"斯螽蚣蝑'释虫'文。"

又"穹窒熏鼠,塞向墐户。"毛传:"窒塞也。"孔疏:"窒塞'释言'文。"

不仅《诗经》如此,其他的经书也是一样。所以汉朝王充作《论衡》也指出:"《尔雅》之书,五经之训诂,儒者所共观察也"⑪。根据清人考订,《尔雅》全书解释五经的不到十分之四,解释《诗经》的不到十分之一,其余部分约占全书半数以上是解释先秦古籍如《庄子》、《楚辞》、《管子》、《吕氏春秋》、《山海经》、《国语》、《尸子》的⑫。就这个意义讲,它是先秦词语的汇编。是翻检先秦词汇的一部重要辞书。

《尔雅》还提供了多方面的古代文化知识。它每篇内部词条排列有一定的联系。"释木"一篇把李放在桃之后。⑬如:

楔,荆桃;旄,冬桃;榹桃,山桃。

休,无实李;痤,接虑李;驳,赤李。

古书中谈到桃李的不少,但是不一定明白两者的关系,《尔雅》把它们列在一起不是偶然的,说明当时已经注意到这两种木本植物在分类上的联系。

《尔雅》第十八篇是"释兽",第十九篇是"释畜"。把这两篇分开,说明当时已经有了把家畜家禽从一般动物中分出来的观念了。

因为这个缘故,从前人很重视这部书。汉平帝元始四年(公元4年),王莽曾经下令诏通《尔雅》的人到京师⑭。东汉时,光武和他的臣下游于灵台,得到一只身有豹文的鼠类。群臣不知道是什么动物,独有侍卫官窦攸根据《尔雅·释兽》的记载认出这是貙鼠,得到了百匹帛的赏赐。光武还特别诏群臣子弟随从这位能认出貙鼠的窦攸学习《尔雅》⑮。

晋朝蔡谟初到江南,误食彭蜞,以为是蟹子。结果弄得"吐下委顿"。曾经有人嘲笑他:"卿读《尔雅》不熟,几为《劝学》死"[16]。

可见当时人们对这部书的推崇了。

四

早在汉代就有人研究《尔雅》,根据陆德明《经典释文·叙录》的记载,汉魏之间研究《尔雅》的有五家。

第一家是犍为文学《尔雅注》三卷,注云:"犍为郡文学卒史臣舍人,汉武帝时待诏。阙中卷。"但是根据前人引用的文字,它已经有和谶讳之学说经解字的方式一致的地方。如:"宵,阳气消也"。"宦,东北阳气始起,万物所养,故谓之宦"。"突,东南万物生,蜇虫必(毕)出,无不由户突"。所以有人认为这部著作只能出现于汉武帝以后。[17]

第二家为刘歆,他有《尔雅注》三卷。陆德明认为:"与李巡注正同,疑非歆注"。从现在看到的材料,刘歆和李巡互有异同。古人作书,因袭前人的说法是常有的事,不能因此而有所怀疑,特别是用后人的说法怀疑前人的著作,在佐证不足的情况下,更不妥当。《隋书·经籍志》说:"梁有汉刘歆《尔雅》三卷,亡。"可见这部书在陈隋之际已少见传本了。

樊光《尔雅注》,《经典释文·叙录》著录六卷。《隋书·经籍志》著录三卷。樊光生平事迹仅有陆德明在《经典释文·叙录》里的记载,说他是京兆人,后汉中散大夫。梁沈旋(沈约的儿子)曾经怀疑所传樊光注本并不真是樊光注的。因此唐人引用樊光注多有作某氏的[18]。如《释木》:"椴木,槿;榇木,槿"的注文,《毛诗正义》

引作樊光注,而《礼记正义》引作某氏。《释木》:"瘣木,符娄"的注文,释文引作樊光,《毛诗正义》引作某氏。

李巡《尔雅注》三卷,陆德明称汝南人,后汉中黄门"。根据《后汉书·宦者传》的记载,他为灵帝时人。陆德明还说他和刘歆的注有相同之处,大概有师承关系。

孙炎《尔雅注》前代著录互有不同。《隋志》:"《尔雅》七卷,孙炎注。"又:"梁有《尔雅音》二卷,孙炎撰。"《释文·叙录》:"孙炎注三卷,音一卷。"孙炎事迹载《三国志·魏书·王肃传》[19]。郭璞注《尔雅》多引用他的说法[20]。

以上五家《尔雅注》早已经看不见全书了。清人有好几种辑本[21],收罗佚文,大体齐备,可以参看。

《尔雅》各家注释中,郭璞的《尔雅注》最有名。这部注释一出,前代的一些注释都失去地位而相继佚亡。

郭璞字景纯,河东闻喜(在今山西省)人。生于晋咸宁年,卒于太宁二年。郭璞博闻强记,著述很多,《尔雅注》是其中一种。这部注释用了18年时间才写成。由于当时去古未远,能够看到一些古本,所以注释的可靠性要大些。全书引用前代古籍近50种,而且引证历史掌故不少。郭璞的注释还有另外一个特点,那就是用当时的词语去解释古代的词语,用晋代的名称去解释古代的名称,起到沟通古今的作用。郭璞的注释态度比较严肃,书中称"未详"、"未闻"的近一百八十。郭璞还有《尔雅图赞》、《尔雅音义》,现在都已经佚亡。

宋朝邢昺等九人奉敕修《尔雅疏》,一共十卷。它的体例大体上因袭唐代的正义,以郭璞注为基础而加以发挥。郭璞注称"未详"的也补正了十条,有些地方也注意到声音和意义的关系。《四库提要》评这部书说：

> 昺疏亦多能引证。如《尸子·广泽篇》、《仁意篇》，皆非今人所及睹。其犍为文学、樊光、李巡之注见于《释义》者，虽多遗漏；然疏家之体，惟明本注，注所未及，不复旁搜。此亦唐以来之通弊，不能独责于昺。惟既列注文，而疏中时复述其文，但曰郭注云云，不异一字，亦不别下一语。岂其初疏与注别行欤！今未见原刻，不可复考矣。

清朝注《尔雅》的以邵晋涵、郝懿行两家最有名。

邵晋涵字与桐，号二云，浙江会稽人。他的《尔雅正义》二十卷以郭注为主，兼采诸家说，并引用前代典籍相印证。对清朝《尔雅》学极有影响。

郝懿行字恂九，号兰皋，山东栖霞人。长于名物训诂考据之学，著《尔雅郭注义疏》二十卷，是研究《尔雅》的重要著作，这部书收罗丰富，辅以目验，于名物字解说极多创获。但是，他对古音学的造诣不深，论及古音的地方往往有错[22]。王念孙有《尔雅郝注刊误》一卷，纠正了他的讹错不少[23]。

此外，发明《尔雅》体例的有清末陈玉澍的《尔雅释例》五卷，南京高师排印本，现在已经不容易得到。光绪年间胡元玉有《雅学考》一卷，叙列宋朝以前研究《尔雅》的著作。近人周祖谟有《续雅学考拟目》补充到清代。这两种书是研究《尔雅》的目录书。至于索引则有哈佛燕京学社编的《尔雅引得》一种。

五

《尔雅》是我国最早出现的词典，在世界上也应当承认它是较早出现的词书。它对后世的辞书编写,特别是分类词汇的编写有很大的影响。

汉代扬雄编《方言》就是运用类似的体例,列举古今方言土语。它的卷五、卷九大体相当于《尔雅》的"释器",卷八相当于"释鸟"、"释兽"、"释畜",卷十一相当于"释虫"。

刘熙的《释名》也受《尔雅》的影响。它没有解释草木鸟兽虫鱼的部分,但是分类达到二十七,比《尔雅》细密多了。关于这两部书后面有专章介绍。

根据《尔雅》编辑的分类词汇,或者称"某尔雅",或者称"尔雅某",或者在后面加一个"雅"字。

《汉书·艺文志》著录《小尔雅》一卷,没有提到作者姓名。现在看到的《小尔雅》十三章是从《孔丛子》里面抄出来的。《孔丛子》是伪书,这部《小尔雅》的可靠性也就成了问题[24]。但是不管怎样说,它应该是魏晋时期的人写的作品。全书 374 条,分在十三章中。十三章的名目是:广诂、广言、广训、广义、广名、广服、广器、广物、广鸟、广兽、度、量、衡。前十章是补《尔雅》的不足,后三章是《尔雅》所没有的。全书的体例完全摹仿《尔雅》。

三国时张揖的《广雅》,也按《尔雅》分十九篇,释义的方式也和《尔雅》相同。但是在小类上有所增补,如"释亲"补了人之初生及人体各部分的名称四十余条,"释天"增补了"年纪"、"九天"、"天度"、"宿夜"等内容,"释诂"也增加了许多不见于《尔雅》的条目,王念孙评论这部书说:

> 盖周秦两汉古义之存者,可据以正其得失。其散逸不传者,可借以阐其端绪,则其书之为功于训诂也大矣[25]。

解读先秦两汉古籍,这是很有用的一部工具书。

唐宋年间根据《尔雅》体例编成的著作不少。有一部《蜀尔雅》，据说是唐代诗人李商隐"采蜀语为之"[20]。郑樵《通志·艺文略》还著录刘温润《羌尔雅》三卷，这部书早已佚亡。从它命名的情况看，它似乎是一部按照《尔雅》体例编写的少数民族语言词汇编。马端临《文献通考·经籍考》著录有《番尔雅》三卷。晁公武《郡斋读书志》以为"不载撰人姓名，以夏人语依《尔雅》体译以华言"。

陆佃(1042—1122)编《埤雅》二十卷。这是一本解释名物的词典。计释鱼二卷，释兽三卷，释鸟四卷，释虫二卷，释马一卷，释木二卷，释草四卷，释天二卷。在目录后面注有"后阙"两个字，说明现在看到的本子已不完整。陆佃在解释动植物的名称方面做了不少工作，有些观察很细致，但是他是王安石的学生，书中常引用王安石的《字说》，显得穿凿附会。

罗愿的《尔雅翼》三十二卷，也是解释草木鸟兽虫鱼名称的。这部书体例比较严整，征引古书也较多，内容比较充实。一般认为它的水平在《埤雅》之上。元代洪焱祖曾为这书作过音释。

《骈雅》七卷，成书于明神宗万历年间[21]。作者朱谋㙔是明朝宗室。他很好学。据自序说："畸文只句，独得讯之颉籀家书。乃联二为一，骈异而同，析之则秦越，合之则肝胆，古故无其编焉。"因此，他收集古籍中深奥难解的复音词，按照《尔雅》体例分成十三类，意义相近的列在一起而用一个共同的词去解释。由于他对经史子集里的材料都广为收集，因此，作为一部复音词的词典在辞书中也是独树一帜。清人魏茂林著《骈雅训纂》十六卷，是利用这部辞书不可缺少的参考书。

与《骈雅》齐名的还有方以智的《通雅》五十二卷。方以智字密之,安徽桐城人。这部书也完成于万历年间[20]。方以智博极群书,颇有著述,在明代学者中是少见的。他编这部书的目的在于解决古今聚讼的文字训诂问题。因此每列一个条目都注明出于何书,前人怎样解释,什么人辨析过,应该如何解释。至于没有弄清楚的就存疑俟考。这部书对清代的笔记很有影响,清初编的《佩文韵府》也多取材于它。

清代还出现了按照《尔雅》体例将前代典籍重新整理的著作。洪亮吉汇集经史传注,两两相比,编成《比雅》一书。陈奂的《毛诗传义类例》整理的是《诗经》毛传,陈先甲的《选雅》整理的是《文选》李善注,朱骏声的《说雅》整理的是《说文》。这类著作没有多少建树,影响也不大。

清代还出现了补充《尔雅》不足的著作。其实三国时张揖的《广雅》目的也就在补《尔雅》的不足,不过清代这类著作更多一些。夏味堂的《拾雅》,意思是拾《尔雅》、《广雅》的阙失,全书共二十卷,分三部分。第一卷至第六卷为第一部分,称为"拾雅释",内容为《尔雅》已有而收字未备的词条;第七卷至第十卷为"拾广释",内容为《广雅》已有而收字未备的词条;第十一卷至二十卷为"拾遗释",内容为《尔雅》、《广雅》所没有收的词条。

至于吴玉搢的《别雅》、史梦兰的《叠雅》,虽然名为"雅",但是没有标明类,一般也把它们列于"群雅"之列,但是就其价值而论,可谈的东西不多。

在古代,《尔雅》对一些非汉语地区有过不小的影响。随着中国的文化传到日本,不少的古籍在日本流传,《尔雅》是其中之一,并且被作为学习的重要书籍[21]。日本还有《尔雅学》之类的著作。宋朝在陕北安塞和甘肃一带出现了西夏地方政权,他们仿照汉字创造了自己的文字,并且用它来翻译汉族的文献,第一批翻译的文献中就有《尔雅》[30]。

六

《尔雅》一类的分类词汇在释义方式和编排上有一定的缺点。

首先,按照意义进行分类,也就是从概念范畴来进行分类。由于不同时代有不同的社会风尚、不同的生活习惯。技术的进步,科学的发展,随着时间的推移,当时认为容易理解的分类,今天理解起来也许就困难了。

例如表示旌旗的词,照今天的认识,可以例入"释器"一类。但是《尔雅》却例在"释天"。有人曾经怀疑它和祭名、讲祭各条都是《尔雅》佚亡的"释礼"那篇的文字。其实旌旗是古代讲武所必需的,讲武的名称古代列在"释天"。因为天以春夏秋冬而殊号,祭礼田猎亦随四时而异名也[31]。关于这一点,联系当时的历史情况和社会风尚来认识是完全可以理解的。

又如"释鱼"一篇有"鲼,蛋"。"螣,螣蛇"。"蟒,王蛇"。"蝮虺,博三寸,首大如擘"。照今天动物学的分类,这些都属爬虫类,和鱼类有很大的不同。唐朝孔颖达作《毛诗正义》指出:"蛇是虫,以有鳞,故在释鱼"[32]。其实《尔雅》里面鱼的概念和今天鱼的概念并不完全一样,当时鱼包括的内容比今天大得多。

类似的例子还有:"螫,蟆。"郭璞注:"蛙类"(释虫)。"蝙蝠,服翼"(释鸟)。今天看来,蛙不属虫类,蝙蝠也不属鸟类。但是在那个时代人们却是那样认识的。

舟船以及与它有关的器具应该列入"释器"。但是《尔雅》却列在"释水"。例如:"汎汎杨舟,绋䍦维之。绋,纤也"。"天子造舟,诸侯维舟,大夫方舟,士特舟,庶人乘泭"。虽然有人认为"以上又言涉水,因及行水之物也"。但总觉得不怎么稳当。

正因为按意义编排很难有一个客观的标准,特别是两千年后的今天,要能够很好地领会当时人的分类和归类会遇到不少困难,因此,这类词书如果没有索引查阅起来是困难的。

其次,用单词解释单词并不是一个好办法。如果解释的词是单义还好办,要是解释的词是多义词,有时就可能发生歧义,引起误解。例如"贻,遗也"(释言)。在古代汉语里"遗"可以表示赠送,也可以表示遗亡。这里的"遗"是什么意思,如果没有郭璞注"相归遗也",单凭它的正文是不容易弄清准确含义的。

《尔雅》一类的分类词汇常常把意义相同的词类聚在一起然后用一个词去解释它。训诂学上把这种现象称为"同训"。有的时候由于一字多义,解释的词从字形上看是一个字,而实际上表示了不同的意义。训诂学上把它叫"训同义异"。如"释诂"的台、联、赉、畀、卜、阳、予也"。郭璞注:"赉、卜、畀皆赐予也,与犹予也,因通其名耳"。意思是"予"有赐与和我两个义项。"赉"、"畀"、"卜"是赐与的意思,"台"、"联"、"阳"、"予"是我的意思。就是这种训同义异。宋人郑樵不明白这点,因而怀疑这一条应该分为两条。

清代学者在揭示《尔雅》的"训同义异"现象方面做了不少工作。下面从王引之的《经义述闻》里举一些例子㉝。

  林、烝、天、帝、皇、王、后、辟、公、侯、君也。王引之曰:"君字有二义。一为君上之君,天帝皇王后辟公侯是也。一为群聚之群,林烝是也。"

  须、䇓、替、戾、厎、止、徯、待也。王引之曰:"家大人曰:

须、㣟、徯为竢待之待。替、庋、厎、止为止待之待。待亦止也。

嵒、幾、烖、殆,危也。王引之曰:危有二义:一为危险之危,幾、烖、殆是也。一为诡诈之诡,嵒是也。嵒盖譌之别体,危则诡之假借也。

"训同义异"并不是一种解释训义的好方法。

再有,一部词典的优劣在很大程度上取决于释义的水平。《尔雅》一类的词书采用同训的办法是有缺点的。因为语言里意义绝对相同的词极少。一般所谓同义词实际上是义近词。语言里真正范围大小、语言轻重、感情色彩、语体风格、搭配关系、词性用法等方面都完全一样的词是很难找到的。而义近词的细微差别对分析同义词是必要的。《尔雅》采用"同训"就没有照顾这种差别。所以汉代以来一些注家都注意到这种差别。下面试举几例。

廓、宏、墳、路、冢、箌、昄、晊,大也。(释诂)

孙炎曰:"廓,张之大也。"

樊光曰:"晊,可见之大也。"

舍人曰:"辂,车之大也;冢,封之大也。"

怡、怿,乐也。(同上)

归注:"怡,心之乐也;怿,意解之乐也。"

明明、斤斤,察也。(释训)

舍人曰:"明明,甚明也;斤斤,物精祥之察也。"

孙炎曰:"明明,理性之察也;斤斤,慎重之察也。"

版版、荡荡,僻也。(同上)

李巡曰:"版版者,失道之僻也;荡荡者,勿思之僻也"。㉞

[附 注]

① 《诗·王风·黍离》正义引郑玄《驳五经异义》:"玄之闻也,《尔雅》者,孔子门人所作以释六艺之言,盖不误也。"

② 引用古籍,除个别需要保留繁体外,其余一律写作简体。

③ 文字过长的,引用时都作了删节。

④ 赵岐《孟子题辞》:"孝文帝欲广遊学之路,《论语》、《孝经》、《孟子》、《尔雅》皆置博士。后置传记博士,独在五经而已"。

⑤ 参看赵仲邑:"尔雅管窥。"《中山大学学报》1963年第4期。

⑥ 孙志祖《读书脞录续编》卷二。

⑦ 参看殷孟伦"从《尔雅》看古代汉语词汇研究——批判继承中国语言学传统的一个实例"。载《山东大学学报》(语言文学报)1963年第4期。

⑧ 参看张维思"《尔雅》义类"。载《志学》第1期、第2期(1942年)。

⑨ 下面举的这些例子解释的词和被解释的词之间的关系,晋朝郭璞的《尔雅注》已经有说明,可以参看。

⑩ 参看:李法白:"《尔雅》释词撮例。"载《郑州大学学报》(人文科学报)1963年第4期。

⑪ 见《论衡·是应篇》。

⑫ 见《四库全书总目提要·经部·尔雅注疏》。

⑬ 用现代植物学的观点看,它们都属于蔷薇科。

⑭ 见《汉书·王莽传上》。

⑮ 见《文选》任昉《萧扬州荐士表》李善注引挚虞《三辅决录注》。

⑯ 见《晋书·蔡谟传》。

⑰ 参看周祖谟:"《尔雅》之作者及其成书之年代。"《问学集》下册,中华书局,1966年。

⑱ 卢文弨《经典释文考正》:"《春秋正义》引樊光注,《诗正义》作某氏注。殆因沈旋之疑也。据此可见某氏即樊光耳。"邵晋涵《尔雅正义》、臧庸《拜经日记》说略同。

⑲ 《三国志·魏书·王肃传》:"时乐安孙叔然授学郑玄之门人,称大州大儒,征为秘书监,不就。"

⑳ 唐朝时候另有一个孙炎,也曾经注《尔雅》。邢昺《尔雅疏序》所谓"为义疏者俗间有孙炎、高琏。"《宋史艺义志》著录孙炎疏十卷,就是这部书。黄侃《尔雅略说》称:"今辑家往往误以为孙叔然。"

㉑ 最常见的有臧镛堂《尔雅汉注》三卷。黄奭《尔雅古义》十二卷。马国翰《玉函山房辑佚书》和余萧客《尔雅古经解钩沈》中的有关部分。

㉒ 参看张永言"论郝懿行《尔雅义疏》"。载《中国语文》杂志1962年11月号。

㉓ 见罗振玉编《殷礼在斯堂丛书中》。

㉔ 戴震书《小尔雅后》对此论证颇详,他认为:"小尔雅一卷,大致为后人教传掇拾而成,非古小学遗书也。"

㉕ 王念孙《广雅疏证自序》。

㉖ 陈振孙《直斋书录解题》:"不著名氏。《馆阁书目》案李邯郸云:'唐李商隐采蜀语为之,当必有据'"。

㉗ 这部书的前面有万历丁亥(1587)自序,可见这部书的编写不会晚于这年。

㉘ 根据书前的"凡例",这部书是他在万历己卯年(1579)以前完成的。

㉙ 据《续日本记》记载:唐人袁俊卿在唐玄宗开元年间随日本遣唐使到了日本,因为通《尔雅》、《文选音》被日本政府授为大学博士。日本延历七年(相当于唐玄宗贞元十四年即公元798年)政府曾有如下规定:太学生年十六以下欲求文学者,需先读《尔雅》、《文选音》等著作。

㉚ 见《宋史·夏国传》。

㉛ 参看陈玉澍《尔雅释例》卷三"因此及彼例"条。

㉜ 见《小雅·斯干》。

㉝ 例子选自"释诂"。王引之的解释见《经义述闻》卷廿六《尔雅》上。

㉞ 例子引自臧镛堂《尔雅汉注》。

(载《词典研究丛刊》第七辑　用"天水"的笔名　1986年)

扬雄《方言》在语言学史上的地位

一

方言是全民语言的分支,是全民语言的地方变体。在古代,一种语言传播的地区广了,使用的人口多了,总会出现方言。一些文化发达的古国都曾经出现过有关方言问题的论述。古希腊的学者描绘了当时希腊语四种方言在语音上的差别[①]。古印度学者梵罗鲁基的《普拉克利特阐述》也列举了当时一些方言语法现象[②]。但是,收集方言词汇工作最早而规模比较大的要算我国了。

相传两千多年前,周秦两代有一种采风制度:每年秋天农闲的时候,政府派一些使者乘着轻便的𫐐轩车,摇着木舌的铃铛到各地去收集民歌和方言。这些收集到的资料由乡送到邑,由邑送到国,然后汇集到京城,保存在朝廷贮藏图书之类东西的秘室里。统治者就利用这种办法来了解下情,借以加强自己的统治。经过秦朝的战乱,这些资料都散失了。但是,从扬雄的《𫐐轩使者绝代语释别国方言》这部书里还可以窥见一个大概。

《𫐐轩使者绝代语释别国方言》通常简称为《方言》。它的作者扬雄是西汉末年蜀郡成都人。自汉初文翁化蜀以来,蜀地人才辈出,通语言文字之学的不少。司马相如编《凡将篇》,舍人注《尔雅》,都是载入史册的。扬雄之所以能编出这部巨作,正是受到前

辈学人的影响。扬雄给刘歆的信中说:

> 尝闻先代輶轩之使奏籍之书,皆藏于周秦之室,及其破也,遗弃无见之者。独蜀人有严君平、临邛林闾翁孺者,深好训诂,犹见輶轩之使所奏言。翁孺与雄外家牵连之亲。又君平过误,有以私遇,少而与雄也;君平财有千言耳,翁孺梗概之法略有。

晋朝人看到的《方言》已经附有这封信③。信里谈到当时严君平、林翁孺都曾经接触过前代收集的方言材料。严君平手头保存有残存的一千多字,而林翁孺有收集整理方言材料的大纲。扬雄在蜀的时候看到他这些材料。后来,扬雄到京城做官,看到了石室遗书。他自己又向四方来京的人进行实际调查,花了二十多年的工夫,写出了十五卷④。由此可见,扬雄编《方言》,除了自己辛勤努力外,还继承了前代人的成果。

《方言》是一部未完成的著作。扬雄给刘歆的信,末尾谈到当时这部书还没有写定。这封信写于新莽天凤四年(公元17年),第二年扬雄就死了。刘歆大概没有看到这部书,所以编写《七略》的时候没有著录。班固的《汉书·艺文志》以《七略》为蓝本,也没有著录它。这份未写定的稿本流传出来,逐渐为人们知道,可能是东汉时候。《说文解字》里面有不少跟《方言》相合的词句,可以相信编写《说文解字》的许慎是看到它的。

二

《方言》里面反映出扬雄对语言问题有比较正确的认识,这些认识在世界语言学史上也是先进的。

首先,他注意到语言在时间上的变化和地域上的转移。例如《方言》第一中写道:

> 敦,丰,厖,夰,憮,般,嘏,奕,戎,京,奘,将,大也。凡物之大貌曰丰。厖,深之大也。东齐海岱之间曰夰,或曰憮。宋鲁陈卫之间谓之嘏,或曰戎。秦晋之间凡物壮大谓之嘏,或曰夏。秦晋之间凡人之大谓之奘,或谓之壮。燕之北鄙齐楚之郊或曰京,或曰将。皆古今语也。初别国不相往来之言也,今或同。而旧书雅记故俗语不失其方,而后人不知,故为之作释也。

> 假,佫,怀,摧,詹,戾,艘,至也。邠唐冀兖之间曰假,或曰佫。齐楚之会郊或曰怀。摧,詹,戾,楚语也。艘,宋语也。皆古雅之别语也,今则或同。

这两段是扬雄编《方言》的纲领。根据黄侃《声韵略说》的说法,"旧书雅记故俗语"七字连读。"言旧书雅记中所载故时之俗语也"第二段的"古雅"也就是前一段的"旧书雅记"。这两段话的意思是说,古时候别国不相往来的话语,由于时间推移变得相同了,而六艺群籍里面的记载还反映出了这种方言差异,恐怕后来的人不知道,所以要对它们进行解释。

当时就明确地提出从时间和空间两个方面来观察语言的变化,在世界语言学史同时代的文献里也是绝无仅有的。

其次,扬雄提出了汉语方言的分区问题。

深入研究方言,必然涉及到方言的划分,涉及到方言和共同语的关系。扬雄在《方言》里提到许多地名,还有通语、某地之间语等名目。书中的"通语"、"凡语"大体上是指共同语的词或者流行地域比较广的地方方言词。所谓"某地某地之间语"、"某地之间语"

则是地区方言,它通行的范围要窄一些。至于"某地语"则是个别的地区方言,范围就更小了。例如:

忨,愐,怜,牟,爱也。韩郑曰忨,晋卫曰愐,汝颍之间曰怜,宋鲁之间曰牟,或曰怜。怜,通语也。(第一)

胶,谲,诈也。凉州西南之间曰胶,自关而东西或曰谲,或曰胶。诈,通语也。(第三)

嫁,逝,徂,适,往也。自家而出谓之嫁,由女而出为嫁也。逝,秦晋语也。徂,齐语也。适,宋鲁语也。往,凡语也。(第一)

值得注意的是,汉代学者用方言材料来注释古书,如郑玄之注三《礼》,高诱之注《淮南子》、《吕氏春秋》,他们提到的方言区划大体上和扬雄《方言》是一致的。这说明扬雄研究方言,对它们作出的分区有其客观依据,反映了汉代学者对方言划分的共同认识。

第三,注意到词的语义差别。

《尔雅》把意义相同的词类聚在一起,用一个表示它们共同意义的词去作解释。对于词义的差别没有注明。《方言》除了注明词的方言来源外,有的时候也留心词的语义差别。在这方面,《方言》里有许多精彩的论述。例如:

郁,悠,怀,慭,惟,虑,愿,念,靖,慎,思也。晋宋卫鲁之间谓之郁悠。惟,凡思也。虑,谋思也。愿,欲思也。念,常思也。东齐海岱之间曰靖;秦晋或曰慎,凡思之貌亦曰慎,或曰慭。(第一)

搜,略,求也。秦晋之间曰搜,就室曰搜,于道曰略。略,强取也。攗,掇,取也。此通语也。(第二)

褛裂,须捷,挟斯,败也。南楚凡人贫衣被丑弊谓之须捷,

或谓之褛裂,或谓之褴褛。故《左传》曰:"筚路褴褛,以启山林",殆谓此也。或谓之挟斯。器物弊亦谓之挟斯。(第三)

埋,垫,下也。凡柱而下曰埋,屋而下曰垫。(第六)

在当时就能够这样明确地注明词义的细微差别,的确是难能可贵的。中世纪的欧洲处于"黑暗时代",文化受到摧残。东方的阿拉伯崛起了。阿拉伯的语言学是以词典编纂见长的,他们编写了许多不同类型的词典,对于方言词语的收集也很注意。但是,他们缺乏明确的方言概念,他们编写词典常常把不同方言的词义都归入同一个词中,从来也不注明它们来自哪一个方言⑤。然而在我国,早在公元前一世纪,扬雄就出色地解决了这个问题。

第四,提出了"转语"的概念。

扬雄还注意到同一个词在不同方言里发生的变化,并且用"转语"这个名目来表示它。例如:

庸谓之倯,转语也。(第三)

㷄,火也。楚转语也,犹齐言焜火也。(第十)

㩉哗,㦬偻,掌也。东齐周晋之鄙曰㩉哗。㩉哗亦通语也。南楚曰㦬偻,或谓之支柱,或谓之诂䛡,转语也。(同上)

缫,末,纪,绪也。南楚皆曰缫。或曰端,或曰纪,或曰末,皆楚转语也。(同上)

蜘蛛,蛛蝥也。自关而西秦晋之间谓之蛛蝥。自关而东赵魏之郊谓之蜘蛛,或谓之蠾蝓,蠾蝓者,侏儒语之转也。(第十一)

这里除"缫,末,纪,绪也"条比较费解外,其余各条根据现代语音学研究的成果都能够说出它们的关系和联系。这种从语言的转变方面来考察词语,把不同的词用转语联系起来,说明它们的关系,这是一个很大的进步。

最后,在收集方言材料方面,扬雄采用了调查的方法。

扬雄编《方言》,除了利用现成的材料外,自己调查的材料也占一定的比重。虽然他没有到各地去作实际考查,但是,他向各地到京城寓居的人收集材料。他给刘歆的信中说:

> 故天下上计孝廉及内郡卫卒会者,雄常把三寸弱翰,赍油素四尺,以问其异语,归即以铅摘次之于椠。

罗常培先生在评论这段话时说:"这简直是现代语言学工作者在田野调查时记录卡片和立刻排比整理的工夫。"⑥这话是恰当的,没有过分的地方。国外语言学界公认实地调查方言开始于法兰西学派的语言地理学,1897年至1901年间,这个学派的齐列龙和他的助手爱德蒙对高卢·罗曼斯地区的土话作了调查。其实远在二千年前我们的先辈就已经采用了类似的方法。

以上五点,是扬雄《方言》的成就,值得加以肯定。

三

全面评价《方言》,不能不看到它的局限。

第一,扬雄的时代,语言研究主要表现在词汇方面,他的《方言》仅只是词汇的记录。

常璩在《华阳国志》里叙述扬雄的写作情况说:

> 以经莫大于《易》,故则而作《太玄》;传莫大于《论语》,故作《法言》;史莫善于《苍颉》,故作《训纂》;赋莫弘于《离骚》,故反屈原而广之;典莫正于《尔雅》,故作《方言》。⑦

可见《方言》是摹仿《尔雅》而作的。《尔雅》是一部按意义编排的分类词典。这就决定了《方言》编写的重点也摆在词汇方面。至于语音在方言里的分歧,从当时的历史条件和语言学学科的水平来看,是无法提上议事日程的。

第二,用方块汉字作记录工具,有它先天的缺点。

扬雄是利用汉字作为工具来进行方言调查。他大胆地发挥了方块汉字的标音作用。如:"党,晓,哲,知也。楚谓之党"(第一)。"党"就是现代汉语的"懂"。因为当时楚方言中这个词发音与"党"相近,所以就用这个"党"去表示。类似的情况还可以举出一些。例如:

> 悛,㥾,怜也。(第六)

> 蝇,东齐谓之羊。(第十一)

"悛"和"怜"、"蝇"和"羊"都是这种情况。又如:

> 硕,大也。凡物盛多谓之寇。自关而西秦晋之间凡人语而过谓之逫。东齐谓之剑,或谓之弩。(第一)

"寇"、"剑"、"弩"三个字本来都没这样的意义。这是迁就音近的假借。《方言》全书这种音近假借的现象不在少数。再如:

> 喷,无写,怜也。沅澧之原凡言相怜哀谓之喷,或谓之无写,江滨谓之思。皆相见欢喜有得亡之意也。九嶷湘潭之间谓之人兮。(第十)

"无写"、"人兮"则更是以文字当表音符号使用。但是,用方块汉字记录词语,很难如实地反映方言在语音上的分歧。因为它不是表示音素,而是表示一个个的音节。加上它表示的音有限,不适宜精确细致地分析描写语音。同时还可能望文生训,引起误解。

扬雄调查的方法是先进的,调查工具却比较落后。尽管他作出了极大的努力,但是许多方言上的语音差异无法表现出来。要解决这个课题,在扬雄那个时代是有困难的。

第三,个人力量单薄,收录漏落较多。

汉语分布的地区广,方言又比较复杂,不发挥集体力量,单凭一个人的努力,是无法把工作做好的。所以扬雄辛勤地调查了二十几年,还是一部未完成的著作,可以补苴的地方还多。

从先秦两汉的文献来看,有许多方言词,扬雄没有收录。试以《楚辞》为例。宋朝黄伯思的《新校楚辞序》说:"屈宋之文,皆书楚语,作楚声,纪楚地,名楚物,故谓之楚辞。"⑧《楚辞》里面的楚地方言,扬雄有的采录了,有的没有采录。下面这些都是没有采录的:

抟　《九章·橘颂》:"曾枝剡棘,园果抟兮。"王逸注:"楚人名圜为抟。"

扈　《离骚》:"扈江离与辟芷兮,纫秋兰以为佩。"王逸注:"扈,被也。楚人名被为扈。"

邅　《离骚》:"邅吾道乎昆仑兮,路修远以周流。"王逸注:"邅,转也。楚人名转为邅。"

羌　《离骚》:"羌内恕己以量人兮,各兴心而嫉妒。"王逸注:"羌,楚人语词也,犹言卿何为也。"

坛　《九歌·湘夫人》:"荪壁兮紫坛,播芳椒兮成堂。"据《淮南子·说林篇》"腐鼠在坛"高诱注:"人谓中庭为坛。""坛"也是楚方言的词。

《说文》里面收录了一些方言材料。有些见于《方言》,但是也有不见于《方言》的。例如:

《犾部》:"莽,南昌谓犬善逐兔草中为莽。"

《口部》:"嗷,南阳谓大呼曰嗷。"

《水部》:"渚,滀渚也。今河朔方言谓沸溢为渚。"

《土部》:"坦,益部谓墽场曰坦。"

《金部》:"锴,九江谓铁曰锴。"

《车部》:"辌,淮阳名车穹隆辌。"

南昌、南阳、河朔、益部、九江、淮阳这些地名都不见于《方言》,这些词《方言》没有收录。

从《说文》里还可以看到,就是扬雄收录得比较多的一些地方方言,也还有遗漏。下面这些词都是《方言》没有收录的。例如:

《辵部》:"迊,逊也。晋赵曰迊。读若寅。"

《聿部》:"聿,所以书也。楚谓之聿,吴谓之不律,燕谓之弗。"

《竹部》:"箬,楚谓竹皮曰箬。"

又:"篇,书也。一曰关西谓榜曰篇。"

《弟部》:"㐂,周人谓兄曰㐂。"

《木部》:"欘,斫也。齐谓之镃錤,一曰斤柄性自曲者。"

东汉时期许多学者在古书注释和辞书中提到的方言现象,其中有扬雄没有收录的。清朝有人专门收集这方面的材料编成了补续《方言》的著作。如杭世骏的《续方言》、程际盛的《续方言补》、徐乃昌的《续方言又补》、程先甲的《广续方言》和《广续方言拾遗》等都是。

另一方面,根据现有文献,《方言》里面提到流行某一地区的话,其实并不一定只在那个地区传播,它流行的地区还会广一些。关于这点,前代学者早有说明。例如:

假,俗,怀,摧,詹,戾,艐,至也。齐楚之会郊或曰怀。摧,詹,戾,楚语也。(第一)

晋朝郭璞给《方言》作注在这条下指出:"《诗》曰:'先祖于摧',

'六日不詹','鲁侯戾止'之谓也。此亦方国之语,不专在楚也"。又如:

> 芊,芜,芜菁也。陈楚之郊谓之芊,赵魏之郊谓之大芥,其小者谓之辛芥,或谓之幽芥。(第三)

《广雅·释草》收录了这一条。王引之解释说:"《吕氏春秋·本味篇》:'菜之美者,具区之菁'。高诱注云:'具区,泽名,在吴越之间。菁,菜名。'是则江南之菘亦得称菁。郭氏所说不误也⑨。陆玑《诗疏》云:'葑,芜菁也,幽州谓之芥。'则呼芥者不独赵魏之郊也。郑注《坊记》云:'葑,蔓菁也。陈宋之间谓之葑。'则呼芊者不独陈楚之郊也。"

《方言》里面类似郭璞、王引之所说的情况还不少。下面再举一些例子:

> 倚,踦,奇也。自关而西秦晋之间凡全物而体不具谓之倚,梁楚之间谓之踦。(第二)

"倚"字的这种用法荀子书中就有。《修身篇》:"倚魁之行非不难也。"杨倞注:"倚,奇也。倚读为奇耦之奇。"引《方言》这一条为证。又《儒效篇》:"倚物怪变。"杨倞注:"倚,奇也。"荀子赵人,游学于齐,晚年在楚国作兰陵令。看来"倚"的这种用法不只是出现于自关而西秦晋之间。又如:

> 钊,超,远也。东齐曰超。(第七)

《楚辞·九歌·国殇》:"出不入兮往不反,平原忽兮路超远。"把"超"解释成远,在楚地也一样,不只是东齐如此。又:

> 葇,卒也。江湖之间凡卒相见谓之葇,相见或曰突。(第十)

《诗经·齐风·甫田》:"未几见兮,突而弁兮。"陆德明《释文》

引《方言》:"凡卒相见谓之突。"可见"突"的这种用法也不仅见于江湖之间。

　　蜻蛚,楚谓之蟋蟀。(第十一)

　　"蟋蟀"的名称,《诗经》里面已经不止一见。《豳风·七月》:"十月蟋蟀,入我床下。"《唐风·蟋蟀》:"蟋蟀在堂,岁聿云暮。"可见"蟋蟀"这个名称不独出现于楚地。

　　上面提到的局限性在当时的历史条件下是无法避免的。

　　《方言》的编写距离今天已经快两千年了。在这漫长的岁月里,语言学有了很大的进展,方言学作为语言学的一个重要分支建立了。记音工具有了很大的改善,调查方法更为周密,发挥集体的力量开展方言的调查研究已经是行之有效的办法。在这个时候,回顾一下扬雄当年的方言调查工作,评价其得失,还它的本来面目,从中吸取有益的养分,也不是没有意义的。

[附　注]

　　① 参看 Античные Теории Языка И Стидя, Москва 1936。

　　② 参看 Vararuchi, Prakrita-prakasa, ed. with transl. introduction, glossary etc. Poona. 1931。

　　③《华阳国志》卷十"先贤士女总赞":"林闾字翁孺,临邛人,扬雄师之。见《方言》。"又:"尚书郎杨庄,成都人。见扬雄《方言》。"这两条材料都见于扬雄与刘歆的信中。

　　④ 这从扬雄和刘歆往还的信里可以得到证实。刘歆给扬雄的信中说:"属闻子云独采集先代绝言,异国殊语,以为十五卷,其所解略多矣,而不知其目。"扬雄回答他的信也说:"又敕以殊言十五卷,君何由知之?"都讲的是十五卷。晋朝郭璞给《方言》作注,在序中说:"是以三五之篇著而独鉴之功显。""三五"就是十五的意思。可见郭璞看到的《方言》也是十五卷。《隋书·经籍

志》著录的《方言》只有十三卷,和今天的传本卷数相同。说明从晋到隋这段时间《方言》有散失或者卷数有归并。

⑤ 参看 В. А. Звегинчев, История Арабског Языкознаиия, Издательство Московского Университета. 1958。

⑥ 罗常培《〈方言校笺〉序》。载《罗常培语言学论文集》,中华书局,1963年。

⑦《华阳国志》卷十"先贤士女总赞"。成都志古堂刻本。

⑧《宋文鉴》卷九十一。

⑨ 指本条"芉"字下的郭璞注:"旧音蜂,今江东音嵩,字作菘也。"

(载《古汉语论集》第二辑　湖南人民出版社　1988年)

刘熙《释名》在中国语言学史上的地位

刘熙《释名》是我国最早的词源学词典。

曾经有一种看法认为：刘熙这部书乃是一部主观的、唯心的训诂理论书，从唯物的语言学观点来看，它在中国语言学史上并不占重要的地位。

这个看法是不公允的。从语言学的历史发展来说，在科学的词源学产生以前，人们对词源的研究都经历了这样一个主观猜测的阶段。古代印度注释《尼卢致》的《尼建图》，对《尼卢致》所列的词的来源作了分析，求出了一千多个词的词源，据近世印欧语历史比较研究认为有五分之四的分析不够妥当[①]。古希腊、罗马时代对词的历史有许多研究，但是他们缺乏历史主义观点，用科学的词源学来衡量，成就也不大[②]。

刘熙的《释名》，时代比这些著作要晚些，但也属于同一类型的著作。我们不偏袒古人，也不厚诬古人，我们应该恰如其分地给它以应有的地位。

史书上没有刘熙的传，根据《释名序》和前人考定，他是北海（今山东省）人，东汉末年避地交州（今广东、广西大部）。汉末的战乱席卷了整个中原，长江黄河流域大部分地区都受到影响。只有偏处南方的交州比较安定。许多学者从北方逃到这里来从事学术活动。刘熙是他们中间的一员，他在交州讲学，当时交州太守士燮名下的官吏程秉、薛综都曾从他就学,还有后来到蜀去的许慈,也是他的学生。看来刘熙当时在交州的学术地位是不低的[③]。《释名》这部书应该写成于他在交州的时候。

评价《释名》,要把它在汉语史上的价值和语言学史上的成就区别开来。如保存古音,保存当时的俗语,这是汉语史的价值。不少古代著作都可以或多或少地发现这方面的材料。至于语言学史上的成就,指的是它在语言学上有哪些继承,有什么创新,给后代提供了什么有益的东西等。

就我们的认识,刘熙在我国语言学史上有以下两点贡献。

第一,正确地提出了事物得名由来的问题。

远在战国时期,著名的哲学家荀子就提出了名称与所表示的事物之间关系的问题。他在《正名篇》里说:"名无固宜,约之以命。约定俗成谓之宜,异于约则谓之不宜。"这话的意思是说:名称适合与否没有什么必然的关系,它是由取名称的人决定的,约定俗成就是适合的,违反了约定俗成就是不适合。这对名称的本质找到了正确的解释。根据这个解释,不同民族可以选择不同的语音形式来给事物命名。这是一方面。但是,每个民族在自己的历史发展进程中,对事物的命名都可以根据事物之间的关系和联系,可以用同样的语音形式去表示相关的事物,这样就构成了表示新义的新词。旧词和新词之间,意义有变化,但是有引申关系;语音有变化,但是有演变规律。这就形成了音义相关的词群。刘熙所说的义类性质与它相似。刘熙在《释名序》中说:

> 夫名之于实,各有义类。百姓日称而不知其所以然之意。故撰天地、阴阳、四时、邦国、都鄙、车服、丧记,下及庶民应用之器,即物名以释义,论所指归,谓之《释名》。

可见他写《释名》的目的是为了探索事物命名之所以然。从他选材来看,他不仅选择了表示天地山川车服丧记的词进行解释,而且下及庶民应用之器。也就是说,他解释的是一般通用的词。例如:

火,亦言毁也。物入中皆毁也。(释天)

山旁涌间曰涌,涌犹桶,桶狭而长也。(释山)

刀,……其末曰锋,言若蜂刺之毒利也。(释兵)

这些解释运用的是声训方法。就现在能够看到刘熙以前的声训材料④,刘熙的《释名》和他们有相同的,也有不相同的。相同的可以看作是他对前代声训的继承;不同的,也许是继承,但是材料有佚亡,无从稽考;也许是刘熙自己的创造。上面举的这些解释,还不是完全没有道理的。它们还得到后代学者的承认。⑤

但是,刘熙利用声训来解释事物得名的由来,多凭自己的学识和经验。就当时的科学水平来说,这个问题不可能真正得到解决,因此他的分析里面主观任意性占很大的比重。真正科学的词源学的建立,是十九世纪历史比较法产生以后的事。

因此,可以这样认识,刘熙正确地提出了事物得名由来的问题。他从理论上和实践上补充了荀子"约定俗成"的原理。但是限于当时的学术水平,他的实践却没有能够完全和客观历史一致,他所得出的结论不一定符合科学的要求。

第二,根据发音部位对语音进行了分析描写。

我国最早的注音方式或是用读若,或是用直音,都没有涉及语音的分析描写。刘熙在自己的书里有描写字音的材料。例如:

风,豫司兖冀横口合唇言之,风,氾也;青徐言风,踧口开唇推气言之,风,放也。

横口含唇是描写双唇鼻音 m 尾的发音。上古汉语"风"在侵部,带有双唇鼻音韵尾。后来这个字转化为舌根鼻音韵尾,到了东部了,刘熙所说"跛口开唇推气"就是描写舌根鼻音韵尾。这一条说明当时的汉语方言里面,"风"字读在侵部和东部的都有。又如:

  天,豫司兖冀以舌腹言之,天,显也;青徐以舌头言之,天,坦也。

这里描写的是"天"的声母。舌头是今天所说的舌尖,而舌腹则是指舌根。这又说明当时"天"这个字的辅音声母不仅有舌尖部位的音,而且有舌根部位的音。

  唇和舌在发音器官中属于积极发音器官,它们能够活动变换形状使口腔这个共鸣器发生变化,让气流从喉头流出时受到不同的阻碍,它们的活动是容易为人感知的。刘熙正是抓住了这点来分析描写语音。唇和舌头、舌腹指发音部位,横口合唇、跛口开唇推气指发音的方法。

  东汉末年,对语音进行分析描写的还有其他一些学者。何休《春秋公羊传解诂》提出了"长言"、"短言",高诱注《吕氏春秋》、《淮南子》又提出了"急气"、"缓气"。长短缓急也是一种描写,但是它是从听觉方面来描写的。这和刘熙从发音部位和发音方法描写语音不同。两相比较,从发音部位和发音方法来描写语音比从听觉来描写语音要容易掌握一些。

  高诱注《淮南子》的时候,也有从发音部位和发音方法分析语音的。例如:

  "牛蹄之涔,无尺之鲤"。注:"涔,读延祐曷问,急气闭口言之也。"(俶真)

  "牛车绝辚"。注:"辚读近蔺,急舌言之乃得。"(说山)

  可见,学术发展到一定的阶段,自然会出现新的突破,虽然他们未必互通声气。

　　语音的分析在刘熙的《释名》里数量不多,但却是难能而可贵的。当然,我们也应该看到这种分析还比较原始,不够细密,和今天的语音学还有较大的距离。

[附　注]

　　① 参看 Siddheshwar Varma、The Etymologies of yaska、India,1953。
　　② 参看 W.汤姆逊《19世纪末以前的语言学史》(中译本)24—30页。科学出版社,1960年。
　　③ 日本人小林俊雄收集前人关于刘熙生平的考证,写成《关于刘熙的事迹》一文,载《支那学研究》15号(广岛),可以参看。
　　④ 清人张金吾有《广释名》一书,收列大量声训材料,可以用来比较。
　　⑤ 参看杨树达《积微居小学述林》、王念孙《广雅疏证》。

(载《语文园地》第12期　1985年)

《广雅》散论

一 张揖的生平和著作

清人洪亮吉在《晓读书斋四录》里面列举了张揖的全部著作并且评价说:"六书在汉末揖实集其大成,又非吕忱、吕静等所能及也。"①在三国时代的语文学家中,张揖应该占重要的地位。但是晋朝陈寿撰《三国志》却没有提到他,更不用说立传了。刘宋时期裴松之为《三国志》作注也没有收录关于他的记载。对于这样一个当时很有成就的学者的生平,我们知道得很少。

这里把古籍里面提到他的情况的材料摘录出来。

王隐《晋书》:"魏太和六年,博士河间张揖上《古今字诂》,其巾部曰:纸,今帋也。其字从巾。古以缣帛,依书长短随事截之。绢数重沓即名幡,纸字从系,此形声也。汉和帝元兴中,中常侍蔡伦以故布捣剉作纸,故字从巾。是其声虽同,系巾为殊,不得言古之纸为今纸。"②

江式《求撰集古今文字表》:"魏初博士清河张揖著《埤苍》、《广雅》、《古今字诂》。究诸《埤》、《广》,缀拾遗漏,增长事类,抑亦于文为益者,然其《字诂》,方之许慎篇,古今体用,或得或失矣。"③

颜师古《汉书注·序例》:"张揖,字稚让,清河人(原注:一云河间人),魏太和中为博士(原注:止解《司马相如传》一卷)。"

根据这几段记载,可以把张揖生平的大致轮廓勾画如下。

张揖,字稚让。三国时魏国人。他的籍贯唐代颜师古已经弄不清楚了,一说在清河,一说在河间。清河和河间都是后汉立的郡名,两郡相去不远。清河郡占有河北和山东一部分地方,河间郡在河北。他做博士的时间是魏初,一直到魏明帝曹叡的太和年间。太和六年(公元232年)上《古今字诂》。《广雅》卷首的《上广雅表》,一开始就说:"臣博士揖言,"也应该看成是做博士时候上的。

根据前代史志著录,张揖的著作有以下这些。

(一)《广雅》 《隋书·经籍志》(以下简称《隋志》):"《广雅》三卷,魏博士张揖撰。梁有三卷。"又:"《广雅音》四卷,秘书学士曹宪撰。"《旧唐书·经籍志》:"《广雅》四卷,张揖撰。《博雅》十卷,曹宪撰。"《新唐书·艺文志》:"张揖《广雅》四卷,又《博雅》十卷。"按张揖《上广雅表》称《广雅》这部书"凡万八千一百五十文,分为上中下"。可见张揖原书只分上中下三卷,分为四卷或十卷不是张揖原本。

(二)《埤苍》 《隋志》:"埤苍三卷,张揖撰。"《旧唐书·经籍志》:"《埤苍》三卷,张挹撰。"原注:"挹当作揖。"这部书大概是增补《苍颉篇》之类著作的童蒙识字课本。原书已佚,今有辑本。

(三)《古今字诂》 《隋志》著录三卷,《旧唐书·经籍志》作"《古文字诂》二卷,张揖撰"。《新唐书·艺文志》作《古文字记》二卷,不著撰人。群书征引或省作《字诂》。原书已佚,今有辑本。

(四)《三仓训诂》 《隋志》没有著录。《旧唐书·经籍志》作《三仓训诂》三卷,题张挹撰。"挹"是"揖"字之误,已见前。三仓指李斯《苍颉篇》、扬雄《训纂篇》和贾鲂《滂喜篇》。张揖的训诂原书已佚,有辑本。

(五)《杂字》 《隋志》:"梁有《难字》一卷,张揖撰,亡。""难"当是"杂"字之误。《新唐书·艺文志》著录一卷。原书已佚,有辑本。

(六)《汉书司马相如传解》 见颜师古《汉书注·序例》。原书未见。《史记》和《汉书》的司马相如传注和李善《文选注》多有征引。

此外,陆德明的《经典释文》里面引有张揖的反切若干条,没有注明是哪一种书。一般认为反切的注音方式起源于汉末,张揖使用反切注音不是不可能的。但是《经典释文》有改前代经师直音为反切的现象。这几条反切是不是真属于张揖的还不能够绝对肯定。

从以上列举的书目来看,张揖在语文学上的成就是多方面的。可惜他的著作大多数已经佚亡,现在完整保存下来的只有《广雅》一种。

二 《广雅》和《尔雅》

张揖在《上广雅表》里极力推崇《尔雅》,他把自己的书取名《广雅》,意思是《尔雅》的扩大。他说:

> 臣揖体质蒙蔽,学浅词顽,言无足取。窃以所识,择撢群艺,文同义异,音转失读,八方殊语,庶物易名不在《尔雅》者,详录品核,以著于篇。

《尔雅》分十九篇,《广雅》也分十九篇,篇名都一样④。篇内义类的排列顺序两书也大体一致,特别是"释诂"、"释言"、"释训"三篇更明显。如"释诂"第一条义类是始,第二条义类是君,第三条义类是大,第四条义类是有,第五条义类是至,第六条义类是往。两书的顺序完全相同。这都可以看出两书的因袭痕迹。

但是,应该看到,《广雅》和《尔雅》虽然有相同的方面,但是两书也还各有自身的特色。这些特色对于认识《广雅》的性质非常重要。

首先,《尔雅》和《广雅》都为收录前代训诂资料而作,但是两书各有其时代特点。《尔雅》成书的年代正是经学昌盛的汉初,他收集材料以经为主,所以王充认为"《尔雅》之书,五经之训诂"[5]。张揖也把《尔雅》看成"七经之检度,学问之阶路,儒林之楷素也"。到了汉末,训诂的范围扩大了,不懂经书有注释,子、史、集各类著作都有注释,有的还不只一种注释[6]。《尔雅》以经为主的训诂书不能够适应需要了。所以张揖在推崇这部书的同时也指出了他的不足:"若其包罗天地,纲纪人事,权揆制度,发百家之训诂,未能悉备也。"因此,《广雅》收录训诂资料不限于经书的解释,诸如《方言》、《释名》以及经书以外的注释材料,他都加以收录。

其次,在收录材料的数量上两书也不尽相同。下面作些比较。

在"释诂"、"释言"、"释训"等解释一般词语的部分,可以看到《广雅》的义类比《尔雅》多。如"释诂"一篇,《尔篇》有义类189,《广雅》有493;"释言"一篇,《尔雅》有义类306,《广雅》有义类623;"释训"一篇两书义类相差无几,《尔雅》为126,《广雅》为132。但是《广雅》在这一篇里除了收列重言外还收了不少有双声或叠韵关系的连语。例如:"逍遥,儴佯也";"仿佯,徙倚也";"俳徊,便旋也";"绸缪,缠绵也";"扬摧、嫥榷、堤封、无虑,都凡也"[7]。

《尔雅·释训》里面解释整句的训诂,如"如切如磋,道学也","是刘是获,煮之也",《广雅·释训》是不收录的。

如果就每个义类收词的情况看,《广雅》的义类收词一般要比《尔雅》多一些。以"释诂"为例,在始这个义类《尔雅》收词 10 个,而《广雅》收词 19 个;君这个义类《尔雅》收词 10 个,而《广雅》收词 20 个;大这个义类《尔雅》收词 39 个,《广雅》收词 58 个。

"释亲"以下十六篇解释名物词语,两书虽然篇名相同,但是具体内容并不一致。"释亲"解释亲属称谓,《尔雅》的这一篇细分为宗族、母党、妻党、婚姻四类,《广雅》的这一篇亲属称谓下面不分小类,但是比《尔雅》多收了一些表示人体各部分名称的词。例如:

人一月而膏,二月而脂,三月而胎,四月而胞,五月而筋,六月而骨,七月而成,八月而动,九月而躁,十月而生。

殚、䐔,胎也。

这是有关怀孕生产的一些专门名词。

首谓之头。

目谓之眼。

棠、喝、喙,口也。

胃谓之肚。

肌、臆、膺,匈也。

这是有关身体各部分名称的词。

"释宫"、"释器"、"释乐"是解释人所作器物的名称。"释宫"在《尔雅》里面主要解释人所居住的房屋以及有关的词,而《广雅》的这一篇收词要广泛一些。如不同类型的房屋,梁柱门屏,堂殿阶除,桥梁道路的名称都收录了,此外,还包括了监狱刑具以及圊溷的名称。例如:

> 狱,犴也。夏曰夏台,殷曰羑里,周曰囹圄。
>
> 杽谓之梏,械谓之桎。
>
> 圂、圊、屏,厕也。

这些都是《尔雅》没有收录的。

《尔雅》的"释器"一篇包括日用器物、饮食和兵器,也包括器物制作方法的名称。而《广雅》这一篇包括的内容更多。它收录的词按照意义归类的顺序大体是:陶器、渔猎工具、布帛衣服、车舆等交通工具、饮食、冶金、蚕业、兵器、度量衡、染色等。

《尔雅》的"释乐"收录音乐和演奏音乐的名称,没有再分细目。《广雅》这一篇先列乐名,后列乐器。乐名、鼓名、琴名有小题,其余乐器不再标小题分类。这一篇的另一特点是对一些乐器的尺寸长短和大小有比较详细的记载。

"释天"主要是关于天文的词语。《尔雅》这一篇细分为四时、祥、灾、岁阳、岁名、月阳、月名、风雨、星名、祭名、讲武、旌旂十类。《广雅》的"释天"收录词语的范围和分类与《尔雅》不尽相同,它包括年纪、九天、天度、宿度、八风、祥气、祅气、常气、灾气、五帝号、月行九道、九冲、七曜行道、异祥、星、祀处、肆兵、旗帜等十八类。

"释地"主要是关于地理方面的词语。《尔雅》这一篇下面分九州、十薮、八陵、九府、五方、野、四极等七类。《广雅》的"释地"收录四海九州和池泽的名称,此外珠玉和奇异出产的名称也收录了一些。他分为四海九州、池、玉、珠、石之次玉等类。在这之后还收录了行政区划、耕作名称等。

《尔雅》的"释丘"收录关于丘陵的名称,下面分为丘和崖岸两类。《广雅》这一篇以丘陵为主,兼及阪险崖隒之属,表示坟墓的词也收入这一类。

《尔雅》的"释山"解释山名和各种自然形成的高地。《广雅》首先解释山岳的不同名称,然后解释天下名山的数目,最后解释昆仑山的高远。

"释水"解释有关河流的名称,舟船为水上交通工具,所以连类而及。《尔雅》这一篇分为水泉、水中、河曲、九河四类。《广雅》的"释水"先收录泉水,再及水里可居人的洲渚、河海川渎以及舟船的名称。特别是舟船的名称比《尔雅》收录的要多得多。

《尔雅》的"释草"收录草本植物的名称,"释木"收录木本植物的名称,"释虫"收录昆虫的名称,"释鱼"收录鱼类和水产动物的名称,"释鸟"收录鸟类的名称。《广雅》的这几篇大体上也是这个格局。

"释兽"是关于兽类的名称。《尔雅》分为寓属、鼠属、齸属(反刍动物)、须属(动物的呼吸)四类。《广雅》这一篇虽然收列了各种兽类的名称,但是只有鼠类列出了"鼠属",其余寓属、齸属、须属都没有标明。

"释畜"是关于家畜的名称。《尔雅》这一篇细分为马属、牛属、羊属、鸡属、六畜六类,没有豕属。《广雅》这一篇则有豕属,算是六畜俱备了。

从以上的比较可以看出,《广雅》和《尔雅》虽然篇名相同,但是包括的内容并不完全一样。这里面有继承,也有发展。这种继承和发展一方面是汉语本身发展的内在规律所决定的,同时也由于社会的发展,人们物质文化生活的变化和科学技术的进步所决定的。

张揖在《上广雅表》里面谈到,他编辑《广雅》的收词原则是只收《尔雅》没有收的词。但是现在通行的《广雅》里面却有一些词是《尔雅》已经收录了的。如《释诂一》的"讦,大也","祥,善也",也见于《尔雅·释诂》;《释言》的"曩,久也","曩,乡也",也见于《尔雅·释言》。王念孙在《广雅疏证》的"诉,大也"条下认为:"凡字训已见《尔雅》,而此复载入者,盖偶未检也,后皆放此。"⑧这是根据张揖《上广雅表》来立论的。把见于《尔雅》的义训而《广雅》又重出的都作为"偶未检"处理,办法也简单,但是重见的情况是复杂的。王念孙在解释《释言》的那两条材料又提出了另外的办法。他说:"此亦《尔雅》文也,并著于此,所以别异义也。"钱大昭在处理这些重见现象的时候还用了校勘学的办法。他把"祥,善也"条的"祥"改成"详"字,这就和《尔雅》不重复了。他说:"旧本作祥,考祥善已见《尔雅》。博士上广雅表自言取其不在《尔雅》者著于篇。知'祥'字误也。'祥'与'详'通,今定为'详'。"⑨可以承认,《广雅》一书流传到今天里面确实有错讹,与《尔雅》重复的可能是错字,但是疏忽而收入的情况和"别异义"而收入的情况也不能够说就没有。

三 《广雅》的取材

王念孙在《广雅疏证序》里写道:

> 魏太和中,博士张君稚让继两汉诸儒后,参考往籍,遍记所闻,分别部居,依乎《尔雅》,凡所不载,悉著于篇。其自易、书、诗、三礼、三传经师之训,论语、孟子、鸿烈、法言之注,楚辞、汉赋之解,谶纬之记,仓颉、训纂、滂喜、方言、说文之说,靡不兼载。

这段话是张揖《上广雅表》里关于《广雅》取材的补充,也是王念孙研究《广雅》的体会。

《广雅》取材主要包括两个方面。一是前代字书,如李斯《仓颉篇》、扬雄《训纂篇》、贾鲂《滂喜篇》、扬雄《方言》、许慎《说文解字》

等,另一方面是古书的注释,这里面包括经师对经书的解说,谶纬之书以及其他各种古籍的训诂。张揖取材的著作,有的今天还存在,如《方言》、《说文》,《诗经》的毛传郑笺,郑玄的三礼注,赵岐的《孟子章句》,高诱的《淮南子注》、《吕氏春秋注》、《战国策注》,范望的《太玄注》,王逸的《楚辞章句》等,可以用来进行比较,探索去取情况。

试举《方言》为例,张揖编辑《广雅》的时候,大量收录了《方言》里面提供的材料。如大这个义类,《方言》里列有这样五条:

敦、丰、庞、奃、帆、般、嘏、奕、戎、京、奘、将,大也。(卷一)⑩

硕、沈、巨、濯、訏、敦、夏、于,大也。(同上)

岑、亝,大也。(卷十二)

吴,大也。(卷十三)

芋,大也。(同上)

其中"庞"、"奃"、"帆"、"嘏"、"奕"、"戎"、"京"、"奘"、"将"、"硕"、"濯"、"訏"、"夏"等《尔雅·释诂》已经收录,其余除"于"、"吴"两字外,《广雅》都收在"释诂"的大这个义类里面。

《方言》有关长的义类一共有四条,它们是:

脩、骏、融、绎、寻、延,长也。(卷一)

张、吕,长也。(卷六)

郁、熙,长也。(卷十二)

远,长也。(卷十三)

其中"骏"、"融"、"延"三字《尔雅·释诂》已经收录,余下的字《广雅》都收在"释诂"里面长的义类下。

《广雅》大量收录《方言》的材料,因此可以利用《方言》来校正

《广雅》的讹错。例如：

> 赁、荼、差、且、假、贷，僭也。(释诂)

按《方言》卷十二："倩、荼，借也。"戴震在《方言疏证》里认为《广雅》的"僭"是"借"的误字⑪。又如：

> 审、喷，并也。(释言)

王念孙把这一条校改成："瘗，审也"；"喷，嚏也"；"骈，并也"。其中第一条就利用了《方言》卷六"瘗、谱，审也"的材料。王念孙说："《广雅》之训，多本《方言》，《方言》瘗、谱同训为审，则《广雅》瘗下亦当有审字。"

张揖当年能够看到并且加以利用的资料，有许多已经佚亡了，根据现存古籍提供的线索，对他取材的情况也还能够了解一个大概。下面举例说明。

《诗经》在汉朝有好些流派，今文经有齐、鲁、韩三家，古文经则有《毛诗》。它们在解释同一首诗或者诗的某一句有许多不同的地方。陆德明在《经典释文·叙录》里面曾经简要地谈到它们的流传情况：

> 前汉齐鲁韩三家诗列于学官。平帝世毛诗始立。齐诗久亡，鲁诗不过江东。韩诗虽在，人无传者。唯毛诗郑笺独立国学，今所遵用。

陆德明以后韩诗也佚亡了。但是张揖那个时代，三家诗在流传。他将三家诗的训诂采入《广雅》，前人对此多有考订。如"拱、捄，法也"条，王念孙[疏证]：

> 长子引之云：《商颂·长发》：受小球大球，受小共大共。传云：球，玉也。共，法也。案球共皆法也。球读为捄，共读为拱。《广雅》：拱、捄，法也。《书序》：帝厘下土，方设居方，别生

分类,作汨作九共九篇槁饫。马融、王肃并云:共,法也。高诱注《淮南·本经训》云:蛩,读诗受小拱之拱。则诗共字古本或作拱。拱捄二字皆从手而训亦同。其从玉作球,假借字耳。……小球大球,小共大共,其谓所受法制有大小之差耳。传解球为玉,已与共字殊义,笺复谓共为执玉,迂回而难通矣。《广雅》拱捄并读为法,殆本诸齐鲁韩诗与。(释诂一)⑫

再如"闲闲、勃勃,盛也"条,

〔疏证〕《大雅·皇矣篇》:临冲闲闲,崇墉言言。临冲茀茀,崇墉仡仡。传云:闲闲,动摇也。言言,高大也。茀茀,强盛也。仡仡,犹言也。案言言、仡仡皆谓城之高大,则闲闲、茀茀亦皆谓车之强盛。茀茀与勃勃同。《广雅》以闲闲、勃勃俱训为盛,盖本诸三家也。(释言)⑬

不仅三家诗如此,其他汉代经师的说法《广雅》也多有采用。例如《尚书·大诰》:"民献有十夫。"伪孔传把"献"解释为贤。今文经《尚书》"献"作"仪"。这一句《尚书大传》作"民仪有十夫"⑭。汉代的作品用"民仪"的不少。如班固《窦车骑将军北征颂》:"民仪响慕,群英景附。"《汉书·翟方进传》:"民献仪九万夫。"⑮都是根据今文《尚书》。今文《尚书》"献"作"仪"还可以找到一个证据。《尚书·皋陶谟》"万邦黎献",汉碑作"黎仪"。如《汉斥彰长田君碑》:"安惠黎仪,伐讨奸轻。"《泰山都尉孔宙碑》:"乃绥二县,黎仪以庠。"《堂邑令费凤碑》:"黎仪瘁伤,泣涕涟灕。"汉碑多用今文《尚书》。《广雅·释诂》:"仪,贤也。"就是根据今文《尚书》⑯。

《尚书·尧典》:"父顽、母嚚、象傲,克谐以孝,烝烝乂,不格奸。"伪孔传把烝解释为进,虽然根据《尔雅》,但是串讲不通。考汉魏时期的人写的作品都把"烝烝"讲为孝。例如《新语·道基篇》:

"虞舜蒸蒸于父母,光耀于天地。"《论衡·恢国篇》:"雨露之施,内则注于骨肉,外则布于他族。唐之晏晏,舜之烝烝,岂能逾此。"张衡《东京赋》:"蒸蒸之心,感物曾思。躬追养于庙祧,奉蒸尝于袷祠。"《巴郡太守张纳碑》:"膺大雅之淑姿,脩烝烝之孝友。"《高阳令杨著碑》:"烝烝其孝,恂恂其仁。"蔡邕《胡公碑》:"夫烝烝至孝,德本也。"《朱公叔坟前石碑》:"孝于二亲,烝烝雍雍。"卞兰《赞述太子表》:"昔舜以烝烝显其德,周旦以不骄成其名。"曹植《鼙鼓歌》:"古时有虞舜,父母顽且嚚,尽孝于田陇,烝烝不违仁。"《家语·六本篇》:"瞽叟不犯不父之罪,而舜不失烝烝之孝。"王引之认为:"两汉经师皆训烝烝为孝,故转相承用,卒无异说也。"⑰"烝"也写作"蒸"。《广雅·释训》:"蒸蒸,孝也。"正是采用了两汉经师的说法。

王念孙《广雅疏证》、钱大昭《广雅疏义》对于《广雅》的取材有不少考订,但是他们引用的材料还嫌不多,今后吸取更多的材料补苴两家的不备是大有可为的。

四 《广雅》在训诂学上的价值

王念孙在《广雅疏证序》里还说:

    盖周秦两汉古义之存者,可据以证其得失,其逸散不传者,可藉以窥其端绪,则其功于训诂也大矣。

这段话中肯地说明《广雅》一书在训诂学上的价值。

从取材的情况看,《广雅》收录了丰富的前代训诂。从语言的角度看,他保存了不少古词古义。因为前人的训诂不是凭空造出来的,他总有这种或那种语言事实作根据。利用《广雅》提供的材料研究汉语词汇的发展变化是大有好处的。另一方面,由于它保存了不少古词古义,古籍里面一些难懂的词句可以从这里得到解读的启示。下面举一些例子。

例如"毒"字,《广雅》收录了好几个义项:安(释诂一)、痛(释诂二)、恶(释诂三)、苦(释诂四)、憎(释言)等,其中憎和恶当是一个意思。安和苦都是古义。先看表示安的意思。《老子》第五十一章:"长之育之,亭之毒之。"这个"毒"就应该作安讲。《周易·比卦》:"以此毒天下而民从之。""毒天下"就是安天下[18]。再看表示苦的意思。《素问》里面有这种用例。这部书里所说的"毒药"指味苦的药,和《本草》的"有毒"、"无毒"不同。《素问·藏气法时论》:"毒药攻邪。"又《移精变气论》:"毒药治其内,针石治其外。"又《五常政大论》:"能毒者以厚药,不胜毒者以薄药。"王冰注:"药厚薄谓气味厚薄者也。"算是理解到"毒"的这个意思。《周礼·天官·医师》:"聚毒药以共医事。"郑玄注:"毒药,药之辛苦者。"应该说是正确的。

古代以言语告白于上为复。《广雅·释诂一》:"复、白,语也。"记录了这个事实。王念孙引《礼记·曲礼》:"少间,原有复也。"郑玄注:"复,白也。"先秦文献里"复"作告白讲的用例还有《大戴礼·曾子立事》"承间观色而复之",《国语·齐语》"正月之初,乡长复事",《孟子·梁惠王》"有复于王者"等例。

"央"表示完了或完结的意思,《离骚》:"及年岁之未晏兮,时亦犹其未央。"王逸章句:"央,尽也。"《九歌·云中君》:"灵连蜷兮既留,烂昭昭兮未央。"王逸章句:"央,已也。"《广雅·释诂》里面已和尽两个义类下分别收录了"央"这个词。其实已和尽意思差不多,都是完了或完结的意思。《管子·轻重丁篇》:"贾人蓄物而卖,为雠买,为取市,未央毕。"《吕氏春秋·知化篇》:"其后患未央。"里面的"央"都是这个用法。这个用法最早的用例应该是《诗经·小雅·庭燎》的"夜未央"。颜师古《匡谬正俗》把这个"央"讲成中央[19]，是不知道"央"这个词的古义。

《史记》里面有一个"过"字用法特别。如：《张仪传》："唯大王有意督过之也。"司马贞索隐："督者，正其事而责之，督过是深责其过也。"《甘茂传》："秦楚争强，而公徐过楚以收韩，此利于秦。"张守节正义："说楚之过失以收韩。"这二段文字里面的"过"字，司马贞和张守节的解释都不妥当。它用的是一个古义。《吕氏春秋·适威篇》："烦为教而过不识，数为令而非不从。"高诱注："过，责也。"把"过"解释成责备，对上面二段文字都讲得通。先秦时代的作品"过"当责备讲的并不罕见，如《晏子春秋·杂篇》：古之贤君，臣有受厚赐而不顾其国族，则过之；临事守职，不胜其任，则过之。"《楚辞·九章·惜往日》："信谗谀之溷浊兮，盛气志而过之。"《战国策·赵策》："惟大王有意督过之也。"这些句子里面的"过"都作责备讲。《广雅·释诂》："过，责也。"保存了这个古义[20]。

利用《广雅》解读秦汉古籍，前人做了不少工作。这里特别应该提到王念孙父子。王念孙对《广雅》进行过深入的研究，写成《广雅疏证》，后来他利用这项成果写《读书杂志》，解读了秦汉古籍里面一些不容易理解的句子，他的儿子王引之也利用《广雅》解读群经，写成《经义述闻》。下面举几个例子。

> 《荀子·劝学篇》："若挈裘领，诎五指而顿之，顺者不可胜数也。"杨倞注："顿，挈也。"卢文弨校："顿犹顿挫，提举高下之状，若顿首然。"

王念孙认为把顿解释为挈，在古代文献里面缺乏根据。并且上文"若挈裘领"已经有了"挈"字，这里不应该再解为挈。卢文弨把顿解释为顿挫,也不妥当。他引《广雅·释诂》"扽,引地"为证,认为:"言挈裘领者诎五指而引之,则全裘之毛皆顺也。"并且指出古代没有"扽"字,借用"顿"字来表示㉑。

《史记·屈原贾生列传》:"不获世之滋垢,皭然泥而不滓者也。"

王念孙以为下句"泥而不滓"是承上句"不获"来的。这个"获"表示辱,是一种被动用法,他的根据之一就是《广雅·释诂》:"蒦,辱也。"又"蒦、辱,汙也。"㉒

《史记·刺客列传》:"因自皮面决眼,自屠出肠。"索隐曰:"皮面谓刀割其面皮,欲令人不识。"

照司马贞的解释,这句话应该作"割面皮",不作"皮面"。王念孙根据王褒《僮约》的"落桑皮椶",把皮解释为动作,并且引《广雅·释诂》"皮,离也",《释言》"皮、肤,剥也"作为证据㉓。

《汉书·扬雄传》:"徽以纠墨,制以质铁。"颜师古注:"徽纠墨皆绳也。"

这段话见于扬雄的作品《解嘲》,《文选》选录了这一篇。李善注引服虔曰:"徽,缚束也。"㉔又引应劭曰:"束以绳徽弩之徽。"王念孙认为颜师古把"徽"解释为绳,虽然根据《周易·坎卦》的"系用徽墨",但是《解嘲》的"徽以纠墨"和"制以质铁"是对偶句,"徽"和"制"都表示动作,不可能解释为绳。他同意服虔和应劭的说法,并且用《广雅·释诂》"徽,束也"作为证据㉕。

《诗经·豳风·七月》:"昼尔于茅,宵尔索绹。"

王引之把索解释为"纠绳之名",认为"于茅"、"索绹"对文。其根据之一就是《广雅·释诂》:"纫、纡、绹,索也。"㉖

近人在王氏父子研究的基础上,利用《广雅》解读秦汉古籍,取

167

得了更为可观的成绩。这些著作俱在,这里不一一列举。

五 《广雅》的注家

前代对《广雅》这部书的研究不多。现在保存最早研究《广雅》的著作,是隋代曹宪的《广雅音》。

曹宪,江都扬州人,仕隋为秘书学士,他还在唐太宗时做过官,据说活了一百多岁。史书上有他的传[27]。唐太宗读书遇到疑难的字常常派人去问他,他都能给以详核的解答。《广雅音》虽然重点在为《广雅》注音,但是里面往往有对文字训诂的精湛论述。例如《广雅》:"宓,安也。"(释诂)曹宪音:"眉笔反。世人以山如堂者密,作秘,宓字失之矣。"《广雅》:"透,惊也。"(同上)曹宪音叙云:"世人以此为跳透字,他候反,未是矣。"

《广雅音》成书于隋朝,因为避隋炀帝讳,所以又称《博雅音》。

《明史·艺文志》著录李文成《博雅志》十三卷,没有传下来,不知道它的具体内容。

清朝语文学有很大的发展。研究《广雅》的人也多起来。桂馥《广雅疏义序》谈到乾嘉学者研究《广雅》的情况说:

> 今海内治《广雅》者三家,一为卢先生文弨,一为王先生念孙,一为钱先生大昭。[28]

卢文弨(1717—1795)的著作,翁方纲《抱经先生墓志铭》称为《广雅注释》。谢启昆《小学考》著录称《广雅注》三卷,又认为"实未成之书也"[29]。现在没有看到传本。钱大昭《广雅疏义》里面引有一些卢文弨的说法,可能钱大昭是看到过卢文弨这部著作的,从引文看有校有注,可惜全书已经佚亡。

钱大昭(1744—1813)的《广雅疏义》成书早于王念孙的《广雅疏证》,书成之后没有刊行,只有稿本流传。陆心源曾经得到一部抄本,藏在他的皕宋楼。清朝末年这部抄本为日本人岩崎氏买去,作为静嘉堂藏书。1941年由日本影印出版。因为当时正值抗日战争,这个影印本在我国传布不广。

钱大昭在这部书里引用了不少材料。可以看出,他几乎是每条必注。把这部书和稍后写成的《广雅疏证》相比较,两书互有异同。有的地方钱大昭的解释还要稍胜一筹。例如《广雅》:"醋,乐也。"(释诂一)王念孙改"醋"为"酬"。用校勘改字的办法来解决难懂的字。钱大昭则用经籍异文作解释。他说:"醋者,饮之乐也。在各切。《系辞传》:可与酬酢。京房本作醋。《说文》:酬,主人敬客也。醋,客酌主人也。今人以醋为仓故切,非是。"又如:"术,法也。"(同上)王念孙没有解释。钱大昭根据李善《文选注》引《韩诗·邶风·日月》:"报我不术。"薛君章句:"术,法也。"指出这一字的训诂依据。

钱大昭的著作还引用了和他同时代一些学者的看法。除了前面提到的卢文弨外,还引用了他哥哥钱大昕的说法。书中所称詹事兄就是。另外还有孙志祖、桂馥、戴震、惠栋等人的说法。钱大昭这部书在研究《广雅》中是有其重要价值的。

王念孙的《广雅疏证》成书稍晚于《广雅疏义》。他利用了清代发达的古音学,采用以声音通训诂的方法,对《广雅》进行了科学的整理。关于他的成就,前人和当代学者多有定评[20],这里不打算重复。只想举出一点,那就是从整体看,王念孙的书工力比《广雅疏义》深。如果说《广雅疏义》偏重于就字论字,那么《广雅疏证》能够触类旁通,揭示规律。试以《释诂》的"宝,道也"为例。钱大昭只是

证明"道"与"宝"同义。他说:

> 宝者,《礼记》:天不爱其道,地不爱其宝,是道与宝同义。《广韵》:宝,道也。本此。㉛

王念孙则不仅指出宝和道同义,而且认为有些古籍里的"保"也就是"宝",还揭示了古籍中宝道多并举的事实。他说:

> 宝者,《论语·阳货篇》:怀其宝而迷其邦。皇侃疏云:宝犹道也。宝与道同义,故书传多并举之。《礼运》云:天不爱其道,地不爱其宝。《吕氏春秋·知度篇》云:以不知为道,以奈何为宝。《太玄·玄冲》云:睟,君道也。馴,臣宝也。保与宝同。㉜

王念孙所说古书里宝道多并举,他所举的例是少数。用这个条例去读古籍,可以发现更多的例证。如:

《吕氏春秋·审时篇》:"凡农之道,厚以为宝。"

《韩非子·主道》:"人主之道,静退以为宝。"

《淮南子·主术》:"以不知为道,奈何为宝。"

《淮南子·兵略》:"利合于主,国之宝,上将之道。"

《新书·修政语下》:"故夫道者,万世之宝也。"

《春秋繁露·离合根篇》:"以无为为道,以不知为宝。"

《盐铁论·力耕》:"贤圣治家非一宝,富国非一道。"

《盐铁论·相刺》:"故玉屑满箧,不为有宝;诵书负箧,不为有道。"

总之,王念孙的《广雅疏证》能够把孤立的字同它的意义贯串起来,找出它们之间的关系和联系,同时通过《广雅》的研究说明了一些古代语文的规律。它的价值大大地超过了《广雅》这部书。

清人研究《广雅》的专著还有俞樾的《广雅释诂疏证拾遗》㉝、

王士濂《广雅疏证拾遗》[34]、王树枏《广雅补疏》等。笔记书里面涉及《广雅》的更多,钱大昕的《十驾斋养新录》、洪颐煊的《读书丛录》里面都有一些精到的见解。晚近有朱师辙的《广雅释言补疏》[35],还有一些零散的研究材料[36]。

桂馥曾经将研究《广雅》遇到的困难归纳为三点,这三点是和《尔雅》的研究对比来谈的。他说:

> 然治《广雅》难于《尔雅》。《尔雅》主释经,多正训;《广雅》博及群书,多异义,一。《尔雅》有孙郭诸旧说;《广雅》惟曹音,二。《尔雅》为训诂家征引,兼有陆氏释文;《广雅》散见者少,无善本可据,三也。

《广雅》收录的训诂材料涉及面很广,"疏通证明,大非易事"(王念孙语)。虽然前代学者已经做了不少工作,取得了很大的成绩,但是遗留下来需要解决的问题还多。各家说法有分歧的还应该论定是非。新发现的语言材料更应吸收来丰富某些比较单薄的解释,作新的说明。下面试举几例。

(一)"子,巳,似也。"(释言)

王念孙持审慎的态度,注为"未闻"。书成之后,又加一墨签注为:"于穆不已。疏引孟仲子作于穆不似。又诗:教诲尔子,式谷式之。"[37]钱大昕则认为:

> 巳当即十二支巳午之巳。以音相近取义。《诗》:似续妣祖。郑笺读为巳午之巳。郑似诗谱谓子思论诗,于穆不巳,孟仲子曰:于穆不似。

钱大昭对这一条的解释和他哥哥大同小异。他说:

> 子谓肖似也。《说文》:肖,骨肉相似也。不似其先,故曰不肖。巳者,《小雅·斯干》:似续妣祖。笺:似读如巳午之巳。

已续妣祖者,谓已成其宫庙也。

朱师辙对此又有发挥。他说:

> 子者,《诗·小宛》:教诲尔子,式谷似之。子有似续之义,故训似。已者,《说文》从反巳。贾侍中说巳,意巳实也。象形。案意巳实今呼薏苡仁。后世果仁皆呼为果子,多相似已。故已亦训似。侣从日声。

这个发挥是不是妥当,还可以研究。但是一个词义具有各家解释,对比分析,抉择优劣,对研究者来说还是有益的。

(二)"牒,宪也。"(同上)

王念孙、钱大昭都注明"未详"。钱大昕认为"宪"是"疏"的异体,朱师辙认为"宪"是"宗"的误字。要论证他们的得失,就比较困难了。

(三)"縻,系也。"(释诂二)

王念孙没有解释。钱大昭解释说:"縻者,《说文》:縻,朱辔也。或作紭(紗)。《汉书·匈奴传》:羁縻不绝。"现在能够看到的卷子本《玉篇·系部》收有这个字,并且有顾野王的案语,摘抄如下:

> 縻,靡知反。《广雅》:"縻,系也。"野王案,《史记》羁縻勿绝是也。

顾野王引《史记》见《司马相如列传》,他认为那个"羁縻"的"縻"就是系缚的意思,这是正确的。卷子本《玉篇》里面的顾野王案语,有些是解释《广雅》的字义的,这是很宝贵的资料,如果加以收集整理,对于解释《广雅》,补前人的不足,将大有好处。此外,如慧琳《一切经音义》、《玉烛宝典》残卷,里面都有王念孙、钱大昭等乾嘉学者没有见到的资料。近来考古发掘所得竹简帛书,里面也有一些材料可以用来注释《广雅》。就是清人已经利用过的材料,披沙拣金,也往往得宝。总之,《广雅》这部书的研究远没有终结,许多工作还有待我们去做。

(载《中华文史论丛》语言文字专辑下,
上海古籍出版社 1986年)

[附 注]

① 洪亮吉《晓读书斋杂录》,光绪三年授经堂重校刊本。
② 据《初学记》卷二十一,《太平御览》卷六百零六引。
③ 《魏书·江式传》。
④ 《广雅》旧本"释宫"作"释室"。王念孙《广雅疏证》认为:"案《尔雅》宫室虽可互训,然以其制言之,则自户牖以内乃谓之室,宫为总名,室为专称。《考工记》云:室中度以几,宫中度以寻是也。名曰释宫,则内而奥窔,外而门阙,以及寝庙台榭之制,道途趋走之名,莫不兼该。若名曰释室,则不足以目一篇之事。且《广雅》篇名皆仍《尔雅》之旧,不应此篇独改为释室。《太平御览·居处部》云:《广雅·释宫》曰:'馆,舍也。'今据以订正。"
⑤ 《论衡·是应篇》。
⑥ 如《孟子》有赵岐、程曾的《孟子章句》、刘熙、郑玄、高诱的《孟子注》。《淮南子》有高诱的注和许慎的《淮南鸿烈闲诂》。
⑦ 《尔雅·释训》里也收了几个连语。如"篷篠,口柔也","婆娑,舞也",但是数量不大。
⑧ 《广雅疏证》用光绪五年九月淮南局重刊本。下同。
⑨ 钱大昭《广雅疏义》卷一。日本影印本,昭和十五年(1941年)。
⑩ 为节省篇幅,省去《方言》里对这些词地理分布的说明。
⑪ 戴震《方言疏证》用微波榭丛书本。
⑫ 参看王引之《经义述闻》卷七"受小球大球,受小共大共"条。
⑬ 参看《经义述闻》卷六"临冲闲闲"条。
⑭ 见《困学纪闻》卷二。
⑮ 王引之认为"献"是衍文。见《读汉书杂志》第十三。
⑯ 参看《广雅疏证》卷五上。《经义述闻》卷三"万邦黎献,民献有十

夫"条。

⑰ 参看《经义述闻》卷三"以孝蒸烝"条。

⑱ 参看《广雅疏证》卷一上,《经义述闻》卷二"以此毒天下"条。

⑲ 颜师古《匡谬正俗》卷一。

⑳ 参看《广雅疏证》卷一下。《读逸周书杂志》"无见过　过适"条,《读史记杂志》四"督过之　过楚　不过"条。《经义述闻》卷七"勿予祸适"条。

㉑ 参看《读荀子杂志》一。

㉒ 参看《读史记杂志》五。

㉓ 同上。

㉔ 原作"制,缚束也",王念孙校改作"徽"。

㉕ 参看《读汉书杂志》十三。

㉖ 参看《经义述闻》卷五"宵尔索绹"条。

㉗ 《隋书·经籍志》著录了曹宪的著作,但是《隋书》没有给曹宪立传。《旧唐书》和《新唐书》都把曹宪列入"儒学传"。

㉘ 据谢启昆《小学考》卷五引。桂馥《晚学集》没有收这篇文章。钱大昭《广雅疏义》前载这篇序,文字和《小学考》所载略有不同。

㉙ 近人萧一山著《清代学者著述表》,在卢文弨的著作栏内列有《广雅·释天》下注二卷,不知道有什么依据。

㉚ 周祖谟先生在《兰州大学学报》(社会科学版)1979年第二期,殷孟伦先生在《东岳论丛》1980年第二期都有专文论及此书。

㉛ 《广雅疏义》卷五第五十四页。

㉜ 《广雅疏证》卷三上第三十二页。据《殷礼在斯堂丛书》所收《广雅疏证补》,王念孙在原稿"宝者"下加了《礼记·檀弓》:"丧人无宝,仁亲以为宝。"郑注云:"宝谓善道可守者。"

㉝ 《俞楼杂纂》三十三。

㉞ 在《鹤寿堂丛书》中。

㉟ 载《国故》杂志。

㊱ 南京师范大学中文系徐复教授曾表示,准备编一部《广雅诂林》,将研究《广雅》的材料若干种收在一起,并且编一通检。这是一件功德无量的大好事。希望有关方面能够大力赞助此事。＊徐复教授主编的《广雅诂林》,十余年前已由江苏古籍出版社出版。

㊲ 见《广雅疏证补》。

郭璞《尔雅注》简论

晋朝的郭璞在《尔雅》一书的整理研究上有很大的贡献。他用了十八年工夫写成《尔雅注》,此外,他还写有《尔雅音》和《尔雅图》①。《尔雅音》或叫《尔雅音义》,宋代以后就佚亡了,现在仅能够看到一些佚文②。《尔雅图》也只有几十条图赞还散见于前代旧籍中③。唯独《尔雅注》今天还比较完整地保存下来。分析这部著作,对于了解郭璞如何研究《尔雅》这部古代语言学名著,从中吸取整理语言学古籍的经验,无疑是有意义的。

一

郭璞对《尔雅》一书有比较深的了解。他把《尔雅》看作一部解释古今方俗语言的词典。他在《尔雅注序》中说:"夫《尔雅》者,所以通训诂之指归,叙诗人之兴咏,总绝代之离词,辨同实而殊号者也。诚九流之津涉,六艺之钤键,学览者之潭奥,摛翰者之华苑也。若乃可以博物不惑,多识于鸟兽草木之名者,莫近于《尔雅》。④"这里把《尔雅》的内容、性质、作用都说得很清楚了。他就是在这个认识的基础上来注释《尔雅》的。

《释诂》:"初、哉、首、基、肇、祖、元、胎、俶、落、权舆,始也。"注:"《尚书》:'三月,哉生魄'。《诗》曰'令终有俶'。又曰:'俶载南亩'。又曰：'访予落止'。又曰：'胡不承权舆'。胚胎未成，亦物之始也。其余皆义之常行者耳。此所以释古今之异言，通方俗之殊语。"这一条引用《尚书》注"哉"字，引用《诗经》注"俶"、"落"、"权舆"，又用胚胎解释胎。其他没有作解释的则指出是"义之常行者。"常行之义不注是郭璞《尔雅注》的体例之一（《尔雅注序》："其所易了，阙而不论"）。"此所以释古今之异言，通方俗之殊语"，则是阐明《尔雅》性质的。这也就是序中的"通训诂之指归"了。

解释常用词如此，解释名物词也不例外。例如：

《释宫》："宫谓之室，室谓之宫。"注："此所以通古今之异语，别同实而两名。"这里说明古籍里"宫"和"室"可以通用⑤。"别同实而两名"也就是序中所说的"辨同实而殊号"。

《尔雅》把意义相同的词类聚在一起，用一个通用的词去解释它们。传统的训诂学把这种方式称为同训。收集的故训材料多了，出现了用甲字解释乙丙两字，另一处又出现了用丙字解释乙字的现象。郭璞对此特别留心，多次给以解释。例如：

1.《释诂》："允、亶、展、谌、诚，信也。"又："展、谌、允、慎、亶，诚也。"注："转相训也。"

2.《释诂》："剋、肩、堪，胜也。"又："胜、肩、戡，克也。"注："转相训耳。"

这是一类情况。还有一类情况是用甲字解释乙字，又出现了用丙字解释甲字的现象，郭璞也加以说明。例如：

1.《释诂》："伊，维也。"注："发语辞。"又："伊、维，侯也。"注："互相训。"

2.《释言》："煽，炽也。"又："炽，盛也。"注："互相训。"

这些现象也有不注明的。例如：

1.《释诂》:"即,尼也。"注:"即犹今也。尼者,近也。"又:"尼,定也。"注:"尼者,止也;止亦定也。"

2.《释言》:"潜,深也。"又"潜、深,测也。"注:"测亦水深之别名。"

这些都没有注明"互相训"或"转相训",但是由于书里面已经多次提到这类现象,所以理解起来并不困难。

采用这种方式是为了提供更多的材料。郭璞在下面的注中说明了这点。

《释诂》:"亮、介、尚,右也。"注:"绍介、劝尚,皆相佑助。"又:"左,右,亮也。"注:"反复相训,以尽其义。"

《释鱼》:"蝾螈,蜥蜴;蜥蜴,蝘蜓;蝘蜓,守宫也。"注:"转相解,博异语,别四名。""博异语"、"别四名",即序中所说的:"博物不惑,多识于鸟兽草木之名。"

《尔雅》是按意义类聚的词典。多义词往往根据意义的不同分散在各条。郭璞作注对多义现象也有说明。例如:

《释诂》:"忧、庞,大也。"又:"忧、庞,有也。"注:"二者又为有也。"这说明"忧"、"庞"两个词既有大的意思,又有有的意思。

《释诂》:"舒、业、顺,叙也。"注:"皆谓次叙。"又:"舒、业、顺、叙,绪也。"注:"四者又为端绪。"这就是说"舒"、"业"、"顺"、"叙"四个词有次叙的意思又有端绪的意思。

《释诂》:"妃、匹,合也。"注:"谓对合也。"又:"妃,匹也。"又"妃、合,对也。"注:"皆当对。"又:"妃媲也。"注:"相偶媲。"这四条列在一起,可以看出"妃"是一个多义词。

《释言》:"济,渡也。济,成也。济,益也。"注:"所以广异训,各随事为义。"这里把三条合在一起解释,说明"济"有不同的意义。

当然，郭璞注意到这个情况，但是只限于相邻的条目。如果不相邻近，或者不在一篇，那就没有关照。如"舒"有缓的意思，见于《释言》。"业"有大的意思见于《释诂》，但是不相邻近。《释言》有"业，事也"一条，更照顾不到了。《尔雅》限于时代的局限和体例的制约，不可能把同一词的多种意义都列在一起。郭璞作注，更不可能全面照顾到。

古代训诂文献里有反训现象。如"乱"之训治，"故"之训今。郭璞注《尔雅》也有两条说明。这是现存训诂专著里最早谈到反训的。

《释诂》："治、肆，故也。"又："肆、故，今也。"注："肆既为故，又为今；今亦为故，故亦为今，此义相反而兼通者。"又："徂、在，存也。"注："以徂为存，犹以乱为治，以曩为曏，以故为今。此皆诂训义有反复旁通、美恶不嫌同名。

《尔雅》解释动植物，为了区分类属，用了一个"丑"是专门用语，不是美丑之丑。

《释草》："蘩之丑，秋为蒿。"又："苇丑，芀。"

《释木》："槐、棘丑，乔。"又："桑、柳丑，条"。又："椒、樧丑，莍。"又："桃、李丑，核。"

《释虫》"翥丑，罉"。又："蠡丑，备。"又："强丑，捋。"又："蜂丑，螸。"又："蝇丑；扇。"

《说文》根据《尔雅》，也吸收了这个专门用语⑥。郭璞注《尔雅》，在《释草》的"蘩之丑，秋为蒿"条下指出："丑，类也。春时各有种名，至秋老成，皆通呼为蒿。"对这一个专门用语作了解释。

古代的书，编者没有写出凡例。郭璞注《尔雅》，根据这部书的性质，揭示了它的体例，对于后人阅读和使用这部著作极有帮助。

二

郭璞的时代距离《尔雅》成书已经有好几百年。其间语言发生了变化,有的已经不能通晓了。因此,作注的任务之一就是要把那些难懂的词,特别是每一条的共同意义弄明白。《尔雅》类聚意义相同的词为一条,它的解释实际就是这一条词的共同意义。讲清楚每一条解释的词的意义是读懂《尔雅》的关键。郭璞对于解释的词的意义的探索做了很多努力。经他一说明,这些条目的意思变得明白易懂了。例如,《释诂》:"赉、贡、锡、畀、予、贶,赐也。"注:"皆赐予也。""赐"有多种意义。郭璞加了注,说明这个赐不是别的意思,而是赐予之赐。

又:"崇,充也。"注:"亦为充盛。"这条的"充"是充盛的意思。因为它紧接上面的"乔、嵩、崇,高也"条。那一条"崇"是高的意思,这一条"崇"的意思是充盛,所以用"亦",指明它又有充盛的意思。下面再举几例:

《释诂》:监、瞻、临、涖、频、相,视也。"注:"皆谓察视。"又:"阻、艰,难也。"注:"皆险难。"

《释言》:"佻,偷也。"注:"谓苟且"。又:"御、圉,禁也。"注:"禁制。"又:"漠、察,清也。"注:"皆清明。"

《释训》:"晏晏、温温,柔也"。注:"皆和柔。"又:"畇畇,田也。"注:"言垦辟也。"如果没有郭璞的解释,要理解这些词条的意义多少会有一些困难。从这里也可以看出,汉语的发展到了郭璞时代,多义的单音词已经不足以完成交际的作用,需要用一个复音词才能够使要表达的意思更为明确。郭璞作注正适应了这个需要。

郭璞在注中还留心词和意义的变化。一方面指出词在古今用法上的差异,另一方面也用当代的词语去印证。例如。

《释诂》:"崩、薨、无禄、卒、徂落、殪,死也。"注:"古者死亡尊卑同称耳,故《尚书》尧曰殂落,舜曰陟方乃死。"这里说明对死的表示,古代尊卑高下没有严格的区别。举《尚书》为证。而把死叫作"崩"、"薨"、"无禄"等等是后代才出现的。

《释亲》:"父为考,母为妣。"注:"《礼记》曰:生曰父母妻,死曰考妣嫔。今世学者从之。按:《尚书》曰:'大伤厥考心'。'厥考厥长'。'聪听祖考之彝训。''如丧考妣'。《公羊传》曰:'惠公者何?隐之考也。仲子者何?桓之母也。'《苍颉篇》曰'考妣延年'。《书》曰'嫔于虞'。《诗》曰'聿嫔于京'。《周礼》有九嫔之官。明此非生死之异称矣。其义犹今谓兄为晜,妹为娚。即是此例。"这里论证了古代考妣不专指死者,引用了大量例证,并且用当时称兄为晜,称妹为娚来作比况。

"无恙"一词传统的解释是:"上古之时,草居露宿。恙,噬人虫也。善食人心。人每患苦之,凡相问曰无恙乎"⑦。郭璞对此有新的说法。他在《释诂》"恙,忧也"条下注释说:"今人云无恙,谓无忧也"。唐代颜师古把"无恙"解释为无忧,实际上是用了郭璞的说法⑧。又如:

《释言》:"间,俔也"。注"《左传》谓之谍,今之细作也"。
器物和草木鸟兽虫鱼的名称,郭璞更常用当代的词去解释。例如:

《释草》:"戎叔谓之荏菽"。注:"即胡豆也"。又:"艾,冰台"。注:"今艾蒿"。

《释木》:"楔,荆桃。"注:"今樱桃。"又:"榇,梧。"注:"今梧桐。"

《释畜》:"青骊,駽。"注:"今之铁骢。"又:"青骊繁鬣,骣。"注:

"《礼记》曰:'周人黄马繁鬣。'繁鬣,两被毛。或云美髦鬣"。又:"黄白杂毛,駓。"注:"今之桃华马。"又:"阴白杂毛,骃。"注:"阴,浅黑。今之泥骢。"又:"彤白杂毛,騢。"注:"即今之赭白马。彤,赤。"这些解释当时读起来自然一目了然,今天的人见到它,也没有多少生疏的感觉。

至于得名的由来,郭璞也很注意。书里面也有一些这方面的材料。例如:

《释亲》:"父之考为王父,父之妣为王母。"注:"加王者,尊之。"又:"王父之考为曾祖王父,王父之妣为曾祖王母。"注:"曾犹重也。"又:"曾祖王父之考为高祖王父,曾祖王父之妣为高祖王母。"注:"高者,言在最上。"又:"母之考为外王父,母之妣为外王母。母之王考为外曾王父,母之王妣为外曾王母。"注:"异姓故言外。"

《释宫》:"堂上谓之行,堂下谓之步,门外谓之趋,中庭谓之走,大路谓之奔。"注:"此皆人行步趋走之处,因以名云。"

《释山》:"大山,宫。"注:"宫谓围绕之。《礼记》曰'君为庐宫之。'是也。"又:"山西曰夕阳。"注:"暮乃见日。"又:"山东曰朝阳。"注:"旦即见日。"这些解释对于名称来源的研究有一定的启示。当然,距离科学的词源学还有某些差距。

郭璞还把一些音义相近的词联系起来考察,用语转说明它们的关系。这种打破文字桎梏的研究方法无疑是先进的,值得肯定。例如:

《释诂》:"卬,我也。"注:"卬犹姎也,语之转耳。"

《释亲》:"夫之兄为兄公。"注:"今俗呼兄钟,语之转耳。"

《释器》:"不律谓之笔。"注:"蜀人呼笔为不律也,语之变转。"

《释艸》:"红,茏古,其大者苃。"注:"俗呼红草为茏鼓,语转耳。"

对于名物词,郭璞常用描写的方式作注。例如:

《释器》:"椮谓之涔。"注:"今之作椮者,聚积柴木于水中,鱼得寒入其里藏隐,因以簿围取之。"又:"縿谓之罿。罿,罬也。罬谓之罦。罦,覆车也。"注:"今之翻车也。有两辕,中施罥以捕鸟。"这里细致地描述了当时捕鱼、捕鸟的工具。再举两例:

《释鱼》:"鱀是䱜。"注:"鱀,鱁属也。体似鲟,尾如鞠鱼,大腹,喙小而长,齿罗生,上下相衔,鼻在额上,能作声,少肉多膏,胎生,健啖细鱼,大者长丈余,江中多有之"。这是对长江中白鱀豚一类动物的描写。读了这段文字,使人相信早在一千多年前我国学者就已经发现了这种动物,并且对他的生态作了详细的记录。

《释兽》:"貘,白豹。"注:"似熊,小头,庳脚,黑白驳,能舐食铜铁及竹。骨节强直,中实少髓,皮辟湿。或曰豹白色者别名貘。"前一段描写的正是今天的大熊猫。类似的描写在书中还不少。

研究古代的辞书,利用古代的辞书,弄清释文的意义非常重要。郭璞的《尔雅注》在这方面是做得很成功的。

三

郭璞在《尔雅注序》里面还谈到他注《尔雅》的方式和方法。他说:"是以复缀集异闻,会粹旧说。考方国之语,采谣俗之志。错综樊孙,博关群言。剟其瑕砾,搴其萧稂。事有隐滞,援据征之。其所易了,阙而不论。"可见他把作注的重点放在难懂的故训上。

从汉朝以来,群经在国民教育中的地位越来越重要。《尔雅》编纂,广泛采录群经故训。《汉书·艺文志》把它附在六艺略的孝经类下面,不是没有道理的。郭璞给《尔雅》作注,大量采用群经的材料,特别是《诗经》、《尚书》用得较多,而且《诗》、《书》往往连言。例如:

《释诂》:"林、烝、天、帝、皇、王、后、辟、公、侯,君也。"注:"《诗》曰:'有壬有林。'又曰:'文王烝哉。'其余义皆通见《诗》、《书》。"又:"粤、于、爰,曰也。"注:"《书》:'土爰稼穑。'《诗》曰:'对越在天。''王于出征。'"

《释言》:"格、怀,来也。"注:"《书》曰:'格尔众庶。'怀见《诗》。"又:"穀、履,禄也。"注:"《书》曰:'既富方穀。'《诗》曰:'福履将之。'"

《释亲》:"女子谓姊妹之夫为私。"注:"《诗》曰:'谭公维私。'"

《释宫》:"墙谓之墉。"注:"《书》曰:'既勒垣墉。'"

《释器》:"辔首谓之革。"注:"辔,靶勒。见《诗》。"

《释草》:"白华,野菅。"注:"菅,茅属。《诗》曰:'白华菅兮。'"

《周易》、三《礼》、《春秋》三传、《论语》,郭璞也常引用。有的时候还加上自己的解说。例如:

《释诂》:"畴、孰,谁也。"注:"《易》曰:'畴离祉。'"又:"登、平,成也。"《礼记》曰:"年谷不登。"(《穀梁传》曰:"平者,成也。事有分明,亦成济也。")

《释言》:"速,征也;征,召也。"注:"《易》曰:'不速之客。'"又:"猷,图也。"注:"《周官》:'以猷鬼神祇'。谓图画。"

《释宫》:"衖门谓之闳。"注:"《左传》曰:'盟诸僖闳闳衖头门。'"

《释器》:"鱼谓之鲯。"注:"鲯,鲊属也。见《公食大夫礼》。"又:"蓐谓之兹。"注:"《公羊传》曰:'属负兹。'兹者,蓐席也。"

《释草》:"筱竹。"注:"竹别名。《仪礼》曰:'筱在建鼓之间。'谓箫管之属。"

除了群经外,郭璞称引的古籍还有:《尚书大传》、《归藏》、《谥法》、《外传》、《苍颉篇》、《广雅》、《埤苍》、《国语》、《周书》、《史记》、《汉书》、《山海经》、《庄子》、《管子》、《晏子春秋》、《孟子》、《尸子》、《韩非子》、《吕氏春秋》、《淮南子》、《本草》、《相马经》、《家语》、《离骚》等等。

特别值得注意的是,当时出土文物的资料郭璞也加以引用。例如:

《释兽》:"狻麑如虦猫,食虎豹。"注:"即师子也,出西域。汉顺帝时疏勒王来献犎牛及师子。《穆天子传》曰:'狻猊日行五百里。'"

《释畜》:"小领,盗骊。"注:"《穆天子传》曰:'天子之骏盗骊,绿耳。'又曰:'右服盗骊。'盗骊,千里马领颈。"

《穆天子传》是晋太康二年出土的,距离郭璞的时代很近,郭璞就敢于引用,较远一些守旧派来说,他是比较开明的。当时出土的其他古籍,郭璞也有引用。例如:

《释亲》:"来孙之子为昆孙。"注:"昆,后也。汲冢竹书曰:'不窋之昆孙。'"

有些条目,郭璞没有引用文献材料,而是用历史掌故来作解释。也既用文献材料又证以历史掌故的,这就大大丰富了注释的内容。例如:

《释草》:"秠,一稃二米。"注:"此亦黑黍,但中米异耳。汉和帝时任城生黑黍,或三四实,实二米。得黍三斛八斗,是。"这条承上"秬,黑黍"一条,所以说"此亦"。下面用汉和帝时的历史掌故作证。

《释鸟》:"爰居,杂县。"注:"《国语》曰:'海鸟爰居。'汉元帝时琅邪有大鸟如马驹。时人谓之爰居。"这条先用《国语》,后用汉元帝时的掌故为证。又如:

《释兽》:"甝,白虎。"注:"汉宣帝时南郡获白虎,献其皮骨爪牙。"又:"貀无前足。"注:"晋太康七年,召陵扶夷县槛得一兽,似狗豹文,有角两脚,即此种类也。或说貀似虎而黑,前无两足。"这是海狗一类动物。

清朝学者段玉裁曾指出:"凡物必得诸目验而折衷古籍;乃为可信。"⑨这是训诂学上一条重要原则,郭璞《尔雅注》里有不少释文是符合这一原则的。下面试再举几例:

《释草》:"菤耳,苓耳"。注:"《广雅》云:枲耳也。亦云胡枲。江东呼为常枲或曰苓耳。形似鼠耳。丛生如盘。"

《释木》:"遵,羊枣。"注:"实小而员,紫黑色。今俗呼之为羊矢枣。《孟子》曰:'曾晳嗜羊枣。'"

《释虫》:"蛓,乌蠋"。注:"大虫如指,似蚕。见《韩子》。"

《释鸟》:"䲭鸠,王鴡"。注:"雕类。今江东呼之为鹗。好在江渚山边食鱼。《毛诗传》曰'鸟挚而有别。'"

曾经有人形象地作了一个比喻:字典没有例句等于一具骷髅。这应该是就现代辞书说的。对于公元前就已经成书的《尔雅》,我们就不必这样苛求。但是它缺乏书证,使用起来总不方便。郭璞为它作注,引用了不少例证,在一定程度上弥补了这个局限。

四

《华阳国志》评扬雄的著述说:"典莫正于《尔雅》,故作《方言》"⑩。扬雄的《方言》是《尔雅》的继承和发展。他在书中说:"初别国不相往来之言也,今或同。而旧书雅记故俗语不失其方,后人不知,故为之作释也。"⑪从这一段话可以看出,扬雄不仅注意到语言的地域差异,而且没有忽略语言的历史联系。郭璞对扬雄这个思想深有体会。他常常用扬雄《方言》的材料来注《尔雅》。例如:

《释诂》:"迄、臻、极、到、赴、来、吊、艐、格、戾、怀、摧、詹,至也"。注:"齐楚之会郊曰怀,宋曰届。《诗》曰:'先祖于摧。'又曰:'六日不詹'。'詹'、'摧'皆楚语,《方言》云。"按:《方言》卷一:"假、徦、怀、摧、詹、艐,至也。邠唐冀兖之间曰假,或曰徦。齐楚之会郊或曰怀、摧、詹、戾,楚语也。"对比之下,郭璞用《方言》作注是明显的。下面这些都是明确引用《方言》作注。例如:

《释诂》:"如、适、之、嫁、徂、逝,往也。"注:"《方言》云'自家而出谓之嫁,犹女出为嫁'。"又:"允、孚、亶、展、谌、诚、亮、询,信也。"注:"《方言》曰:'荆吴淮汭之间曰展,燕岱东齐曰谌,宋卫曰询。'亦皆见《诗》。"

《释草》:"茦,刺"。注:"草刺针也。关西谓之刺。燕北朝鲜之间曰茦。见《方言》。"

有些注文实际上是《方言》的文字,但是没有标出《方言》这个书名。例如:

《释诂》:"永、羕、引、延、融、骏,长也。"注:"宋卫荆吴之间曰融。粜,所未详。"按:见《方言》卷一。又:"烈、枿,馀也。"注"晋卫之间曰蘖,陈郑之间曰烈。"按:《方言》卷一与此引互异。戴震《方言疏证》指出"盖郭注偶误耳"。

《释言》:"斯、㕁,离也。"注:"齐陈曰斯。"按:见《方言》卷七。又:"迨,及也。"注:"东齐曰迨。"按:见《方言》卷三。

凡是注里标为先秦及汉代初年地名的方言材料。如:东齐、北燕、陈、楚之类,大多数都是引证《方言》的。

郭璞还用晋代的方言来注《尔雅》,说明语言的演变。当时长江下游南岸一带称为江东,郭璞在这里居留了很长时期,所以《尔雅注》里面利用这一带的方言材料特别多。例如:

《释诂》:"迁、运、徙也。"注:"今江东通言迁徙。"

《释言》:"恀、怙、恃也。"注:"今江东呼母为恀,音是。""音是"是郭璞为注中引江东方言注的音,意思是江东人呼母音如是[12]。又:

《释器》:"白盖谓之苫"。注:"白茅苫也,今江东呼为盖"。

《释天》:"暴雨谓之涷"。注:"今江东呼夏月暴雨为涷雨。"

《释地》:"东方有比目鱼焉,不比不行,其名谓之鲽。"注:"状似牛脾,紫黑色。一眼两片,相合乃得行。今水中所在有之。江东又呼为王馀鱼。"

除此之外,郭璞还用了当时其他一些方言。例如:

《释诂》:"阳,予也。"注曰:"《鲁诗》曰:'阳如之何。'今巴濮之人自呼阿阳。"又:"嗟、咨,蹉也。"注:"今河北人云蹉叹,音兔置。"

《释言》:"剂、剪,齐也。"注:"南方人呼剪刀为剂刀。"

《释天》:"济谓之霁。"注:"今南阳人呼雨止为霁。音莽。"

又:"何鼓谓之牵牛。"注:"今荆楚人呼牵牛星为担鼓。担者,荷也。"

从当代活的语言出发去解释前代的语言,揭示古今语言的流变,这是我国学者整理古代语言学文献的优良传统,值得进一步发扬。

五

郭璞在《尔雅注序》里曾经指出,《尔雅》这部书"虽注者十余,然犹未详备。并多纷谬,有所漏略"。可见他之所以要给《尔雅》作注是因为不满意他以前学者的注释。郭璞提到"注者十余",从现在郭注明确提到的注家有樊光、孙炎、谢氏。见于《隋书·经籍志》和陆德明《经典释文叙录》的还有犍为舍人、李巡、刘歆。已经不足十家。可见郭璞以前许多注家的书并没有传下来。

从郭璞谈到他注《尔雅》的方法有"错综樊孙",证明他对前人的成果是有所继承的。如果把郭璞注和前代学者注《尔雅》的文字进行比较[13],这种关系是很明显的。例如:

《释宫》:"宫谓之室,室谓之宫。"注:"皆所以通古今之异语,明同实而两名。"按:《尚书·泰誓》正义引李巡注:"所以古今通语,明实同而两名。"这就是郭注所本。

从孙炎《尔雅音义》多引《方言》作注的情况看[14],郭璞用《方言》的材料来注《尔雅》也是有依据的。

郭璞用旧说,有称引人名的,也有只称旧说的,且看下面这些例子:

《释畜》:"回毛在膺,宜乘。"注:"樊光云:俗呼之宫府马。"

《释草》:"苃,虱𧌒。"注:"今荆葵也。似葵,紫色。谢氏云:'小草多华少叶,叶又翘起。'"

《释虫》:"伊威,委黍。"注:"旧说鼠妇别名。然所未详。"

但是大多数的情况,郭璞袭用旧说多不标出姓名。下面这些注释都是袭用孙炎的说法。例如:

《释诂》:"即,尼也。"注:即犹今也。尼者,定也。"按:《尚书·高宗肜日》正义引"即犹今也"为孙炎说。又:"昵,近也。"注:"昵,亲近也。"按:《尚书·泰誓》正义引孙炎曰:"昵,亲之近也。"

《释亲》:"妻之姊妹同出为姨。"注:"同出谓俱已嫁。"按:《诗经·卫风·硕人》正义引孙炎曰:"同出,俱已嫁也。"

《释宫》:"宫中门谓之闱。"注:"谓相通小门也。"按:《左传·哀公十四年》正义引孙炎曰:"宫中相通小门也。"

《释器》:"衣皆谓之襟。"注:"交领。"按:《颜氏家训·书证篇》引孙炎曰:"襟,交领。"

对于前人说法错误,郭璞也有一些辩驳的话。例如:

《释诂》:"覭髳、茀离也。"注:"谓草木之丛茸翳荟也。茀离即弥离,弥离犹蒙茏耳。孙叔然字别为义,失矣。"这一条讲联绵字就很精到,他批评孙炎从汉字出发把这些复音词拆开来讲。他能从语言出发,跳开文字的束缚,指出"茀离"、"弥离"、"蒙茏"的联系,的确是难能可贵的。清朝学者王念孙曾经指出:"大氐双声叠韵之字,其义即存乎声。求诸其声则得,求诸其文则惑矣。"⑮其实郭璞早就有这个思想了。又如:

《释虫》:"莫貈,当䗋,蜍。"注:"螗蜋,有斧虫。江东呼名石蜋。孙叔然以《方言》说此义,亦不了。"又:"蠰,蛄蝑。"注:"螽属也。今青州人呼螽为蛄蝑。孙叔然云八角螯虫。失之。"

下面这一条虽然没有提到注家姓名,但是根据前代文献征引的材料,也指的是孙炎。

《释诂》:"虺颓、玄黄,病也。"注:"虺颓、玄黄皆人病之通名,而说者便为之马病。失其义也。"按:《诗经·周南·卷耳》正义引孙炎曰:"虺颓,马疲不能升高之病,玄黄,马更黄色之病。"可见这个说者指的就是孙炎。

在文字校勘方面,郭璞也有所留意。书里面也可以看到校勘方面的材料。

《释木》:"味,荎著。"注:"《释虫》已有此名。疑误重出。"

《释鸟》:"密肌,系英。"释:"《释虫》已有此名,疑误重。"又:"鹰,鶆鸠。"注:"鶆当为鶆,字之误耳。《左传》作鶆鸠,是也。"

还应该看到,对于无法解释的词,郭璞往往注明"未详"。例如:

《释诂》:"省、𬘓、𣪠,善也。"注:"省、𬘓、𣪠,未详其义。"又:"良,首也。"注:"良,未闻。"

《释言》:"邕、支,载也。"注:"皆方俗语,亦未详。"

《释宫》:"西北隅谓之屋漏。"注:"《诗》曰:'尚不愧于屋漏。'其义未详。"

《释草》:"菆,小叶。"注:"未闻。"

《释虫》:"密肌,继英。"注:"未详。"

全书注明"未详"、"未闻"的词总共一百四十二处[⑯]。这种知之为知之,不知为不知的实事求是精神,值得发扬。

郭璞继承前代学者的成果并加以发展,形成自己的体系。正因为他善于吸收前人的长处而又有所创新,所以《尔雅注》一出,以前一些《尔雅》注本都逐渐失去了地位,以致佚亡了。

* * *

郭璞的《尔雅注》流传到今天已经一千多年。这部书虽然在宋代就有刻本出现,但是经过几百年的传抄,也出现一些讹错。而宋刻本与敦煌发现的古抄本郭注《尔雅》也有一些距离[12]。如果能够下一番工夫,校理出一个更好的本子,对于今后的古籍整理工作将会有很大的好处。

[附 注]

① 郭璞《尔雅注序》:"别为音图,用祛未寤"。
② 参看周祖谟《郭璞尔雅注与尔雅音义》。《问学集》下册,第 683—686 页。中华书局 1965 年。
③ 清人严可均从类书中辑得四十八条,见《全晋文》卷一百二十一,第 5—11 页。广雅书局刻本。
④ 本文引用《尔雅》及郭注均依四部丛刊初编影印铁琴铜剑楼藏宋刻本。对无助于说明问题的文字略有删节。郭璞注只简称"注"。
⑤ "宫"和"室"在古代是有区别的。试比较:《礼记·儒行》:"儒有一亩之宫,环堵之室"。
⑥ 如《虫部》:"蝒,蝇丑蝒,摇翼也"等,均据《尔雅·释虫》。
⑦⑧ 颜师古《匡谬正俗》卷八引《风俗通》。雅雨堂本。
⑨《说文段注·木部》"樽"篆下。
⑩《华阳国志》卷十上"先贤士女总赞"。涵芬楼影印刘氏嘉业堂藏明钱淑宝抄本。
⑪《方言》卷一。四部丛刊初编影印宋本。
⑫ 参看王国维《书尔雅郭注后》。《观堂集林》卷五。
⑬ 清人辑唐宋诸书中《尔雅》归注成书的有:余萧客《尔雅古经解钩沉》;严可均《尔雅一切注音》,木犀轩丛书臧镛堂《尔雅汉注》,问经堂本;黄奭《尔雅古注》,汉学堂丛书本。
⑭ 臧镛堂《尔雅汉注》:"孙叔然注《尔雅》多引《方言》。"

⑮ 王念孙《广雅疏证》六上第 64 页。淮南局刻本。
⑯ 参看翟灏《尔雅补郭》。咫进斋丛书本。
⑰ 这几卷子现藏法国巴黎国家图书馆。编号为:伯二六六一、伯三七五三、伯五五二二。周祖谟先生有《尔雅郭注古找本跋》,介绍了这些残卷的情况。文载《问学集》下册。

(载《语文研究》第 1 期　1985 年)

读《经典释文》札记

陆德明名元朗,苏州吴人,史书有传。他受业于陈大儒周弘正,后来又受业于周弘正的门人张机。他一直活到唐朝贞观年间。《经典释文》是他的代表作。

这部著作在语言学史上有重要的地位。年来研读此书,有一些粗浅的认识,写成这份札记。

一、《经典释文》不是辞书

《经典释文》前代著录多作为音义之书,不与辞书参协。近世著作有将此书列为辞书的,或者称此书为按经注原文排列的古代读经词典。

这个提法似可商榷。

辞书是一种工具书。它把语言的词按照一定的方式排列,供读者查阅翻检。辞书要讲求语言文字的经济,即在特定的不大的范围内,为读者提供尽可能多的知识信息,不论按照什么方式排列,它都要避免重复。

《说文》是按部首编排的字典,它一个字头只能够出现一次,不能够多次出现,如果出现了,就是重收字。它是编纂字典需要严格避免的。

《广韵》是按韵编排的字典,它是我国古代的音序字典。一个字的一个读音只能出现一次,多音字则根据它有多少音读来确定它出现的次数。如"赍"字,它有四个音就出现了四次。

　　符分切　三足龟。(文韵)

　　博昆切　勇也。(魂韵)

　　符非切　姓也。出《姓苑》。(微韵)

　　彼义切　卦名。赍饰也。亦姓。(寘韵)

《尔雅》是按意义编排的辞书。它以意义为纲。一个字或词有一个意义就出现一次,有两个意义就出现两次。如"毕"字书中收列了五个意义就出现了五次。它们是:

　　《释诂》:"毕,尽也。"

　　《释器》:"简谓之毕。"

　　《释天》:"月在甲曰毕。"

　　　　又:"浊谓之毕。"

　　《释丘》:"毕,堂墙。"

这可以说是辞书的一个重要特征。不具备这个特征就不成其为辞书。而《经典释文》是按照经注原文排列,同一个字头和注音释义可能重复出现多次。如"上"、"下"、"行"、"相"这些字在书里出现了几十次甚至上百次,违背了辞书的这个重要特征。

音义之书是古代训诂著作的一个重要类别,它包括注音和释义两个部分。它属于古书注释之列。这类著作一般只摘取需要注音释义的字,不一定抄录书的全文。古书注释的体制正是这样。如汲古阁本的《史记索隐》就只录注释的字,不录史记全文。敦煌发现的一些音义残卷也是如此。谁也没有把这类著作看作辞书。

辞书和古注是训诂著作中两个有联系而又有区别的部分,不应该把它们等同起来。如果把《经典释文》认为是辞书,势必混同这两类著作的界限,容易造成混乱。

因此,我们不主张把《经典释文》看成是辞书①。

二、前代"经典"音训的总结

《经典释文》包括《周易》、《尚书》、《毛诗》、《周礼》、《仪礼》、《礼记》、《左传》、《公羊传》、《谷梁传》、《孝经》、《论语》、《老子》、《庄子》和《尔雅》等十四部书。既解经文,也释所依据的注文。

这十四部书主要是儒家的典籍,但是也有《老子》、《庄子》这样的道家著作。把儒家和道家的书都称为经典,大概是因袭梁朝沈文阿的《经典玄儒大义》,同时也受了他老师的影响。②

在《经典释文叙录》里面,陆德明谈到他写这部书的动机说:

> 粤以癸卯之岁,承乏上庠。循省旧音,苦其太简。况微言久绝,大义愈乖,攻乎异端,竞生穿凿。不在其位,不谋其政,既职司其忧,宁可视成而已。遂因暇景,救其不逮,研精六籍,采摭九流,搜访异同,校之《仓》、《雅》,辄撰集五典、《孝经》、《论语》及老、庄、《尔雅》等音,合为三秩三十卷,号曰《经典释文》。③

全书收录前代经师音训一百余家。它和唐代正义之类定于一尊的著作不同。它根据"多闻阙疑"的读书方法,对前代旧说广为收罗。在叙录里面陆德明还说:

> 余既撰音,须定纰谬。若两本俱用,二理兼通,今并出之,以明同异。其泾渭相乱,朱紫可分,亦悉书之,随加刊正。复有它经别本,词反义乖,而又存之者,示博异闻耳。

这里很清楚地说明了他收录众多音训材料的原因。但是,面对众多的说法,陆德明也不是轻重不分,悉数甄录,他还是有所侧重,下过一番去取工夫的。叙录里还说:

> 若典籍常用,会理合时,即便遵承,标之于首。其音堪互用,义可并行,或字有多音,众家别读,苟有所取,靡不毕书,各题氏姓,以相甄识。义乖于经,亦不悉记。其或音一音者,盖出于浅近,示传闻见,览者察其衷焉。

这段话说明书里面每个条目下不同材料的安排。具体地说有以下几点:

第一、列在每条材料开始的,是规范的读音和释义。它们是按照"典籍常用"和"会理合时"的原则选定的。

第二、一个字在前代有不同的注音和释义,它们有参考价值,所谓"音堪互用,义可并行"的,也尽量依次收录。

第三、有些与经典原义相违背的音义,则不全部收录。

第四、书中提到"一音",是曾经有人使用过,但是不为典要,收录了一些,也仅是保留异说,供人参考。

下面从《经典释文》的《毛诗》部分举几个例子。

《周南·关雎》:"参差荇菜,左右流之。"释文:"荇,衡猛反。本又作莕,接余也。沈有并反。"这里以衡猛反为正音,所以列作首音。同时收列了一个异文"莕"。沈重音应是堪互用的音。

又《汉广》:"南有乔木,不可休息。"释文:"乔本亦作桥。渠骄反。徐又纪桥反。木枝上竦也。"乔木的"乔",声母是浊声母。徐邈音纪桥反。声母是清声母,意义也有了变化。

又《汝坟》:"遵彼汝坟,伐其条肄"。释文:"肄,以自反,余也,斩而复生者。沈云:徐音以世反,非。"这条除了首音以自反外,还引用了沈重的说法,认为徐邈音以世反是错的。

又:"鲂鱼赪尾,王室如燬。"释文:"燬,音毁。齐人谓火曰燬。郭璞又音货。《字书》作焜,音毁。《说文》同。人音火尾反。或云楚人名火曰煤④,齐人曰毁,吴人曰焜,此方俗讹语也。"燬的首音是毁。《字书》虽然作"焜",但是读音相同。一音火尾反就读成另一个音了。

《召南·采蘋》:"于以湘之,维锜及釜。"释文:"锜,其绮反,三足釜也。《玉篇》·宜绮反。""其"在群母,"宜"在疑母,声母不同。

又《行露》:"厌浥行露,岂不夙夜。"释文:"厌,於叶反。徐于十反,又于力反。沈又于占反。"毛传:"厌浥,湿意也。"作为连语,"厌"应当音于叶反,所以把它列为首音。徐邈的两个切语是从"浥"字读音。沈重又音於占反,就是从"厌"字的本读了。

《邶风·简兮》。释文:"简,居限反。字从竹。或作苹,是草名。非也。"这条在于论证文字异同。

清人全祖望在《唐孔陆两经师优劣论》一文中曾经把陆德明的《经典释文》和孔颖达的《五经正义》加以比较。他说:

> 至《正义》之书,依违旧注,不能有所发明。汉晋经师异同之说,芟弃十九,令后世无所参考。愚尝谓《正义》出而经学之隘自此始。……德明《释文》力存古儒笺故,未可忽也。⑤

这种对比作出的论断虽然有些过头,但是陆德明的书保存了不少音训材料,整理它们无疑将会对汉语史、汉语言学史的研究带来很大的好处。

三、读书的正音规范

《经典释文》很重要的一个作用就在于确定读书的正音规范。陆德明秉承师训,在经典的正音方面下了很大的工夫。他在书的叙录中说:

> 然古人音书,止为譬况之说。孙炎始为反语。魏晋以降,蔓衍实繁。世变人移,音讹字替。如徐仙民反易为神石,郭景绳反馀为羽盐,刘昌宗用承音乘,许叔重读皿为猛。若斯之俦,今亦存之音内。既不敢遗旧,且欲俟之来哲。

这说明时间的推移,语音的变化,前代一些音读,世人已经感到不好理解,需要进行规范。对于前代这些读音,陆德明也把它保留在书中,供将来的人研习。

下面就陆德明所列举的这几条材料作一点考查。

徐仙民就是徐邈,仙民是他的字。他把"易"音为神食反,陆德明说:"存诸音内。"但是遍查全书,没有找到这个切语。只在《左传》里发现两条。它们音神豉反。叙录里的"食"字疑有误。

> 襄公四年:"货贵易土。"释文:"易,以豉反,轻也。徐神豉反。"

> 又十三年:"必易我而不戒。"释文:"易,以豉反,徐神豉反。"

如果照这两条来看,这里当指以母和船母的区别。以豉反作为"易"的首音,在《经典释文》里面超过了一百次。

郭景纯的音切应该指《尔雅·释诂》"馀,进也"的释文里面所引的郭璞音。释文的原文是:"馀,沈大甘反。徐仙民诗音盐。馀占反。郭持盐反。"清人江沅根据叙录,把"持"改为"羽"。馋字在《经典释文》里一共出现两次。另一次是《毛诗·小雅·巧言》的"盗言孔甘,乱是用馋。"释文:"馋,沈旋音谈,徐音盐。"前一条大甘反就是这一条"谈"字的音。陆德明以沈旋音为正音。

刘昌宗用承音乘,见于《周礼·夏官·隶仆》"王行乘石。"释文:"乘,如字。刘音常烝反。"常烝反就是"承"字的音。"承"在禅母,"乘"在船母。声母不同。按:"乘"字在《经典释文》里面出现超过百次,首音都是绳证反,在船母。刘昌宗读为禅母只此一处。陆德明还引有刘昌宗给"乘"字的注音也在船母。例如:

《周礼·夏官·齐右》:"王行则乘马。"释文:"乘,刘绳证反,沈音绳。"

《仪礼·士昏礼》:"妇乘以几。"释文:"乘,如字。刘音绳证反。"

许叔重读皿为猛见《说文·皿部》。陆德明引用此文在《左传·昭公元年》"于文皿虫为蛊"下,原文是:"皿,命景反。《说文》读若猛,《字林》音猛。"其余给"皿"字注音的地方都没有引《说文》。

颜之推在中古文学语言音系的确立上起过重要的作用。他参加了隋文帝开皇初年在陆法言家讨论音韵的活动,并且"多所决定"。《颜氏家训·音辞篇》列举了较多的应考校的音读,可以拿来和《经典释文》作比较。《音辞篇》说:

> 古今言语,时俗不同,著述之人,楚夏各异。《苍颉训诂》,反稗为逋卖,反娃为於乖;《战国策》音刎为免;《穆天子传》音谏为间;《说文》音戛为棘,读皿为猛;《字林》音看为口甘反,音伸为辛;《韵集》以成仍宏登合成两韵,为奇益石分作四章;李登《声类》以系音羿;刘昌宗《周礼音》读乘若承。此例甚广,必

199

须考校。

这里引用的材料,除《韵集》一条讨论韵类分合不当外,尚有单字十条,其中《说文》和刘昌宗《周官音》两条上文已经涉及。"娃"、"谏"、"看"三字在《经典释文》里面没有音切资料可以进行比较,其余五条都可以和《经典释文》作比较。

稗 《苍颉训诂》音逋卖反,在帮母。《经典释文》这个字都读並母。如:

《左传·定公十年》:"若其不具,用秕稗也。"释文:"稗,皮卖反。"

《尔雅·释草》:"藦,芙"郭璞注:"藦,似稗。"释文:"藦,蒲卖反。"没有收逋卖反这一读音。

刎 《经典释文》里面这个字或音勿粉反或音亡粉反。"如:

《公羊·文公十六年》"大夫相杀称人,贱者穷诸盗"何休注:"杀人者刎脰。"释文:"刎,勿粉反。"

《穀梁·僖公十年》:"刎脰而死。"释文:"刎,亡粉反。"没有收录音免的读法。

戛 《经典释文》里面这个字也只收黠韵的读音。如:

《尚书·益稷》:"戛击鸣球。"释文:"戛,居八反,徐古八反。"

又《康诰》:"不率大戛。"释文:"戛,简八反。"
书中也没有收音棘的读法。

伸 《经典释文》这个字收录多次。或者音身,或者音申。如:

《毛诗·豳风·东山序》:"周公于是志伸美而详之。"释文："伸，音身。"

《仪礼·士相见礼》："君子欠伸。"释文："伸，音申。"

没有收音辛的读法。

羿 《广韵》五计反，和诣同音。声母是疑母。李登《声类》用系给它注音，系在匣母。《经典释文》这个字读在疑母。如：

《论语·宪问》："羿善射。"释文："羿，音诣。"

《尔雅·释鸟》："鹳鷒，鶝鶔。"郭璞注："一名䴂羿。"释文："羿，五计反。"有的时候，《经典释文》对这个字也收有音系的读法。在这种情况下，首音总是读疑母，音系则列在首音之后作为又读了。如：

《尚书·五子之歌》："有穷后羿，因民弗忍，"释文："羿，五计反。徐胡细反。"

《庄子·德充符》："游于羿之彀中。"释文："羿，音诣，徐胡细反。"

又《德充符》："羿工乎中微而拙乎使人无已誉。"释文："羿，五计反。徐又户计反。"

吴承仕在《经籍旧音序录》里说："陆法言撰集《切韵》，所用切语上下二字，大抵沿袭旧文，不自创作。"⑥从上面的比较可以看出，陆德明对这些字采用的音切和颜之推认定的正音有很大的一致性。如果把《经典释文》里面的首音和《广韵》的切语作比较，可以发现其间的因仍关系。这种现象不是偶然的，它从一个侧面反映了这样的事实。那就是：虽然魏晋南北朝的纷争战乱，社会分隔，读音出现了差异。但是，经过学者们的研习探索，到了这个时期，对于正音的概念和正音规范还是有比较多的共同认识。

四、方言和正音

南北朝时期,由于社会政治的原因,南方和北方形成了不同的政治实体,加剧了方言的分歧。读书人正音,首先要考虑去掉那些方言色彩很浓的音读。陆德明很留意这点。他说:

> 方言差别,固自不同,河北江南,最为钜异。或失在浮清,或滞于沈浊。今之去取,冀祛兹蔽。

他谈到南北方言的分歧和《颜氏家训·音辞篇》、陆法言《切韵序》的叙述比较接近。陆德明所说的河北、江南,颜之推谈到南方、北方,陆法言谈到吴楚、燕赵,应该是相近的。陆德明谈到浮清、沈浊,颜之推浮浅、沈浊,陆法言谈到清浅、重浊,也应该是一致的,遗憾的是他们都是从听觉的角度来辨识读音,今天领会起来有些困难,他们所涉及具体内容也就只能进行一些推测了。

陆法言对待方言俗读和前代经师的读音在态度上不尽一样。对于前代经师的读音,陆德明是"不敢遗归","存诸篇内"。而对方言地区的音切则不加采录,并且告诫人们要留意。他说:

> 又以升登共为一韵,攻公分作两音,如此之俦,恐未为得,将来君子,幸留心焉。

这是指当时一些地方造的切语不合正音规范。"升登共为一韵"是说将《切韵》音系的蒸、登两韵混而为一。"攻公分作两音"是说"攻"、"公"本来同音,而有的地方读音有别。《颜氏家训·音辞篇》说:

> 河北切攻字为古琮,与工公攻三字不同,殊为僻也。

这说明攻、公分作两音是河北人所造切语的情况。因为它不合陆德明认定的正音规范,所以陆德明认为是"恐未为得"。

应该指出,陆德明撰写《经典释文》的时代还在南朝,当时南北还未统一。离陆法言撰著《切韵》还有一段时间。尽管他有正音的观念,而且好些地方也和《切韵》一致,但是在随文注音中有时也透露出一些方音痕迹。最突出的莫过于从、邪和船、禅混用的现象。根据《颜氏家训·音辞篇》的记载,当时的南方人从母和邪母、船母和禅母是混用不分的。陆德明应该知道这种区别。所以他注音的时候也注意区别它们,但是有些时候却又把它们混而为一。

比方从母和邪母,《经典释文》里面同一字有两个切语一个在从母,另一个在邪母。

《尚书·毕命》:"俾克畏恭"伪孔传:"所以沮劝"。释文:"沮,辞汝反。又慈吕反。"按:"辞"在邪母,"慈"在从母。

《毛诗·小雅·采芑》"师干之试"郑笺:"宣王承乱,羑辛尽起。"释文:"羑,钱面反。又徐荐反。"按:"钱"在从母,"徐"在邪母。

《礼记·曲礼上》:"食居人之左。"释文:"食音嗣。徐音自。"按:"嗣"在邪母。"自"在从母。

《庄子·人间世》:"死者以国量乎泽若蕉。"释文:"蕉,似遥反。徐在尧反。"按:"似"在邪母,"在"在从母。

但有不少字和它的切语是一个在从母,另一个在邪母。如:

《尚书·禹贡》:"厥篚玄纤缟"伪孔传:"玄,黑缯。"释文:"缯,似陵反。"按:"缯"在从母。

《毛诗·小雅·巧言》:"乱庶遄沮。"释文:"沮,辞吕反"。按:"沮"在从母。

《礼记·内则》:"燂汤请浴。"释文:"燂,详廉反。"按:"燂"

在从母。"详"在邪母。

《左传·桓公五年》:"既而萃于王卒。"释文:"萃,似类反。"按:"萃"在从母。

《公羊传·桓公七年》:"焚之者何,樵之也。"释文:"樵,似遥反。"按:"樵"在从母。

《庄子·渔父》:"凡人有八疵。"释文:"疵,祀知反。"按:"疵"在从母,"祀"在邪母。

再以船母和禅母为例。前面举的刘昌宗用"承"音"乘",说明陆德明还是想把这两个声母区别开来。下面再补充几个例子。

《左传·僖公五年》:"鹑之贲贲。"释文:"鹑,述春反。又常伦反。"按:"述"在船母,"常"在禅母。

又《昭公二十八年》"吾母多而庶鲜"杜预注:"言父多妾媵而庶子鲜少。"释文:"媵,绳证反。又时证反。"按:"绳"在船母,"时"在禅母。

《尔雅·释丘》:"如乘者乘丘。"释文:"乘,绳证反,又市陵反。"按:市在禅母。

但是,《经典释文》里面船母和禅母混用的现象也不在少数。例如:

《毛诗·陈风·东门之枌》:"宛丘之栩"毛传:"栩,杼也。"释文:"杼,常汝反。"按:"杼"在船母,"常"在禅母。试比较:《唐风·鸨羽》:"集于苞栩"毛传:"栩,杼也。"释文:"杼,食汝反。"

《礼记·表记》:"君子不以口誉人"郑玄注:"誉,绳也。"释文:"绳,市升反。《左传》以绳为誉。"按:《左传·庄公十四年》:"故绳息妫以语楚子。"杜预注:"绳,誉也。"释文:"绳,食承反。"同一个字或用禅母字作切语上字,或用船母字作切语上字。

五、余论

《经典释文》里面有丰富的内容,这里仅就音韵方面有关正音规范谈了一些看法,其他如训诂方面的问题没有涉及。⑦就是音韵问题,分析书里的全部切语,还会发现有些问题需要进一步探讨。

比方整理陆德明的音系,根据《经典释文叙录》所规定的条例,应该把字的首音和其他的音区别开,首音是研究音系的重要材料。但是《经典释文》有些字的首音又会使人感到困惑,不好处理。例如:

《毛诗·周南·葛覃》:"葛之覃兮,施于中谷。"释文:"施,毛以豉反,移也。郑如字。下同。"

又《兔罝》:"肃肃兔罝,施于中林。"释文:"施,如字。沈以豉反。"

这两条材料的"施"字在句子中的位置相同,意义和语法作用也一样。但是前一句"施"的首音是以豉反,而后一句的"施"字,以豉反却降为又音了。《尔雅》里面同一个"甗"字,在《经典释文》里有这样两条材料。

《释山》:"重甗,隒。"释文:"甗,鱼蹇反。郭音言,又音彦。"

《释畜》:"駯蹄趼,善升甗。"释文:"甗,郭音言。又鱼辇反,《字林》牛健反。"

值得注意的是,郭璞音言,前一条列在首音之后,而后一条却又升为首音。这类情况全书不少。

又如,有的字下引用的两个切语,看不出有什么区别。例如:

《周易·屯卦》:"往吝。"释文:"吝,力刃反。又力慎反。"

《尚书·泰誓》:"刳剔孕妇。"释文:"孕,以证反。徐养证反。"

《毛诗·召南·摽有梅》:"摽有梅,其实七兮。"毛传:"盛极则隋落者梅也。"释文:"隋,追果反,又徒火反。"

如果用"音同而字有异"来解释,那么它和同一字的不同音读又如何区别。这也是一个难题。

还有,《经典释文》里面有些字头下面不同切语表示不同的字,或是那个词有不同的意义,或者是通假和异文。例如:

《毛诗·小雅·伐木》:"有酒湑我,无酒酤我。"释文:"酤,毛音户,一宿酒也。注文同。郑音顾,又音沽,买也。"按:音"户"是一宿酒的意思,而音"顾"或音"沽"是买的意思。这是说毛公和郑玄对这个字的读音不同,解释的意思也不一样。

又《出车》:"出车彭彭,旂旐央央。"释文:"央,本亦作英,同。于京反,又于良反。"按:于京反就是异文"英"的音读。

又《钟鼓》:"以雅以南,以乐不僭。"释文:"僭,七念反。沈又子念反。又楚林反。"按:楚林反是读作参差的"参"。

《尔雅·释兽》:"甝,白虎。"释文:"甝,《字林》下甘反,又亡狄反。"按:下甘反是"甝"字的音读,亡狄反当是《说文·虎部》"虪"字的音读。吕忱的《字林》是根据《说文》来作的。很可能他既收了《说文》的"虪"字,又收了《尔雅》的"甝"字,所以有这样两个切语。

根据什么来确定它们,这是整理《经典释文》切语遇到的最难的课题。

此外,这部书经过宋人窜改,已经不是原貌,后世传抄刻印又增加了一些新的讹误。如果不加以校勘,整理出一个可以利用的本子,研究工作就难以进行。

总之,上面提到的问题,包括版本校勘,如果不解决好,整理陆德明的音系就很难达到预期的效果。

[附 注]

① 同样的道理,佛经的音义,如玄应《一切经音义》、慧琳《一切经音义》、希麟《续一切经音义》、慧苑《华严经音义》等,都不宜看作辞书。
② 参看王利器《经典释文考》,载《北京大学五十周年纪念论文集》(文学院第 8 种),1948 年 12 月。
③《经典释文》据《四部丛刊》影印通志堂本。除必要保留繁体字者外,其余均改作简体。
④ 原作"燥"。段玉裁校云:"戴依《方言》作煤"。(据过录十三家《释文》校语)
⑤《鲒绮亭集》外编卷三十八。
⑥《经籍旧音序录》第 5 页。中华书局,1986 年。
⑦ 拙作《训诂学史略》有专章论及。

(载《语苑论丛》纪念张世禄先生学术论文集
上海教育出版社　1994 年)

从《切韵·序》论《切韵》[*]

陆法言《切韵》一书已经亡佚了。现在发现的各种《切韵》残卷是经过删改增补的,和陆法言的原本可能有或多或少的差别。因此保存在《广韵》中的陆法言《切韵·序》无疑问是了解《切韵》最重要的文献。但是历来对这篇序文的解释就有分歧。最近《中国语文》展开《切韵》性质问题的讨论,在发表的文章中,提到《切韵·序》时看法也不完全一致。为此,我愿将自己对这篇序文的一些粗浅认识写出来,供讨论参考。如果有不妥当的地方,还希望读者多多指正。

一 《切韵·序》的要点

《切韵·序》不仅谈到了编写《切韵》的经过,而且也反映出陆法言等人对音韵问题的看法。

谈到《切韵》的编写经过,大意是说:隋朝开皇初年,有刘臻、颜之推、魏彦渊、卢思道、李若、萧该、辛德源、薛道衡等八人,一同到陆法言家里来作客。夜里大家谈论了经籍音义和字书里面的反切

---

[*] 本文是在我的祖父赵少咸先生的指导下写成的。在写作过程中,读到了他的未刊稿《切韵序疏证》(在《广韵疏证》中),获益良多。

注音,①希望能定出一个标准以供读书正音之用。魏彦渊让陆法言在灯下记录了大家的意见,这就是后日编写《切韵》的提纲。

后来,陆法言"释褐为承奉郎",②作了十几年的小官,没有时间来整理这份提纲。到了开皇二十年(公元 600 年)退职回家,在家里教授弟子。为了实际需要,就取各家经籍音义,古今字书,以开皇初年那份记录为纲,编成了《切韵》五卷。因此,《切韵》虽然成于陆法言之手,而实际上是一部集体创作。陆法言自己也承认这点。《切韵·序》上说:"非是小子专辄,乃述群贤遗意。"就是这个意思。正因为《切韵》汇集了大家的意见,所以它一出世就受到重视,人们对它评价很高。长孙讷言为它作笺注时说:"此制酌古沿今,无以加也。"③孙愐后来撰写《唐韵》也不得不承认,前代字书"述作颇众,得失互分,惟陆生《切韵》,盛行于世"。④

如果那天夜里陆法言没有把大家的意见记录下来,那么这一部具有历史意义的韵书也许就不会跟陆法言的名字联系在一起了。为什么魏彦渊要让陆法言来记录呢?照我们的理解,与其说刘臻等人都是他的长辈,不如说大家是客,他是主人,更合情理一些。

《切韵·序》比较详细地谈到那天夜里讨论的情况和内容,这段话很重要。从这里可以看出他们对音韵问题的看法,也可以窥见《切韵》编写的目的和内容。现在把这段话抄在下面:

> 以今声调,既自有别,诸家取舍,亦复不同。吴楚则时伤轻浅,燕赵则多伤重浊,秦陇则去声为入,梁益则平声似去。又支章移切脂旨夷切鱼语居切虞遇俱切,共为一韵,先苏前切仙相然切尤于求切侯胡滞切,俱论是切。欲广文路,自可清浊皆通,若赏知音,即须轻重有异。吕静《韵集》、夏侯该《韵略》、阳休之《韵略》、周思言《音韵》、李季节《音谱》、杜台卿《韵略》等,各有乖

互。江东取韵,与河北复殊。因论南北是非,古今通塞,欲更捃选精切,除削疏缓。萧颜多所决定。魏著作谓法言曰:向来论难,疑处悉尽,何不随口记之,我辈数人,定则定矣。法言即烛下握笔,略记纲纪⑤。

根据这段记载,可以把那天夜里讨论的内容归纳为四个方面。这四方面也就是《切韵》一书所要解决的问题。它们是:(一)校正方俗读音,(二)严格规定切语用字,(三)评论各家韵书得失,(四)确定正音规范。这四方面是相互联系的,其中确定正音规范是中心。由于方音分歧,影响到切语用字的不同,而韵书整理切语在分类归类上也各有长短。因此迫切需要定出一个标准使读书正音有所依据。这是那天夜里讨论音韵的目的,也是《切韵》一书的现实意义所在。

二 校正方俗读音

陆法言时代的汉语是有方言分歧的。当时方言可以分为南北两大区。《切韵·序》所谓"南北是非"根据的就是这种二分法。至于序文上说的"江东取韵,与河北复殊",也是泛指南方和北方。

把汉语方言分为南北两大区,在当时是有普遍性的。例如曾经在陆法言家里参加讨论音韵问题的颜之推,就常常这样来区分汉语方言。《颜氏家训·音辞篇》说:"南方水土和柔,其音清举而切诣,失在浮浅,其辞多鄙俗。北方山川深厚,其音沉浊而鈋钝,得其质直,其辞多古语。"⑥除了南方北方对举外,《颜氏家训》有时称江南河北(见《风操篇》、《书证篇》、《音辞篇》),有时称南土北土(见《书证篇》)。并且认为金陵(现在的南京)和洛下(现在的洛阳)是这两个方言区的代表。

陆德明的《经典释文》成书在陈朝⑦,比陆法言《切韵》的时代稍早一些。那部书的《叙录》中提到汉语方言时,也是南北对举:"方言差别,固自不同。河北江南,最为钜异,或失在浮清,或滞于沉浊。"⑧

比陆法言约晚半个世纪的玄应和尚⑨,在他编的《一切经音义》中也承袭了这种二分法。或者以江南江北对举,或者以北人(北土)江南对举,或者以中国江南对举,意思都一样。

除了大的区分外,《切韵·序》上还提到吴楚、燕赵、秦陇和梁益等地的方音分歧。其中吴楚属于南方话,而燕赵、秦陇和梁益则都包括在北方话区域内。也许可以把它们看作北方话里的小方言区。这种看法也带有普遍性。唐朝初年一些人在方言的划分上和这个区分基本上符合。如玄应《一切经音义》所提到的方音有山东、幽州、冀州、关中(关西、陕以西)和蜀等。幽州、冀州大致相当于陆法言的燕赵,关中大致相当于秦陇,蜀大致相当于梁益。颜之推的孙子颜师古在《匡谬正俗》中提到方言词汇的异同列举了关东、关内、山东、太原,大体也和玄应一致,只不过颜师古多举出太原,没有提到幽冀和巴蜀罢了。

由于方言存在,各地读书音往往受到他的影响。陆法言等人在讨论中曾经涉及到这点。《切韵·序》里有清楚的记载,并且还具体地指出不规范的语音现象有:"吴楚则时伤轻浅,燕赵则多伤重浊,秦陇则去声为入,梁益则平声似去。"依我们看来,所列举的这些现象都是从听觉方面说的。下面对这些现象的含义作一些解释。

"伤"是过分的意思。陆法言所说的"轻浅、重浊"也就是陆德明所说的"浮清、沉浊",颜之推所说的"浮浅、沉浊、钘钝"。那么"轻浅、重浊"是什么意思呢?

有人用贾昌朝《群经音辨》的材料认为这是指声调说的。具体地说也就是平声和上声为轻浅,去声为重浊。按照这种理解来解释陆法言这两句话,意思是说,当时吴楚地方读平声和上声的字过于多了,燕赵地方读去声的字过于多了。这跟汉语发展的一般规律不相符合,而且也缺乏历史上的证据。

也有人根据《广韵》后面《辩四声轻重清浊法》以为这是指韵母说的。具体地说前元音为清浅,后元音为重浊,开口呼为轻浅,合口呼为重浊。从现代汉语发展的趋势看,这是可信的。例如流摄侯韵字在北方话差不多都是后元音,而现代吴方言和湘方言则都读作前元音,又如通摄入声屋韵字北方话都不读开口,而吴方言和湘方言则大部分读作开口。再从历史上看,玄应《一切经音义》所提到的江南话有些材料可以证明这点⑩。例如:

《通俗文》:去汁曰滗。江南言逼,讹耳。(卷5,第10页)

按:"滗"在质韵,"逼"在职韵,职韵元音位置要靠前一些。

楼篡:子管反,锡杖下头铁也。字应作钻,子乱反。关中名钻,江南名镈。镈音在困反。(卷16,第11页)

按:"钻"和"镈"是一个词的不同变体。钻在换韵。镈在恩韵。恩韵的元音比换韵要前一些。

如概:古代反,江南行此音,关中工内反。(卷12,第12页)

按:"代"在代韵,是开口呼,"内"在队韵,是合口呼⑪。

至于燕赵的例子,玄应《一切经音义》里引证的材料很少。提到幽州的三处和提到冀州的两处都是谈词汇的异同,不能用来论证语音问题。因此对于这点只好暂付阙如。

陆法言所谈秦陇和梁益的现象很明显是指声调说的。就是说秦陇地方去声的调值相当于陆法言等人所谓正音入声的调值;而梁益地方平声的调值听起来像陆法言等人所谓正音去声的调值。

"梁益则平声似去"的例子,我们还没有找到。关于"秦陇则去声为入"的现象可以举一些例子:

  狡狯:《通俗文》:小儿戏谓之狡狯,今关中言狡刮,讹也。(玄应《一切经音义》,卷18,第5页)

按:"狯"是去声泰韵字,"刮"是入声辖韵字。

  毙者仆也。音与弊同。瓣䑏者,屈伸欲死之貌,音覍锡。字义既别,音亦不同。今关中俗呼毙皆作覍音。遂无为毙,读者相与不悟。(《匡谬正俗》,卷8,毙字条;第10—11页)⑫

按:"毙,是去声祭韵字,"覍"是入声锡韵字。

  无复:下吴音扶救反,秦音冯目反。(慧琳《一切经音义》,卷27,第2页)⑬

按:音扶救反在去声宥韵,音冯目反则在入声屋韵。

值得注意的是,玄应和颜师古也都认为这些"去声为入"的现象不合规范。从这点可以推断:《切韵·序》里面提到这些方音的不规范现象,不仅代表了陆法言等人的看法,而且也可能总结了他们那个时代一般的看法,所以他们提出的见解能为后代所接受。

三　严格规定切语用字

汉朝末年发明了反切方法后,很快就得到推广。但是造切语的人有时代的不同,居住的地方也不一样,而且各有各的师承渊

源,因而切语用字就有了分歧。这是完全可以理解的。《颜氏家训·音辞篇》说:

> 孙叔然创《尔雅音义》,是汉末人独知反语。至于魏世,此事大行。高贵乡公不解反语,以为怪异。自兹厥后,音韵锋出,各有土风,递相非笑,指马之论,未知孰是。⑭

《切韵》的目的在于正音,而正音的工具是反切,因此对于切语用字非常考究。但是当时切语用字不同的情况是存在的。特别是南方和北方有很大的差别。《切韵·序》所说:"江东取韵,与河北复殊"就是证明。试举玄应《一切经音义》的材料来说明这点:

> 捼挼:蒲米反,《庄子》云:鸿蒙方将抚挼。徐邈音陛,北人行此音。又方尔反,江南行此音。(卷14,第3页)

> 中晒:郭璞音霜智反,北土行此音。又所隘反,江南行此音。(同上,第5页)

> 揣触:初委反,江南行此音。又都果反,北人行此音。(卷17,第10页)

《切韵·序》还举出了一些切语用字混乱的现象,那就是:"支脂鱼虞,共为一韵,先仙尤侯,俱论是切。"

有人想根据唐写本《切韵》残卷把"共为一韵"改成"共为不韵"。其实"共为一韵"意思很清楚。它是指有人把支韵和脂韵的字,鱼韵和虞韵的字混在一起使用,没有区别开来。改成"不韵"和"共为"即相抵触,而且也跟前后文义不相连贯。因此不必改为"不"字。

还有人认为这段话前两句是指韵母说的,后两句则是指声母说的。因为《切韵·序》既谈了声调,也谈了韵母,不能撇下声母不谈。而宋朝沈括的《梦溪笔谈》明明说过:"所谓切韵者,上字为切,下字为韵。"⑮所以"先仙尤侯,俱论是切"是指声母说的。这是一种误解。首先,"上字为切,下字为韵"是宋朝等韵学家的说法。陆法言时代的"切"字不一定有这个意思。其次,"韵"和"切"在这里是互文,指的都是切语下字。李涪《刊误》上有这样一段话可以证明:"法言平声以东农非韵,以东崇为切;上声以董勇非韵,以董动为切;去声以送种非韵,以送众为切;入声以屋烛非韵,以屋宿为切。"⑯这里"韵"和"切"的用法和《切韵·序》完全一致。

为了说明这段话都是指切语下字说的,我们不妨在前代的典籍中举一些例子,证明当时确有这些混用的现象。

先看曹宪的《博雅音》⑰,根据初步统计,其中支脂、先仙混用的现象比较多,尤侯混用的只有一处⑱,没有鱼虞混用的。下面先举一些支脂两韵混用的现象:

	支韵	脂韵
蠃:力追。(《释诂一》,卷1,第3页)	蠃	追
颒:俱遗反。(《释诂三》,卷3,第3页)	颒	遗
袆:浮夷。(同上,第5页)	袆	夷
瓾:渠遗。(《释器》,卷7,第6页)	瓾	遗

再举先仙两韵混用的现象:

	先韵	仙韵
捐:口玄。(《释言》,卷5,第4页)	玄	捐
栈:子肩。(《释器》,卷7,第5页)	肩	栈
甄:古贤。(《释地》,卷9,第6页)	贤	甄

陆德明编《经典释文》,汇集汉魏六朝各家注释群经老庄的切语直音,其中支脂、鱼虞、先仙、尤侯混用的现象也不在少数。试举

例如下:

支脂两韵混用

	支韵	脂韵
彝:以支反。(《尚书音义》,卷下,第5页)	支	彝
脂:音支。(《毛诗音义》,卷中,第24页)	支	脂
貔:婢支反,徐扶夷反。(《礼记音义》,卷1,第7页)	支	夷
祁侯:巨支反,字林上尸反。(《春秋左氏音义》,卷1,第14页)	支	祁

鱼虞两韵混用

	鱼韵	虞韵
及雩:音于,徐况于反,如淳同。韦昭音虚,或一呼反。(《春秋左氏音义》,卷4,第1页)	虚	于
宁俞:下音馀。(《春秋公羊音义》,第19页)	馀	俞
濡:音儒,又音如。(《庄子音义》,卷下,第9页)	儒	如
盱盱:香于反,又音虚。(同上,第17页)	虚	于

先仙两韵混用

	先韵	仙韵
编小:又必绵反,史记音甫连反,字林、	千	绵连

声类、韵集并布干反。(《毛诗音义》,卷下,第26页)		
而编:必绵反,又必连反,一音方千反。(《周礼音义》,卷上,第10页)	千	绵连
无蜎:于全反,李又乌犬,乌玄二反。(同上,卷下,第29页)	玄	全
皆编:必连反,又甫千反。(《仪礼音义》,第13页)	千	连

尤侯两韵混用

	尤韵	侯韵
为缁:侧留反,刘子侯反。(《仪礼音义》,第1页)	留	侯
骎虞:侧尤反,徐侧侯反。(《礼记音义》,卷4,第22页)	尤	侯
卑陬:走侯反,徐侧留反。(《庄子音义》,卷中,第12页)	留	侯
搜:字又作搜,或作瘦,所求反,李悉沟反。(同上,卷下,第22页)	沟	求

附带指出一点,陆法言所谓支脂、鱼虞等各个韵部混用只是一种举例的性质。其实像提到的《博雅音》和《经典释文》里面,韵部混用的现象并不仅限于这些,例如支脂两韵有的时候还可以和之、微、齐等韵部混用。这里大概是为了行文方便,只举两个韵作为代表。

四 评论各家韵书得失

评论各家韵书得失也是那天夜里讨论的内容。《切韵·序》对这点是语焉而不详的。它只提到前代一些韵书的名称,最后总结了一句说:"各有乖互。"至于"乖互"表现在什么地方,序上没有反映出来。

如果《切韵》和它《序》上所提到的各种韵书没有亡佚,那么它们的"乖互"只要一比较就可以发现。但是,现在《切韵》原本没有保存下来,《切韵·序》上所提到的各种韵书,有的连一条佚文也没有保存下来(如周思言《音韵》),有的虽然保存了一些佚文,但没有切语,只有释义部分(如李季节《音谱》),无法了解它的注音。《韵略》的佚文能够看到的还不少,但是陆法言提到的《韵略》有三种,这些佚文到底是谁的,很难说明[19]。因此对于了解"各有乖互"这句话的具体内容是有困难的。

有人认为"各有乖互"是指韵部的分合说的,这个看法有一定道理,但是不够全面。依我们的看法,"各有乖互"固然一方面是指韵部的分合说的,但是另外一方面也是指个别切语用字说的。今试以吕静《韵集》为例加以说明。因为《韵集》保存的佚文比较多,前人对它有一些说明,容易看出问题。

《隋书·经籍志》著录"《韵集》六卷,晋安复令吕静撰集。"根据记载,他采用的字音和他哥哥吕忱《字林》相比较,"文字与兄便是鲁卫,音读楚夏时有不同。"[20]

在韵部的分合上,《韵集》和《切韵》系统的韵书不尽相同。颜之推在《颜氏家训·音辞篇》中曾经批评了这点。那就是"成仍宏登,合成两韵。为奇益石,分作四章。"㉑ 因为"成"在清韵,"仍"在蒸韵,"宏"在耕韵,"登"在登韵,它们本来属于四个韵部,吕静把它们合成两个韵部了。"为奇"都在支韵,"益石"都在昔韵,本来是两个韵,但是吕静把它们分属到四个韵部中去了,所以颜之推提到这点时,认为"必须考校"。

曾经有人认为,《切韵》只从前人之分,不从前人之合。从《颜氏家训》提到的这点看,是没有根据的。我们认为,如果说《切韵》对前代的韵书有所去取,不论是分也好,或者是合也好,首先应该取决于陆法言等九人规定的正音标准。

另一方面,《韵集》的切语用字,就现在佚文中所能看到的,它们和《切韵》系统的韵书不尽一致。这说明陆法言编写《切韵》时没有采用它。也许开皇初年讨论音韵问题那天夜里就曾经提到它们了㉒。例如:

㑹:大兮反,息也。(《礼记音义》,卷3,第8页)"兮"在平声齐韵。王二、王三、S2071、《广韵》平声齐韵都没有收这个字。

鴄:音分。(《颜氏家训》,卷上,第35页)王三、S2071平声文韵都没有"鴄"字。《广韵》有,但是不和"分"字(府文切)同音,而和"汾"字(符分切)同音。

吮:弋选反。(玄应《一切经音义》,卷18,第13页)王三、S2071、《广韵》上声狝韵都有"吮"字,它的切语有两个:徐兖、徂兖。都没有弋选反这个切语。

戆:丑巷反。(同上)王二去声绛韵有"戆"字,音丁降反,又呼贡反。《广韵》去声绛韵陟降切有"戆"字。和丑巷反声母不同。

最后,再说一遍,所谓"各有乖互",一方面是指韵部分合,另一方面是指切语用字。

五　确定正音规范

齐梁时代,学者作家讲究四声格律,留意音韵问题。陆法言的时代,正是齐梁文学流风所及的时代。因此,当时的作家在创作上也都注意格律。在陆法言家里讨论音韵问题的九个人也不例外。特别是颜之推,他对声律在文学上的作用给了很高的评价[22]。《切韵·序》还说:"欲广文路,自可清浊皆通,若赏知音,即须轻重有异。"

"广文路"和"赏知音"是一个问题的两方面。广文路是就文学创作说的,而赏知音则是就读书正音说的。着重点不同,看问题的标准也就不一样。例如阳休之的《韵略》和李季节的《音谱决疑》这两部韵书,从广文路的角度出发,觉得没什么非议的地方,甚至还很有价值。如隋朝刘善经写《四声论》对这两种韵书的评价就是这样[24]。但是以赏知音为目的的《颜氏家训·音辞篇》则认为:"李季节著《音谱决疑》,时有错失,阳休之造切韵,殊为疏野。"[25]

再从作家创作活动方面说,诗文用韵的标准比起韵书分部来就要宽一些。例如陆法言等人讨论音韵问题时认为切语下字的先仙尤侯不能混用,但他们写的诗文中这种通押的例子不在少数[26]。因此可以证明广文路和赏知音对于音韵的要求是不同的。

这样,问题就发生了,《切韵》的编写目的是什么？是广文路还是赏知音,或者是二者兼而有之呢？依我们的看法,《切韵》的目的在于赏知音。《切韵·序》说:"因论南北是非,古今通塞,欲更捃选精切,除削疏缓。"所谓南北是非是指方俗读音说的,所谓古今通塞是指前代及当代切语用字说的。而下文谈到编写《切韵》则说:"遂取诸家音韵,古今字书,以前所记者,定之为《切韵》五卷,剖析毫厘,分别黍累。"既然是按照诸家音韵、古今字书,用开皇初年的记录为纲来决定去取,足以看出它和广文路的关系不如赏知音密切。而"剖析毫厘,分别黍累"正和前文"若赏知音,即须轻重有异"相应。

读书讲究正音是我国的传统。《论语·述而篇》:"子所雅言,诗书执礼,皆雅言也。"郑玄注说:"读先王典法,必正言其音,然后义全。"[27]这就是说,孔子在诵读诗书或者赞礼的时候要用雅言。这种雅言就是当时的文学语言,它具有规范的性质。

六朝以来,读书也同样要讲求正音。语音不正,即或学问很好,也要受到别人轻视。士大夫为子弟聘请师傅,发音的正确与否成为择师的一项必要条件。经师讲学如果不能使用雅言,听讲的人也不会多。史书上这样的事例还不是个别的[28]。而《颜氏家训·音辞篇》就是为了告诫子弟读书要正音的。

陆法言生长在这样的时代,他编写《切韵》是为了确定正音规范也是不难理解的。当时口语和书面语在发音上是不是有分歧呢?依我们看是有的。《隋书·李密传》记录了这样一件事:"密与化及隔水而语,密数之,……化及默然,俯视良久,乃嗔目大言曰:共你论相杀事,何须作书语耶?"[29]书语就是书面语言。它是文学语言的主要形式。也许有人反对,认为这主要是指词汇方面的不同,不一定在发音上有什么差别。那么,再看第二个例子。《博雅音》里面有些材料值得引起注意。它有些切语标明是"正音"、"手音"或者"口音"[30]。照我们的理解,正音就是规范化的读音,手音是指用手写出来的书面语言的读音,它可能就是正音的同义。至于口音则是指口头语言的发音。并且有些地方是把正音和口音对

比来说。试比较:

  徼:要口音也,正音计尧。(《释诂二》,卷2,第3页)

 按:"要"在平声宵韵。王二、王三、S2071、P2014、《广韵》宵韵要音下都没有"徼"。"徼"在《广韵》萧韵古尧切(即计尧)下。

  躃:浦迷口音,普计正音。(《释言》,卷5,第5页)

 按:浦迷反当在齐韵。王三、S2071,《广韵》齐韵都没有"躃"字。普计反在去声霄韵。王二、王三、P2011、《广韵》霄韵都有"躃"或写作"媲",是一个字。

  第:拂口音也,弗正音。(《释器》,卷8,第4页)

 按:拂弗二字都在物韵,但有清浊的不同,拂是浊音,弗是清音。王二、王三、《广韵》第都不和拂同音,而和弗同音(S2071物韵没有第字)。

 从这里可以看出,所谓口音的切语或者直音,《切韵》系统的韵书多半没有采用。这说明这些韵书是以规范的音为主,所以对口音不加采用。同时也间接证明了《切韵》是为赏知音而编写的。

六　关于"萧颜多所决定"

 《切韵·序》有"萧颜多所决定"一句话。这对于了解《切韵》的性质很重要。因为萧该和颜之推的审音修养都很高。在讨论音韵那天夜里,他们的意见能够为众人所同意。

 有人根据这句话,认为《切韵》音系是南北杂凑的。因为那些人当中只有萧该和颜之推是南方人。假若《切韵》音系是以洛阳话为标准,最权威的是地道的北方人,而萧颜反多所决定又是什么道理呢?我们认为,会讲话只说明从实际上掌握了语言;而要校正方俗读音,严格规定切语用字,确定正音规范,绝不是只会讲话的人所能作到的,必须有审音辨韵的修养。当然实际掌握语言对于审音辨韵不是没有好处的,但是没有理论修养却是无能为力的。萧该和颜之推在这方面有很高的修养,可从下面的事实得到证实。

根据《隋书·儒林传》,萧该"后撰汉书及文选音义,成为当时所贵。"[30]这两种书后来都亡佚了。《文选音义》在《文选》李善注里面仅保存有一条。《隋书·经籍志》著录的《汉书音义》是十三卷,到了《宋史·艺文志》的著录就只有三卷了。今天连这三卷也看不见了。只有在《史记》司马贞的索隐、《汉书》宋祁的校语和《后汉书》李贤的注里面还有一些片断。清朝臧庸曾经根据它们辑成《汉书音义》三卷,收在《木犀轩丛书》中。从这些片段的材料已经可以看出萧该如何从前人分歧的读音中决定去取。而他所采用的读音大多数和《切韵》系统韵书所收的相合。例如:

《翟方进传》:揣知。按,集解音曰揣音喘。说文曰:喘、疾息也。尺兖反。说文:揣、量也。初委反,又丁果反,方言:揣、试也。郭璞曰:揣度试之也。该谓今读揣音初委反。

按:这条辩证"揣"字应当如《说文》、《方言》所说估量的意思,读为初委反。不应当音喘,使人误认为是急促呼吸的意思。王三、S2071、P2011、《广韵》表示估量意思的揣都音初委反,表示急促呼吸意思的喘都音尺兖(或昌兖)反,跟萧该的论断相合。

《循吏传》:适士。䢩足也。䢩音相代反。韦昭音诗历反。

按:今汉书䢩字作适字。注云:适始历反。予谓与韦昭音同。

按:王三、《广韵》代韵都没有适。王二、《广韵》昔韵有适,读音和萧该所引韦昭音相同。

《叙传上》:修襮。晋灼曰:襮音素衣朱襮。该案诗音博。

> 字林曰:襮黼衿也。方沃反。

按:萧该的意思襮应当音博。王二、王三、《广韵》入声铎韵都有襮字,和博同音,和萧该引诗音相同。而王二、王三、S2071、《广韵》沃韵都没有襮。

> 又柯叶汇:服虔曰:汇、类也。音近卉。服虔音卉,应劭音谓,该案字书音谓。

按:萧该引字书证明汇应该音谓。王二、王三,《广韵》未韵汇与谓同音,不与卉同音。

《文选》张平子:《思玄赋》:"行颇僻而获志兮"。李善注引萧该音:"颇,倾也,本作陂,布义切。"

按:布义切在帮母寘韵。今《广韵》去声寘韵彼义切下正有陂字,与萧该音相同。

至于颜之推,他对音韵问题的见解集中表现在《颜氏家训·音辞篇》上,下面摘录几段加以说明。例如:

> 其谬失轻微者,则南人以钱为涎,以石为射,以贱为羡,以是为舐。北人以庶为戍,以如为儒,以紫为姊,以洽为狎。如此之例,两失甚多㉜。

这段话论证南北方音各有缺点。 南人读音,声母多有混乱现象,如从邪不分(以钱为涎,以贱为羡),神禅不分(以石为射,以是为舐)。北人读音,韵母多有混乱现象,如鱼虞不分(以庶为戍,以如为儒),支脂不分(以紫为姊),洽狎不分(以洽为狎)。这些方俗读音在颜之推看来都是应该加以规范的。如果和《切韵》系统的韵书进行比较,那么,除极个别的情况外㉝,颜之推认为不规范的,这些韵书都没有采用。

再看下面这段话:

古今言语,时俗不同。著述之人,楚夏各异。《苍颉训诂》反稗为逋卖,反娃为于乖。《战国策》音刿为免。《穆天子传》音谏为间。《说文》音戛为棘,读皿为猛。《字林》音看为口甘反,音伸为辛,……李登《声类》以系音羿。刘昌宗《周官音》读乘若承。此例甚广,必须考校㉞。

这段话说明由于时俗地域的不同,前代切语直音有和正音规范不合的,应该加以考校。如《苍颉训诂》把稗读为逋卖反,是把并母读成帮母。《字林》音伸为辛,是把审母读成心母。《声类》以系音羿,是把匣母读成疑母。《周官音》读乘若承,是把床母读成禅母。这些都是声母错乱的例子。又如《苍颉训诂》反娃为于乖,是把佳韵读成皆韵。《战国策》音刿为免,是把吻韵读成狝韵。《穆天子传》音谏为间,是把谏韵读成裥韵。《说文》音戛为棘,是把黠韵读成职韵。读皿为猛,则是把梗韵三等字读成二等字了。《字林》音看为口甘反,是把寒韵读成谈韵。这些都是韵母不同的例子。

再把这些必须考校的例子和《切韵》系统的韵书比较。不难发现它们一条也没有被采录。如:

稗:王三、P2011、《广韵》都在卦韵傍卦切,不在方卦切。

娃:王三、S2071、《广韵》佳韵於佳切有娃,而皆韵没有娃。

刿:王二、王三、S2071、P2011、《广韵》吻韵武粉切有刿,狝韵免字下没有刿。

谏:王二、王三、P2011、《广韵》谏韵有谏,裥韵间下没有谏。

戛:王三、王二、S2071、P2011、《广韵》黠韵古黠切有戛,职韵棘字下没有戛。

皿:王三、S2071、《广韵》梗韵武永切有皿,莫杏切猛下没有皿。

看：王二、王三、S2071、《广韵》寒韵苦寒切有看，谈韵没有。

伸：王三、S2071、《广韵》真韵伸不和辛同音。

系：王二、王三、P2011、《广韵》霁韵系不和羿同音。

乘：王二、王三、S2071、P2011、《广韵》蒸韵乘在食陵切，署陵切下有承没有乘。

正如周祖谟先生所说："揆颜氏此论，无不与切韵相合。陆氏切韵序尝称，欲更捃选精切除削疏缓，颜外史萧国子多所决定。由此可知切韵之分声析韵多本乎颜氏矣。"⑧

七 馀论——《切韵》的音系

《切韵》的目的在于正音，可以把它看作一部正音字典。根据《切韵·序》的记载，陆法言曾经以开皇初年的记录为纲，对诸家音韵、古今字书的切语用字作了一番整理。看来《切韵》反映出来的语音系统是完整而严密的。这种系统一定有一种活的方言作依据。不然，一夜之间是无法拟订出这样完整而周密的系统的。

照我们的看法，以洛阳为中心的中原一带方言是有资格作为这个基础的。陈寅恪先生在《从史实论切韵》一文里曾经就《切韵·序》列举了各地方音的缺点，没有提到中原这一事实，断定陆法言等人认为中原即洛阳和它附近的语音是正音。这个看法值得重视。至于陈先生认为那种正音是旧日太学博士的，我们不能同意。关于洛阳和它附近的话是正音的基础，除了许多人已经提到的理由外，还可以补充下面两点。

第一，照一般的原理，文学语言必定以活的口语为基础，它和全民的共同语是一致的，而且总要以一个活的方言作为中心。洛阳是我国的古都之一,是古代的政治、经济和文化中心。所谓"洛阳天下之中,山海四塞。"(《十六国春秋·前赵录》)洛阳的话有成为当时北方话的代表的可能。事实上,春秋战国以来黄河流域一带形成的共同语言,随着时代的推移,使用范围一天比一天扩大,同时逐步向帝王都邑集中。到了陆法言时代,洛阳话已经成为这个地区的代表了。所以颜之推说:"共以帝王都邑,参校方俗,考核古今,为之折中,权而量之,独金陵与洛下耳。"⑱

第二,当时北方异民族学习汉语是学洛阳一带的话。北魏孝文帝的主张汉化,在语言方面就是要求大家学习洛阳话。《魏书·孝文帝本纪》记载:"(太和)十九年己亥,诏不得以北俗之语言于朝廷,若有违者,免所居官。"⑲由于统治者的提倡,由于实际的需要,有关这方面的语音教材也出现了。《隋书·经籍志》著录的王长孙的《河洛语音》一卷,就是这类性质的著作。可惜它早已亡佚了。

再从陆法言本人的情况看,根据苏鹗的《苏氏演义》:"法言本代北人。世为部落大人,号步陆孤氏,后魏孝文帝改为陆氏。及迁都洛阳,乃下令曰:从我入洛阳,皆以河南洛阳为望也。"⑳这样来说,陆法言的血统是北方鲜卑族。他的祖先是随魏孝文帝迁都洛阳而南下的,并且改姓陆,以洛阳为望。陆法言的父亲陆爽做过隋朝的中书舍人,可能陆法言也随他父亲到洛阳去居住过。从这些线索看,陆法言采用洛阳话作自己正音的主要依据也不是不可能的。

但是,应当指出,当时确定正音规范不可能和今天的推广普通话一样以一个地点方言为标准音,而更大的可能是在一个活方言的基础上"参校方俗,考核古今,为之折中,权而量之"。因此《切韵》音系并不是一个纯粹的洛阳音。比陆法言晚两个世纪的慧琳

和尚,在编写《一切经音义》时,就具体地指出陆法言采用吴音的地方。例如:

浮囊:附无反,玉篇音扶尤反,陆法言音薄谋反,下二皆吴楚之音也。今不取。(卷7,第13页)

柱打:德耿反。陆法言云都挺反,吴音。今不取。(卷8,第1—2页)

最后我们作这样的推断,洛阳一带的话是《切韵》音系的基础,但是在某个具体的音上,陆法言也曾有所去取,采用了一些别的方言中他认为精切的音,削除了一些他认为疏缓的音。

[附　注]

① 陆法言《切韵·序》:"夜永酒兰,论及音韵。""音韵"二字应该是指反切注音,和后来"音韵"一词用法不同。下文"遂取诸家音韵,古今字书"的"音韵"也是这个意思。又颜之推《颜氏家训·音辞篇》:"自兹厥后,音韵逢出。""音韵"的用法也跟这里一样。
② 《隋书·陆爽传》语。见卷58,第6页,百衲本影印元大德刊本。
③ 长孙讷言《笺注序》,《广韵》(泽存堂本)卷首所载。
④ 孙愐《唐韵·序》,《广韵》卷首所载。
⑤ 陆法言《切韵·序》,《广韵》卷首所载。
⑥ 颜之推《颜氏家训》,卷下,第31页,四部丛刊影印明辽阳傅氏刊本。
⑦ 参看吴承仕《经典释文序录疏证》,第1—3页。
⑧ 陆德明《经典释文·叙录》,第5页,通志堂本。
⑨ 据近人考证,玄应大概圆寂于龙朔元年(公元661年)。
⑩ 据杭州昭庆寺刻本。
⑪ 应当注意,玄应《一切经音义》中也有不少江南话的资料跟这个论断恰恰相反。例如:

气咥:音苦代反,江南行此音,又丘吏反,山东行此音。(卷10,第10页)

按：代在代韵，吏在志韵。志韵元音在前。

船舶：音白，《字林》：大船也。今江南泛海船谓之舶。（卷10，第11页）
按：白在陌韵，舶在铎韵。陌韵元音在前。

只箳：市椽反，江南行此音，又上仙反，中国行此音。（卷17，第13页）
按：椽、仙同在仙韵。椽是合口呼，仙是开口呼。

这里有的是把前元音读成后元音，有的是把开口呼读成合口呼。但是"吴楚时伤轻浅"是说江南话中韵母有前元音化和开口化的倾向。并不是说韵母全部都前元音化和开口化，因此不能因为有一些相反的例证而动摇这个结论。

⑫ 据小学汇函本。

⑬ 据医学书局景印日本刊本。

⑭ 卷下，第31页。

⑮ 卷15，第1页。古书丛刻本。

⑯ 卷下，第8页。百川学海本。

⑰ 据小学汇函本。关于《博雅音》有关的一些问题另文讨论。

⑱ 《博雅音·释器》："槅：又沟。"（卷7，第6页）按：槅在尤韵，沟在侯韵。

⑲ 近代辑佚书的差不多都是把这些《韵略》佚文归在阳休之名下，看来是不妥当的。

⑳ 《魏书·术艺传》江式上表语。卷91，第25页，百衲本影印宋蜀大字本。

㉑ 卷下，第31页。

㉒ 我们采用来作比较的《切韵》系统的书，除了《广韵》外，还有项跋本王仁昫《刊谬补缺切韵》（简称王二），宋跋本王仁昫《刊谬补缺切韵》（简称王三）以及《瀛涯敦煌韵辑》里面收集的各种《切韵》残卷（引用时根据原来的编号）。

㉓ 《颜氏家训·文章篇》："文章当以理致为心胸，气调为筋骨，事义为皮肤，华丽为冠冕。"（卷上，第39页）用筋骨来比喻文章的气调，足见对它的重视。所谓气调包括文气和声律两方面。

㉔ 日本遍照金刚《文镜秘府论》天帙引刘善经《四声论》，对阳休之《韵略》的评价是："后学之士，咸取则焉。后生晚学，所赖多矣。"对李季节《音谱决疑》的评价是："钟蔡以还，斯人而已。"

㉕ 卷下，第31页。

㉖ 参看于海晏《汉魏六朝韵谱》，齐梁陈隋部分。昌厚：《隋韵谱》，流摄

(载《中国语文》,1961年10、11月号)。

㉗ 何晏《论语集解》,卷4,第5页引。四部丛刊影印日本正平刊本。

㉘ 参看陈寅恪《从史实论切韵》(载《岭南学报》,第9卷,第2期。1949年6月)。

㉙ 卷70,第11页。

㉚ 王念孙撰《广雅疏证》,不了解"口音"的含义,把《博雅音》里面的"口"字都改成"又"字。并且说:"《广雅》内又字多误作口。"依我们看来是缺乏根据的。明朝王谟的汉魏丛书本《广雅》仍然作"口"不误。

㉛ 卷75,第11页。

㉜ 卷下,第31页。

㉝ 王二上声六纸,丞纸反"是"字条,末尾有"舐"字。

㉞ 卷下,第32页。

㉟ 周祖谟《颜氏家训音辞篇注补》,见《汉语音韵论文集》,第88页。

㊱ 《颜氏家训》,卷下,第31页。

㊲ 卷7下,第23页。

㊳ 卷上,第12页。丛书集成本。

(载《中国语文》10月号 1962年)

《广韵》的又读字

《广韵》里有些字不止一个切语，这种字我们称为又读字。这些又读字有两读、三读、四读、五读，多的有到六读、七读的。

两读的如：①

汀　他丁切〔青〕
　　他定切，又音厅〔径〕

台　与之切，又音胎〔之〕
　　土来切〔咍〕

厚　胡口切〔厚〕
　　胡遘切〔候〕

挨　於改切〔海〕
　　於骇切〔骇〕

三读的如：

屏　薄经切，又必郢切〔青〕
　　府盈切，又饼萍二音〔清〕
　　必郢切〔静〕

攘　汝阳切，又音让〔阳〕
　　如两切，又汝羊切〔养〕
　　人样切，又音穰〔漾〕

数　所矩切　又所句、所角二切〔麌〕

　　　　色句切　又色矩、色角二切〔遇〕
　　　　所角切〔觉〕
　　断　徒管切〔缓〕
　　　　都管切,又徒管切〔缓〕
　　　　丁贯切〔换〕
四读的如：
　　射　神夜切,又音石,又音夜〔祃〕
　　　　羊谢切〔祃〕
　　　　食亦切,又神柘切,又羊谢、羊亦二切〔昔〕
　　　　羊益切〔昔〕
　　烘　呼东切,又音红〔东〕
　　　　户公切,又呼红切〔东〕
　　　　胡贡切〔送〕
　　　　呼贡切〔送〕
　　几　渠希切,又居依、居岂二切〔微〕
　　　　居依切,又祈、虮二音〔微〕
　　　　居稀切,又既狶切〔尾〕
　　　　其既切,又音虮、音机〔未〕
　　淡　徒甘切,又徒览、徒滥二切〔谈〕
　　　　以冉切,又徒敢切〔琰〕
　　　　徒敢切,又徒滥切〔敢〕
　　　　徒滥切〔阚〕
五读的如：
　　　参　仓含切〔覃〕
　　　　　苏甘切,又七南、所今二切〔谈〕

所今切,又仓含切〔侵〕

楚簪切〔侵〕

七绀切〔勘〕

参 楚宜切,又楚佳、楚懈二切〔支〕

楚佳切〔佳〕

楚皆切,又楚宜、楚牙、楚懈三切〔皆〕

初牙切〔麻〕

楚懈切,又楚宜、楚皆、初牙三切〔卦〕

堪 口含切,又五男切〔覃〕

五含切,又苦男切〔覃〕

苦咸切〔咸〕

五感切〔感〕

士减切〔豏〕

帴 昨干切〔寒〕

则前切〔先〕

即浅切〔狝〕

苏旰切〔翰〕

所八切〔黠〕

六读的如:

揭 去例切〔祭〕

居竭切〔月〕

其谒切〔月〕

渠列切,又竭、訐二音〔薛〕

丘竭切〔薛〕

居列切〔薛〕

渌　卢谷切,又音朴〔屋〕

普木切〔屋〕

卢毒切,又力各切〔沃〕

卢各切,又音禄〔铎〕

匹各切〔铎〕

郎击切,又音药②〔锡〕

七读的如:

哆　敕加切〔麻〕

尺氏切,又丑加、昌者二切〔纸〕

丁可切,又昌者切〔哿〕

昌者切,又当可切〔马〕

昌志切〔志〕

丁佐切〔个〕

鹭驾切〔祃〕

依照《广韵》的编写体例,一字多音要互注切语。但是它是一部官书,杂出众手,体例不纯。从上面的引证可以看出,有的时候甲处注了又读,而乙处又不注;有的时候虽然标注了又读,但互见的地方反切用字并不相同;还有又读字不互注切语的。所有这些前后互不照应的地方,正是前代官修书的通病。

就初步统计,《广韵》注明又音的字共 3572 处。其中上平 797 处,下平 659 处,上声 718 处,去声 856 处,入声 540 处。实际上没有标注又读而又是又读的字还多。如果单就字头统计,《广韵》的又读字有 4294 个。

一

《广韵》的又读绝大多数来源于前代旧注和音义之书。

自从汉朝出现了反切,不少读书人都用它来为古籍注音。由于各人师承不同,所操方言各别,加上时间的流逝,所造出来的反切也就不一样。正如《颜氏家训·音辞篇》所说:

> 孙叔言(当作"然"——笔者)创《尔雅音义》,是汉末人独知反语。至于魏世,此事大行。高贵乡公不解反语,以为怪异。自兹厥后,音韵锋出,各有风土,递相非笑,指马之喻,未知孰是。

陆德明在《经典释文·叙录》里也说:

> 然古人音书,止为譬况之说。孙炎始为反语。魏朝以降,蔓衍实繁,世变人移,音讹字替。

陆法言《切韵·序》也说:

> 古今声调既自有别,诸家取舍亦复不同。

这种种不同的情况使一个字出现了好几个读音不同的切语。早在隋朝没有建立以前,北方的颜之推、南方的陆德明都曾经对这种读音紊乱的现象提出过批评,要求建立正音规范。到了隋朝统一帝国建成,才有陆法言的《切韵》出现。颜之推曾经参加了《切韵》大纲的讨论,并且和萧该"多所决定"[③]。后来陆法言根据那次讨论的大纲,"遂取诸家音韵,古今字书,以前所记者,定为《切韵》五卷"。为以后韵书的编写打下了坚实的基础。唐代以来编韵书的人不少是以它作为底本进行增订补充[④]。《广韵》的编写从某种意义看也是遵照了这个格局。

但是,为了广异闻,为了保留旧读,在编制韵书或作"音义"的时候,对某些字多收一些切语,这也是前代审辨音韵的传统。陆德明撰《经典释文》,在每个字的注音中先列出他认为规范的读音,其他的音则列在后面,甚至他认为出于浅近不为典要的音也加以收录。他在《叙录》里说:

> 若经典常用,会理合时,即便遵承,标之于首。其音堪互用,义可并行,或字存多音,众家别读,苟有所取,靡不毕书。各题姓氏,以相甄识。义乖于经,亦不悉记。某或音一音者,盖出于浅近,示传闻见,览者察其衷焉。

韵书的目的在于读书正音,它的旨趣虽然和音义之书不尽同,但是在保留一些有影响的读音这点上和音义之书还是一致的。

试以《广韵》平声东韵为例,这个韵标明又读的字一共60个,除了"曈"、"梵"、"駥"3个字的又读和"辣"字读陈的一音来源不清楚外,其余的又读都可以在前代旧注和音义中找到依据。下面举一些例子。

  辣 德红切,又音陈,音栋

    直珍切〔真〕

    多贡切,又音东〔送〕

  按,《龙龛手鉴·羊部》:"辣,多贡反,又音东。"《山海经·北次三经》:"(泰戏之山)有兽焉,其状如羊,一角一目,目在耳后,其名曰辣辣。"郭璞注:"音屋栋之栋。"

  涷 德红切,又都贡切

    多贡切,又音东〔送〕

  按,《尔雅·释天》:"暴雨谓之涷。"陆德明《经典释文》

(以下简称《释文》)："涷，都贡反，郭(璞)音东。"

潼 徒红切，又通、冲二音
　　尺容切，又音同

按，《龙龛手鉴·水部》："潼音同，又冲、通二音。"

鮦 徒红切，又直冢、直柳二切
　　直陇切，又直柳切〔董〕
　　除柳切，又直蒙切〔有〕

按，《诗·小雅·鱼丽》："鱼丽于罶，鲿鲨。"毛传："鳢，鮦也。"《释文》："鮦，直冢反。"《左传·襄公四年》："楚师为陈叛故，犹在繁阳。"杜预注："繁阳，楚地。在汝南鮦阳县南。"《释文》："孟康音纣，直九反。一音童，或音直勇反，非。"

中 陟弓切 又陟仲切
　　陟仲切 又陟冲切〔送〕

按，《礼记·三年问》："故先王焉为之立中制节，壹使足以成文理，则释之矣。"《释文》："中，如字，又丁仲反。"慧琳《一切经音义》卷二十三："中，陟仲反。"

苰 陟弓切，又音冲
　　直弓切，又音中

按，《玉篇·草部》："苰，陟隆、直隆二切。""弓"、"隆"同韵。

众 职戎切，又之仲切
　　之仲切，又音终〔送〕

按，《说文·众部》："众"徐铉音之仲切。
　　《尔雅·释草》："泺，贯众。"《释文》："众音终。"

肜　以戎切，又敕林切

按，《龙龛手鉴·彡部》："肜，以戎反，俗又丑林反。"

梦　莫中切，又武仲切

　　莫凤切，又亡中切

按，《尚书·禹贡》："沱潜既道，云土梦作乂。"《释文》："梦，亡弄反，一音武仲反，徐（邈）莫公反。"

汎　房戎切，又孚剑切

　　孚梵切〔梵〕

按，《诗·郑风·溱洧》："溱与洧，方涣涣兮。"《释文》："说文作汎汎，音父弓反。"《尚书·禹贡》："禹敷土。"伪孔安国传："洪水汎溢，禹分布治九州之土。"《释文》："汎，孚剑反。"

黈　昌终切，又音统

　　他综切〔宋〕

按，《龙龛手鉴·黄部》："黈，昌终反。"《广雅·释器》："黈，黄也。"曹宪音统。

釭　古红切，又古双切

　　古双切，又音工

按，《汉书·外戚孝成赵后传》："居昭阳舍，其中庭彤朱，壁带往往为黄金釭。"颜师古注："釭音工。流俗读之音江，非也。"

廞　仓红切，又作孔切

　　作孔切，又且公切〔董〕

按，卷子本《玉篇·广部》："廞，子孔、且公二反。"

㚇　子红切，又作孔切

作孔切〔董〕

按,《龙龛手鉴·山部》:"崬,子红、资董二反。"《晋书·外戚褚裒传》:"后遣督护麋嶷进军下邳。"何超音义:"嶷本作崬,作孔反。"

綘 薄红切,又音降

按,《尔雅·释草》:"困,极綘。"《释文》:"綘,施(干)音绛,孙(炎)蒲空反。"

飑 薄红切,又步留切

按,《龙龛手鉴·风部》:"飑,正音蓬,又步留反。"

《广韵》其他韵部又读字的情况,也和东韵差不多。绝大多数的又音都可以在前代旧注和音义之书中找到依据,而找不到依据的不到十分之一。

如果对这些又读字作进一步的分析,可以看出,它反映了不同的语言现象。其中不同时代不同的人造了不同的切语是重要的原因,此外,还有古汉语构词和构形的规律,字在特定场合的特殊读音等等。

二

《广韵》的又读字有些反映了字音的古今分歧。

清朝在古音研究方面有很大的发展。学者在考定古声类和古韵部都取得可观的成绩。《广韵》里的一些又读字正可以和清人的这些成果互相印证。

先看声类。钱大昕曾经论证了古无轻唇音,非敷奉微读如帮滂並明[⑤]。在《广韵》的又读字里可以看到同一个字的反切上字既有轻唇音,也有重唇音,下面举几个帮非对立的例子。

搏　方遇切,又布莫切〔遇〕

　　补各切〔铎〕

按,《诗·大雅·公刘》:"执豕于牢,酌之用匏。"郑笺:"搏豕于牢中以为饮酒之殽。"《释文》:"搏音博,沈(重)又音付。"《周礼·天官·兽人》:"兽人掌罟田兽。"郑玄注:"罟,罔也。以罔搏所当田之兽。"《释文》:"搏音博,刘(昌宗)音付。"

楅　彼侧切,又音福〔职〕

　　方六切〔屋〕

按,《周礼·地官·乡师》:"党共射器。"郑玄注:"射器者,弓矢楅中之属。"《释文》:"楅音福,又音逼。"

帗　分勿切,又音拨〔物〕

　　北末切〔末〕

按,《说文·巾部》:"帗,读若拨。"徐铉音北末切。

钱大昕认为古声类无舌头、舌上之分⑥。在《广韵》的又读字中可以发现同一字的反切上字既有用舌头音的,也有用舌上音的。下面举几个同一字用端知作切语上字的例子。

侂　当故切〔暮〕

　　陟驾切,又丁故切〔祃〕

按,《尚书·顾命》:"王三宿,三祭,三咤。"《释文》:"咤,陟驾反,字亦作宅。"《说文》作侂(原作"诧",据惠栋校本改),丁故反。

奼　陟驾切,又丁故切〔祃〕

　　当故切〔暮〕

240

按,"姹"即"妊"字。《龙龛手鉴·女部》:"妊,当故、陟驾二反。"

莉 竹角切,本音到,又陟孝切〔觉〕
　　都导切〔号〕

按,《尔雅·释诂》:"莉,大也。"《释文》:"郭(璞)陟孝反,顾野王都角反,孙(炎)都耗反。"

掇 陟劣切,又丁活切〔薛〕
　　丁括切〔末〕

按,《易·讼》:"象曰:自下讼上,患至掇也。"《释文》:"掇,徐(邈)都活反。"《诗·周南·苤苢》:"采采苤苢,薄言掇之。"《释文》:"掇,都夺反,一音知劣反。"

钱大昕还说:"古人多舌音,后代多变为齿音,不独知彻澄三母为然也。"[7]后来有人根据这个说法,论证了照系的三等字有些与端系字有渊源关系。在《广韵》的又读字中也可以发现一些遗迹。例如下面这些字的又读反切上字分别在端母和照母。

坻 诸氏切,又直尼、当礼二切〔纸〕
　　都礼切,又支氏切〔荠〕

按,《周礼·秋官·野庐氏》:"凡道路之舟车轚互者,叙而行之。"郑玄注:"车有辕辕之属坻阁"。《释文》:"徐(邈)之尔反,刘(昌宗)都礼反。"

堵 当古切,又音者〔姥〕
　　章也切,又音覩〔马〕

按,《仪礼·燕礼》:"与卿燕,则大夫为宾;与大夫燕,亦大夫为宾。"郑玄注:"公父文伯饮南宫敬叔酒以路,堵父为客,此之谓也。"《释文》:"堵音者,刘(昌宗)音覩。"

241

蛭 之日切〔质〕

　　丁悉切,又之日切〔质〕

按,《玉篇·虫部》:"蛭,之吉、丁结二切。"《说文·虫部》:"蛭徐铉音之日切。"

靼 当割切,又之列切〔曷〕

　　旨热切〔薛〕

按,《玉篇·革部》:"靼,多达、之列二切。"《说文·革部》:"靼,徐铉音旨热切。"

再看韵类。古音祭月二部关系密切,月部是祭部的入声。《广韵》属于古代祭部的韵(如祭、泰、夬、废等)和属于古代月部的韵(如曷、末、鎋、月、薛等)里面往往互有又读字。

蚋 而锐切,又音蓺〔祭〕

　　如劣切,又如锐切〔薛〕

按,《尔雅·释虫》:"蠓、蠛蠓。"郭璞注:"小虫似蚋,喜乱飞。"《释文》:"蚋,人锐反。《字林》人劣反。"

膬 此芮切,又七劣切〔祭〕

　　七绝切〔薛〕

按,《周礼·春官·小宗伯》:"卜葬兆甫,竁亦如之。"郑玄注:"今南阳名穿地为竁,音如腐脃之脃。"《释文》:"七岁反。刘(昌宗)清劣反,或仓没反。字书无此字,但有膬字,音千劣反。今注本或有作膬字者,则与刘音为协。沈(重)云《字林》有脺,音卒。脺者,牛羊脂;膬者,耎易破,恐字误。案,如沈解,义则可通,声恐未协。膬已下皆非郑义。"

蹶 居卫切,又居月切〔祭〕

居月切,亦作蹶,又音橛〔月〕

按,《左传·襄公十九年》:"是谓蹷其本,心有其宗。"《释文》:"蹷,一音居月反,又居卫反。""蹷","蹶"同字。慧琳《一切经音义》(以下简称《慧琳音义》)卷五十五:"蹶,居月、居卫二反。"

泄 以世切,又音薛〔祭〕

私列切,又馀制切〔薛〕

按,《诗·大雅·民劳》:"惠此中国,俾民忧泄。"《释文》:"泄,以世反,又息列反。"

《广韵》麻韵字来源不同,有来自古鱼部的,有来自古歌部的。在麻韵的又读有的反映了这一情况。反映鱼部字来源的如:

畲 式车切,又音余〔麻〕

以诸切〔鱼〕

按,《易·无妄》:"不耕获,不菑畲,则有攸往。"《释文》:"畲音余。"

车 尺遮切,又音车〔麻〕

九鱼切,又昌遮切〔鱼〕

按,《尚书·牧誓》:"武王戎车三百两。"《释文》:"车,音居。释名云:古者声如居,所以居人也。今曰车,声近舍。车,舍也。韦昭辩释名云:古皆尺遮反,从汉始有音居。"

荼 宅加切,又音徒〔麻〕

同都切〔模〕

按,《穀梁传·哀公六年》:"齐陈乞弑其君荼。"《释文》:"音舒,又音徒,一音丈加反。"

衙　五加切,又音语,音鱼〔麻〕
　　　语居切,又音牙〔鱼〕
　　　鱼巨切,又音牙〔语〕
　按,《玉篇·行部》:"衙,鱼加切,又牛居、牛举二切。"《史记·建元以来侯者表》:"王迁,家在衙。"《索隐》:"一作衙,音牙。"

反映歌部字来源的如:

荠　子邪切,又昨何切〔麻〕
　　　昨何切　又子邪切〔歌〕
　按,《尔雅·释草》:"荠,荠实。"《释文》:"才河反,又子邪反。"

哆　昌者切　又当可切〔马〕
　　　丁可切,又昌者切〔哿〕
　按,《诗·小雅·巷伯》:"哆兮侈兮,成是南箕。"《释文》:"哆,昌者反,玉篇尺纸反,又昌可反。"

硰　叉瓦切,又七火切〔马〕
　　　仓果切〔果〕
　按,《龙龛手鉴·石部》:"硰,七(原误二——笔者)果反,又叉瓦反。"

𥁕　莫霞切,又莫何切〔麻〕
　　　莫婆切,又莫加切〔戈〕
　按,《玉篇·皿部》:"𥁕,莫加,莫多二切。"

《广韵》收录各种切语,但其总的目的与正音有关。有些古代的切语反映了古音的发展,《广韵》却不收录。如《尔雅·释木》:"枫,欇欇。"《释文》:"枫,甫隆反。《字林》音方廉反。"《字林》的这个切语正反映了"枫"字古音归侵部,由于当时的古音学水平,也由于韵书的目的在于正音。《广韵》收录切语的目的并不在于保存古音。又读字的情况也正是如此。

三

《广韵》的又读字也反映了某些方俗读音。

语言发展是不平衡的。一个语言分化出若干方言。由于受语言发展不平衡规律的支配,有些方言变化得快一些,有些方言变化得慢一些。有些方言保存了这种古音,有些方言保存了那种古音,有些方言产生了新的音素。不同地方的人制作反切,可能把方俗读音也记了下来。例如喻纽三等字是从古代匣纽分化来的。因此,在没有分化前它们的反切上字可以混用。这种混用六朝后期还保存在南方方言中⑧。所以从一个平面看,就是南人喻三、匣纽不分了。《广韵》又读字中喻三和匣纽对立的不少。它们都有历史上的依据。例如:

圜　户关切,又王权切〔删〕
　　王权切〔仙〕

按,《礼记·礼运》:"五色六章十二衣,还相为质也。"郑玄注:"五色六章,画绘事也。《周礼·考工记》曰:土以黄,其象方天时变,火以圜,山以章……"《释文》:"圜,音环,又音圆。"音环即户关切,音圆即王权切。

洹　雨元切,又音桓〔元〕
　　胡官切,又于元切〔桓〕

按,《汉书·项籍传》:"羽乃与盟洹水南殷墟上。"颜师古

  注:"洹音桓,俗音袁,非也。"音袁即雨元切。

 蜮 雨逼切 又音或〔职〕

  胡国切〔德〕

  按,《诗·小雅·何人斯》:"为鬼为蜮,则不可得。"《释文》:"蜮,音或,沈(重)又音域。"音域即雨逼切。

  唐朝慧琳和尚的《一切经音义》以当时秦音系的韵书为依据,他所记录的秦音和吴音,在《广韵》的又读字里也有反映。如果进一步追溯这些切语的来源,它们在旧注和前代音义之书里面已经有记录。下面举几个例子。

 猫 武瀌切,又武交切〔宵〕

  莫交切,又武瀌切〔肴〕

  按,慧琳音义卷十一"猫兔"条:"上莫包反,江外吴音以为苗字。今不取。"试比较:《诗·大雅·韩奕》:"有熊有罴,有猫有虎。"《释文》:"猫,如字,又武交反。"如字即音武瀌反。

 打 德冷切,又都挺切〔梗〕

  都挺切,又都冷切〔迥〕

  按,《慧琳音义》卷三:"打,德梗反,江外丁挺反。"卷八:"打,德梗反,陆法言云都挺反,吴音。今不取。"又卷十二:"打,吴音为顶,集训音德冷反。"德冷切是秦音,希麟《续一切经音义》卷九:"打,《切韵》都挺反,秦音德梗反。"可以作为证明。

  试比较:《广雅·释诂三》:"打,击也。"曹宪音鼎。音鼎即都挺反。

 厌 于琰切〔琰〕

　　　　于叶切,于琰切〔叶〕

　　按,《慧琳音义》卷四十六:"厌,伊琰反,山东音伊叶反。"试比较:《左传·僖公十五年》:"亦晋之妖梦是践。"杜预注:"申生言帝许罚有罪,今将晋君而西,以厌息此语。"《释文》:"厌,于冉反,一音于甲反,又于辄反。"

訾　即移切〔支〕
　　　　将此切〔纸〕

　　按,《慧琳音义》卷四十三:"訾,子移反,吴音子尔反。"试比较:"《广雅·释诂二》:"訾,谋也。"曹宪音:"子移反,又紫音。"

韵书的目的在于正音,对于方俗异读要从规范的角度加以匡正。所以陆法言《切韵·序》说:"因论南北是非,古今通塞,欲更捃选精切,除削疏缓。"颜之推在《颜氏家训·音辞篇》里也谈到他教育子弟要注意正音规范。他说:

　　李季节著《音韵决疑》,时有错失;阳休之造切韵,殊为疏野。吾家儿女,虽在孩稚,便渐督正之。一言讹替,以为己罪矣。

颜之推在这篇文章中还论及当时一些不合正音规范的方音俗读,如造切语时,南人声纽方面从邪不分,神禅不分;北人韵部鱼虞不分,支脂不分,狎洽不分[⑨]。但是《广韵》又读字中,这些声纽或韵部混用的现象并不多。鱼虞、狎洽对立的各有一字[⑩],支脂对立的仅有三字[⑪],神禅对立的也只有三字。除"狔""眱"两字外,"苻"字的情况还有点特别。

苻　市之切,又音市〔之〕

时吏切〔志〕

"市"在禅纽,"示"在神纽。《广韵》的"示"字在至韵神至切,这个小韵没有收"莳"字。而志韵时吏切这个小韵却收了"莳"字。考前人切语,去声的"莳"字有用禅纽字作反切上字的。例如:

《方言》卷十二:"莳,更也。"郭璞音侍。

《晋书·孝友传》:"郭巨致锡金之庆,阳雍标莳玉之祉。"何超音义:"莳,时吏反。"

《说文·艸部》:"莳",徐铉音时吏反。

《广韵》按照前人的切语把"莳"字收入志韵的时吏切下,而之韵却保留了神纽去声的又读。

《广韵》里反映从邪对立的又读字数量最大,但是也不到十条[12]。

因此,可以认为《广韵》的又读字反映了某些方俗读音现象,它的目的并不在于保存方俗读音。

四

《广韵》又读字反映了古汉语某些构词和构形的规律。

古代汉语里有些词由于语音变化而显示了不同的词汇意义和语法意义。它们用同一方块字表示,为了表示差别,采用了变读的办法。

陆德明在《经典释文·叙录》里说:

> 夫质有精粗,谓之好恶(原注:并如字);心有爱憎,称为好恶(原注:上呼报反,下乌路反);当体即云名誉(原注:音预),论情则曰毁誉(原注:音馀)。及夫自败(原注:蒲迈反)、败他

（原注：补败反）之殊，自坏（原注：呼怪反）、坏彻（原注：音怪）之异。此等或近代始分，或古已为别，相仍积习，有自来矣。余承师说，皆辨析之。

"好"、"恶"二字表示性质和表示心理活动的不同而有不同的读音。表示好坏的好读上声，表示爱好喜欢的好读去声。表示美恶的恶读入声，表示爱恶的恶读去声。

《颜氏家训·音辞篇》也谈到这一现象。他说：

> 夫物体自有精粗，精粗谓之好恶，人心有所去取，去取谓之好恶（原注：上呼号反，下乌故反）。此音见于葛洪、徐邈，而河北学士读《尚书》云好（原注：呼报反）生恶（原注：于谷反）杀，是为一论物体，一就人情，殊不通矣。

陆德明《经典释文》对"好"、"恶"二字的读音多有记录。如《礼记·大学》："如恶恶臭，如好好色。"释文："恶恶，上乌路反，下如字。"又"好好，上呼报反，下如字"。

《广韵》里"好"、"恶"二字的又读和释义正反映了这种现象。

好　呼晧切。善也；美也。又呼号切〔晧〕

　　呼到切。爱也。又呼老切〔号〕

恶　乌各切。不善也；说文曰：过也。

　　又乌故切〔铎〕

　　乌路切。憎恶也。又乌各切〔暮〕

"誉"字表示美名是名词，读去声；表示称誉赞美是动词，读平声。《礼记·表记》："子曰：君子不以口誉人。"《释文》："誉，音馀。"《左传·庄公十四年》："蔡哀侯为莘故，绳息妫以语楚子。"杜预注："绳，誉也。"《释文》："誉音馀，又如字。"《广韵》的"誉"字正有平去两读。

> **誉** 以诸切。称也。又音预〔鱼〕
> 　　羊洳切。称美也。又音馀〔御〕

"自败"、"败他"、"自坏"、"坏彻"是说"败"、"坏"这两个动词本身有自动、使动的不同语法意义不一样,读音也就有差别。《颜氏家训·音辞篇》说:

> 江南学士读《左传》,口相传述,自为凡例。军自败曰败,打破人军曰败(原注:补败)。诸传记未见补败反。徐仙民读左传唯一处有此音,又不言自败、败人之别,此其为穿凿耳。

陆德明《经典释文》承认这种读音差别。如《左传·隐公元年》:"败宋师于黄。"《释文》:"败,必迈反,败他也。"又《公羊传·隐公十年》:"公败宋师于营。"《释文》:"必迈反,凡临他曰败,皆同此音。"试比较:《左传·昭公五年》:"火焚山,山败。"《释文》:"必迈反,又如字。"《广韵》的"败"字又读反映了这种差别。

> **败** 自破曰败。说文:毁也。薄迈切,又北迈切〔夬〕
> 　　破他曰败,补迈切,又音唄〔夬〕

至于"坏"字的两读,也见于前代典籍。如:《礼记·儒行》:"世治不经,世乱不沮。"郑玄注:"世乱不沮,不以道衰废坏己志也。"《释文》:"坏,乎怪反,又音怪。"《左传·哀公十年》:"三子各毁其乘。"杜预注:"坏其军乘,公以足成三军。"《释文》:"坏,音怪。"《广韵》的"坏"字又读正反映了这种差别。

> **坏** 古坏切。毁也。又胡怪切〔怪〕
> 　　胡怪切。自破也〔怪〕

这类现象汉代经师已经有记录。近代历史比较语言学发达,通过汉藏语系一些语言的比较研究,发现这些语言也有利用声母、韵母、声调变化表示这些构词、构形方式的,这可能是汉藏语系语言的共同规律。因为当代学者多有论列,这里就从略了[13]。

五

《广韵》的又读字还有另一种情况,那就是某字在特定的场合有特定的读音。

"夫"字有两读。一是指成年男子,音甫无切。《礼记·曲礼》:"若夫坐如尸,行如齐。"《释文》:"夫方于反。丈夫也。"一表句首语气,是一个语气词。《乾·乾》:"夫大人者,与天地合其德。"《释文》:"夫,音符,发端之字皆放此。"《周礼·秋官·司烜氏》:"掌以夫遂取明火于日。"郑玄注:郑司农云:"夫发语声。"《释文》:方符反,或云(郑)司农音符。"《礼记·曲礼》:"夫礼者,所以定亲疏,决嫌疑。"《释文》:"夫音扶,凡发语之端皆然。"《广韵》的"夫"字又读正是如此。

　　夫　防无切。语助。又府符切〔虞〕
　　　　甫无切。丈夫〔虞〕

"於"字音央居切是介词,音哀都切表示呼声或赞叹,是叹词。在前代界画分明。如《书·舜典》:"於予击石拊石,百兽率舞。"《释文》:"於,如字,或音乌而绝句者非。"就是说,这里的"於"音央居切,是介词,不音哀都切,不在它后面断句。《广韵》的"於"字又读也正是这样。

　　於　居也;代也;语辞也。央居切,又哀都切〔鱼〕
　　　　哀都切。古作於戏,今作呜呼〔模〕

"居"字音九鱼切,是动词。《易·系辞》:"君子居则观其象而玩其辞。"《释文》:"居,马(融)如字,处也。"音姬,居之切是语助词。

《礼记·檀弓》：" 何居！我未之前闻也。"郑玄注：" 居读为姬姓之姬，齐鲁之间语助也。"《释文》：" 居音姬，下同。"又《郊特牲》：" 三日齐，一日用之，犹恐不敬，二日伐鼓，何居！"郑玄注：" 居读为姬，语之助也。何居，怪之也。"《释文》：" 居音姬。"《广韵》的"居"字又读也有明显的区别。

  居 九鱼切。当也；处也；安也〔鱼〕
    居之切。语助，见礼⑭〔之〕

"姬"字音居之切，是周朝王室始祖之姓。《诗·召南·何彼秾矣》：" 曷不肃雝，王姬之车。"《释文》：" 姬，音基。王姬，武王女。姬，周姓也。"音与之切是帝王之妾。《汉书·文帝纪》：" 母曰薄姬。"颜师古注引如淳曰：" 姬音怡。众妾之总称。"钱大昭《汉书辨疑》曰：" 六朝人称妾母为姨即此意。但不知姬有怡音。因变文为姨。此俗间之谬耳。"《广韵》的"姬"字又读界画也非常清楚。

  姬 与之切。王妻别名，本又音基〔之〕
    同姓也。居之切〔之〕

"蛸"字有两读。在"蟏蛸"一词中音所交切。《诗·豳风·东山》：" 伊威在室，蟏蛸在户。"《释文》：" 蛸，所交反，郭音萧。"《尔雅·释虫》：" 蟏蛸，长踦。"《释文》：" 蛸，所交反，郭音萧。"在"螵蛸"一词中音相邀切。《尔雅·释虫》：" 不过，蟷蠰，其子蜱蛸。"《释文》：" 蛸，音萧。"韵部略异。在《广韵》中"蛸"字的两读正体现了这一差别。

  蛸 相邀切。螵蛸，虫也。尔雅注云：一名蟚蟧。亦姓。……又所交切〔宵〕
    所交切。蟏蛸，喜子〔肴〕

"蛾"字音五何切，意思是蚕蛾。《尔雅·释虫》：" 蚕，罗。"郭璞

注:"蚕蚅。"《释文》:"蚅,本又作蛾。说文同,我河反。"音鱼倚切,意思是虮蜉。《礼记·学记》引《说命》:"蛾子时术之。"《释文》:"蛾,鱼起反。"《广韵》的"蛾"字的又读也体现了这个区别。

  蛾 五何切。蚕蛾。又姓。……《礼记》又音蚁〔歌〕

    上同(指同蚁——笔者),见礼〔纸〕

  还有一些字用作地名有专门的读音。《广韵》也有收录。这里不一一列举。

六

  《广韵》有些字的又读值得怀疑。下面举一些例子。

  駥 薄红切,又音龙〔东〕

    按,钟韵龙字小韵(力钟切)没有收这个字。江韵泷字小韵(吕江切)收了这个字。《龙龛手鉴·马部》:"駥,薄江(当作红——笔者)、吕江二反。"《广韵》"又音龙"的"龙"字很可能是"泷"的误字。

  赍 符非切,又布昆、彼羲、符文三切〔微〕

    按,支韵符羁切下没有收"赍"字。《易·赍》释文:"方义反,徐(邈)一音扶云反,又音奔。"《广韵》去声寘韵彼义切有"赍"字。这里的"羲"字当是"义"的误字。

  呰 祖(原作相,据陈澧《切韵考》校改)稽切,又兹比切〔齐〕

    按,上声荠韵将儿切小韵没有收"呰"字。《说文·此部》"呰"字徐铉音将此切。《广韵》上声荠韵徂礼切小韵收有"呰"字,注明又音子西、兹此二切。根据以上材料,兹比切当作兹此切。纸韵将此切小韵正收录有这个字。

髟　甫遥切,又所衔切〔宵〕
　　甫烋切,又音标,彡二音〔幽〕
　　所衔切〔衔〕

按,"髟"音所衔切是错的。清人段玉裁注《说文》已经谈到。他说:"《五经文字》必由反。夅部鬃从此为声,可得此字之正音矣。音转乃为必凋切、匹妙切。其为所衔切者大谬,误认为彡声也。"

炕　呼郎切,又苦朗切〔唐〕

按,荡韵苦朗切小韵没有收这个字。据《说文·火部》"炕"字徐铉音苦浪切。《龙龛手鉴·火部》同。这个"朗"字可能是"浪"字之误。

䩨　奴丁切,又乃定切〔青〕

按,去声径韵乃定切没有收这个字。平声之韵赤之切小韵有这个字。卷子本《玉篇》残卷曰部此字音乃经、乃之二反。乃定这个切语可能有误。但是《集韵》去声径韵乃定切小韵已经收了这个字。值得进一步探讨。

䅩　馀针切,又延求切〔侵〕

按,䅩音延求切在前代文献里没有见过。《集韵》、《类篇》这个字下面都引《说文》:"近求也。"看来延求切这个切语不能够成立。它是"近求也"三字之误。

䗯　一盐切,又鱼检切〔盐〕

按,《说文·女部》、《玉篇·女部》、《广韵》和《集韵》感韵五感切这个小韵没有"䫈"字,只有"嫆"字。《广雅·释诂一》:"嫆,美也。"曹宪用"乌检"二字作切语。《广韵》的鱼检切也许有误。

䪷 胡瓦切,又音坏〔马〕

按,《广韵》去声古坏切、胡怪切两个小韵都没有收䪷字,音坏值得怀疑。段玉裁对此曾有论证,抄录如下:"此谓读如隳坏之隳也。隳、隋声,在十七部,音转许规切,入十六部。凡圭声字在十六部。铉本脱去隳字。《广韵》䪷有坏音误矣。《广韵》胡瓦切,十七部之音变也。"⑮

盇 云久切,又余救切〔有〕

按,去声宥韵余救切没有收这个字。于救切小韵有这个字。《说文·皿部》"盇"字音于救切。这个"余"字可能是"于"的误字。

屈 丘倨切,又口答切〔御〕

按,入声合韵口答切小韵没有收这个字,但是古沓切小韵收了这个字。《礼记·杂记》:"朝夕哭不帷。"郑玄注:"既出则施其屈鬼神。"《释文》:"《玉篇》:羌据、公答二反。""公"字在见纽,"口"字在溪纽。"口答切"可能是"古答切"之误。

赾 胡遘切,又蒲北切〔候〕

按,入声德韵蒲北切下没有"赾"字,有"踣"字。《集韵》入声德韵同。"赾"和"踣"意义不一样,"赾"是蹇行,"踣"是僵仆。《玉篇·走部》"赾"字下也没有蒲北切的音。这里蒲北切值得怀疑。

姡 户括切,又音刮〔末〕

> 按,入声鎋韵古頒切小韵不收"姡"字。《尔雅·释言》:"甗,姡也"。《释文》:"姡,户刮反,又户括反。"《广韵》鎋韵下刮切小韵收了"姡"字。这里"刮"字上面可能脱去了一个表示匣纽声母的字。

如果把《广韵》全书的又读字参照前代典籍认真进行一番清理,将会发现更多的又读字属于文字讹误或前代误读。

[附　注]

① 这里引用《广韵》只录切语,韵部名称写在〔　〕内。
② 《广韵》入声以灼切小韵没有收"爍"字。有"藻"字,注云:"水名。"
③ 见陆法言《切韵序》。
④ 见《广韵》前列增字各家姓名。
⑤ 见钱大昕《十驾斋养新录》卷五。
⑥ 同上。
⑦ 同上。
⑧ 参看周祖谟《颜氏家训音辞篇注补》。《问学集》上册第四一三页。
⑨ 《颜氏家训·音辞篇》:"其谬失轻微者,则南人以钱为涎,以石为射,以贱为羡,以是为舐。北人以庶为戍,以如为儒,以紫为姊,以洽为狎。如此之例,两失甚多。"
⑩ 它们是:去声御韵:"捒,所去切,又色主切。""刣"在遇韵"厌"字在洽韵侯夹切小韵下,又在狎韵古狎切小韵下。
⑪ 它们是:上声纸韵:"坻,诸氏切,又直尼、当礼二切。"纸是支韵上声,直尼切在脂韵。脂韵:"夂,息遗切,又楚危切。"楚危切在脂韵。"髀"在纸韵并弭切小韵下,又在旨韵卑履切小韵下。
⑫ 它们是:"挦"在侵韵徐林切小韵下,又在覃韵昨盐切小韵下。"徐"在邪纽,"昨"在从纽。"漮"字在上声轸韵慈刃切小韵下,又在去声震韵徐刃切小韵下。"慈"在从纽。"鄹"在上声麌韵慈庾切小韵下,又在上声缓韵辞纂切

小韵下。"辞"在邪纽。侵韵:"鬵徐林切,又才心、昨盐二切。""灊徐林切,又才心、昨盐二切。""昨"、"才"都在从纽。冬韵:"賨藏宗切,又似由切。""藏"在从纽,似在邪纽。

⑬ 参看周祖谟《四声别义释例》载《问学集》卷上。王力《古汉语自动词和使动词的配对》载《中华文史论丛》第六辑。

⑭《庄子》的释文也收录了这个音,不是只见于《礼记》。

⑮ 参见《说文·艸部》"蕻"字注。

(载《音韵学研究》第一辑　中华书局　1984年)

关于《集韵》的校理

《集韵》是宋代继《广韵》之后的又一部大型官修韵书。根据卷首韵例,它在收字、注音、释义各个方面都尽量要求完备。全书收字三万以上①,大大超过了《广韵》。一个字的音读也比《广韵》多,字义的解释也比较丰富,收录的义项不少。正因为如此,这部书除了音韵学上的价值外,在训诂学和文字学方面也有重要的作用。研究近代汉语的人往往利用《集韵》来考释唐宋俗语词,例如亡友郭在贻教授解释张鷟《游仙窟》"娅姹向前"的"娅姹"、"行步绝娃嬩"的"娃嬩",根据的就是《集韵》。研究战国文字的人,也常常参考《集韵》里收列的古文,求得解释的线索。近年来,《集韵》的作用越来越受到重视。

《集韵》成书于宋仁宗宝元二年(1039),庆历三年(1043)八月十七日雕成。此后各地陆续有一些重刻本问世。据目前所知有明州刻本、蜀中刻本、中原刻本、金州刻本、潭州刻本等。从元朝到明朝近四百年的时间,这部书没有重刻过,宋代的印本也渐渐稀少。到了明末清初,见过这部书的人已经不多,博识如顾炎武,也因为没有看到这部书而认为已经亡佚②。

清康熙年间,朱彝尊从毛扆处借得一部影宋抄本《集韵》,交给曹寅镂版印行,以广流传。康熙四十五年(1706),书在扬州刻成,于是《集韵》又有了刻本在世上传播。但是这个本子"版刻精工,而校雠未善,识者之所弗取"(姚觐元语)。由于这个本子是康熙年间刻的,属于善本书之列,现在已经很难见到。一百余年后,顾广圻重修曹氏刻本,在嘉庆十九年(1814)刻成,这年是甲戌年,这个本子通常称为甲戌重修本。顾氏精于校雠之学,是清代有名的校勘学家,但是他没有看到宋本《集韵》,重修本对曹本作的改动并不大。光绪二年(1876),姚觐元依据甲戌重修本与《类篇》、《礼部韵略》合刻于川东官署。这就是通常所说的"姚刻三种"。这个刻本完全依照甲戌本,没有改动。这三个刻本一脉相承,虽然祖本都是汲古阁影宋抄本,但是曹氏刻书的时候,按照自己所定的统一格式重新编排抄写,出现了一些新的错讹。加上参加编纂《集韵》的人并不都是语言文字方面的专家,官修书粗疏的地方也表现得非常突出。姚觐元说:"《集韵》触处皆误。"不是夸张之谈。

从清乾嘉以来,就有学者打算校理这部书。嘉庆二十三年(1818)陈奂曾去拜访王念孙,当时王念孙已经七十五岁,曾经向陈奂说了这样一番话:"余欲理董《集韵》久矣,《广雅疏证》成,日月已迈。段先生亦常思修之,《说文注》刊行,而终获寿考。[3]"可见乾嘉时期的大师如段、王等人都有心于这部书。王念孙关于《集韵》的见解,没有勒成专书,但在《广雅疏证》和《读书杂志》里面还可以见到少量片段。段玉裁在《集韵》下的功夫多一些,他还用汲古阁影宋抄本《集韵》校曹本。段校的《集韵》京、宁、沪图书馆都藏有清人的过录本多种。

根据记载,陈奂治《集韵》甚勤,但是没有成果传下来。陈奂有两个弟子传他的《集韵》之学。一个是马钊,写有《集韵校勘记》;另一个是丁士涵,也曾利用传世典籍对《集韵》作过校理。此外,清人校理过《集韵》的尚有余萧客、吴骞、许克勤、莫绳孙、钮树玉、顾广圻、陈庆镛、黄彭年、凌曙、吕贤基、许瀚、汪道谦、韩泰华、庞鸿文、庞鸿书、方成珪、陈鳣、李贻德、汤裕、董文焕、孙诒让、陆心源、卫天鹏、朱一新、黄国瑾、钱振常、钱恂、濮子潼、姚觐元等数十家。其中方成珪的《集韵考正》收入《永嘉丛书》,又收入《万有文库》,比较易得。陆心源所校《集韵》在《群书校补》中。此外,马钊的《集韵校勘记》仅是稿本。姚觐元在《重刻集韵类篇礼部韵略序》中说:"以新刻本用丹笔标识,将为札记附本书后,以就正有道,而未卒业,……"现在能够看到的姚觐元《集韵考正会编》稿本四册,只到平声盐韵,还没有全书的一半。他用宋本、汲古阁影宋抄本校自己的刻本,又收录了余萧客、段玉裁、韩泰华、吕贤基各家校语,虽非完帙,也可窥见清代学者整理这部书的情况。

近几十年没有出现过全面整理这部书的工作。什么原因可以不去研究,但是为了更好地利用这部书,加以校理还是非常必要的。校理《集韵》可以从三个方面做起:

首先是版本的校勘。《集韵》的庆历原刻清人没有看到,清人所谓北宋本,看来应该是南宋重刻本。就是这个本子,在清朝也不是每个人都有缘看到的,顾广圻就因为没有看到宋本而发出感慨[④]。

今天,我们有比较优越的条件,一些前人没有看到或者不知道的本子相继影印出版。上海古籍出版社影印的钱氏述古堂影宋钞本、中华书局《古逸丛书》三编影印的宋潭州刻本,对于校理《集韵》都很有用处,这些都是前人没有利用过的本子。至于段玉裁看到的那部汲古阁影宋抄本《集韵》,现入藏宁波天一阁文管所,据说也在洽谈影印。

这些本子可以校正曹本的地方很多,举几个明显的例子。平声一东韵徒东切:"詞,《说文》:共也。一曰譀也。引《周书》在夏后之詞。"《古逸丛书》本(以下简称"宋刻")、汲古阁影宋本(以下简称"毛本")、述古堂影宋本(以下简称"钱本")"譀"均作"譀",与《说文》合,《类篇·言部》亦作"譀",当据正。又七之韵渠之切:"祺,《说文》:吉也,一曰祥也。籀篆,古作祺。""篆",宋刻、毛本、钱本作"从基",当改。

可见宋本有精到的地方,也有讹错的地方,要具体分析,认真对待。如平声十七真韵:"秦,慈邻切。文九。"这个小韵曹本只有八个字头,宋刻同。但是毛本、钱本这个小韵的"榛"字下有"嫊,女字",补上之后,正好凑足九个之数。去声十三祭韵必袂切:"幣,财也。《周礼》幣馀之赋。于宝读。"宋刻、毛本、钱本同。按:"于"当作"干",各本皆误。

其次是收录各家校语及前人语言文字研究涉及《集韵》的成果。各家校语中有不少精彩的意见。如段玉裁的校语,可采纳的地方就很多。例如平声三钟韵思恭切:"髿,髵髿,髮乱。或省。"段校:"按:下文髵,渠容切。髵髵,髮乱。宋本此注作髵,曹本作髵。恐曹所据不同。"又二十一侵韵渠金切:"忴,忴惧,健了儿。"曹本下有空格。段校:"宋本不空,则无缺也。楝亭所得本盖与毛子晋所影本非一刻。"现在能够看到的一些宋刻本和影宋抄本,完全证实了段玉裁的论断。至迟在南宋时期,《集韵》的刻本就已经有分歧了。又如一东韵胡公切的"虹"字的异文有"蝎"字,各本俱同。从"曷"为什么音虹,清人的校语不只一家谈到这个问题。庞鸿文说:"虹,籀文从虫,形似蝎,作蝎谬。"姚觐元也引钮树玉说:"蝎系蜺之误。"

当然,各家校本也有精粗优劣之分,比方同是校汲古阁影宋抄本,段玉裁、方成珪、韩泰华、陆心源各家就不尽相同;同是段玉裁的校语,陈鳣、潘锡爵、顾之逵、莫绳孙各家过录也小有差异,应该注意。

清人读书笔记里面有一些探讨《集韵》的材料,其中有足参考的,应该收集。例如平声一东韵德红切:"䜵,东郡馆名。"《类篇·食部》同。按《广韵·东韵》此字注有"《地理志》云"四字,但是《汉书·地理志》没有这条材料。洪亮吉《晓读书斋四录》对此有所解释,他说:

> 考今本《地理志》东郡临邑有涷庙,字从水,非食也。《玉篇》亦不收"䜵"字,是当以涷字为正。《说文》:"涷,水出发鸠山,入于河。"与东郡之临邑无涉。惟济水实经于此,乃悟《地理志》"涷"字实"沛"字之误,下小颜《注》:"沛亦济水字也。"盖可证"涷"字当作沛。《郡国志》云沛庙在临邑,《水经注》云:"临邑有济水祠。"是也。因沛而误作涷,因涷而误作䜵,真所谓字经三写,乌焉变马矣。《广韵》、《集韵》皆然,字书之不足信如此。

清人研究别的著作而涉及《集韵》的,其中精审之处极多,可以收录。如平声二仙昌缘切:"甝,磬穿也。"这条材料根据的是《经典释文》。《考工记·磬氏》:"已下则摩其甝。"《释文》:"甝,音端。刘昌宗又音穿。"可以为证。但这个音是错的,孙诒让《周礼正义》指出:"刘音与经义不合,不足据。"《周礼》的甝和端是古今字,没有这个音,也没有这个义。又如入声十九铎闶各切:"砝,砝鼠。木名。一曰王棘。"古代文献中"砝鼠"并没有作木名。这是编者误解了《仪礼·士丧礼》的郑玄《注》。《仪礼·士丧礼》云:"决用正,王棘若檡棘。"郑玄《注》:"世俗谓王棘砝鼠,言王棘可以砝鼠也。"《广韵·铎韵》:"砝,《仪礼注》王棘砝鼠。"并没有错,《集韵》和《类篇》误解注义就错了。清人惠栋在《仪礼古义》中指出:

砥,古"磔"字。《史记·李斯列传》云:"十公主砥死于杜。"张守节云:"砥音贮格反。"司马贞曰:"砥字音磔,与磔同。古今字异耳。"司马公《类篇》云:"王棘,一名砥鼠。"刘昌宗音砥为托,皆失之〔原注:磔鼠见《张汤传》〕。⑤

此外,用传世典籍校《集韵》,不难发现《集韵》的编者,或凭自己的记忆,或转引他书,没有认真核对原书。丁士涵校《集韵》,所得甚多;但是他还有一些书没有利用,就是利用了的书也有遗漏,可以补苴。在这方面还有许多工作可以做。

有些地方,没有文献资料作为强有力的依据,但是根据音韵、文字、训诂的知识可以作出判断。例如平声一东韵都笼切:"鍊,《方言》:'輨、軑,赵魏之间曰鍊鏅。'"前人已经校出軑是钦的错字。其实这个字的字头就错了,这一条不该在东韵。这条文字在《方言》第九是:"輨、钦,赵魏之间曰鍊鏅。"鍊,郭璞《注》音鍊。《广雅·释器》收有这一条,字也作"鍊",从束,曹宪音谏。从东作鍊是一个错字,这一条当删去。又如上声四十九敢韵杜览切:"滥,竹声。"乍一看,"滥"有竹子发出声音的意思,但是在文献上却找不到证据。原来是编者误解了《礼记·乐记》"竹声滥"的意义。《乐记》的原文是:"竹声滥,滥以立会,会以聚众。君子听竽笙箫管之声,则思畜聚之臣。"郑玄《注》:"滥之意犹揽聚也。"孔颖达《正义》:"滥犹揽也。言竹声揽然有积聚之意也。"很明确,这里滥是揽聚的意思,"竹声滥"是说管乐器发出的声音很收敛。《集韵》的解释不当。这种情况在《集韵》里面还不是个别的。校理《集韵》,不仅要注意版本上的讹误,还应该注意编者粗疏造成的失误。

[附　注]

①《集韵》是韵书,按音统计字数,一个字有两个音,就以两个字计,故有5万之数。照字书的算法,《集韵》实际只有32381个字。参看赵继《〈集韵〉究竟收多少字?》,《辞书研究》,1986年第3期。

② 顾炎武《音论》卷上云:"〔李焘《五音韵补序》〕又曰:'《切韵》、《广韵》皆莫如《集韵》详,故司马光因以修《类篇》。'是则宋时韵学元有详略二书,今《集韵》不存,而后人所祖述者皆本之《韵略》耳。"

③ 陈奂《王石臞先生遗文编次序》,见《王石臞先生遗文》卷首。

④ 顾广圻云:"向闻书贾钱听默说,宋椠本在扬州汪某家。近启古馀先生从之借观,坚不肯出。惜哉!惜哉!"见《思适斋书跋》卷一。

⑤ 见《昭代丛书》甲集补(道光本),卷六,页十五。

(载《中国语文通讯》(香港)第23期　1992年)

读《广雅疏证》

一

王念孙的《广雅疏证》在我国语言学史上占有重要的地位。这部著作对三国时张揖的《广雅》进行了系统的整理,在疏证词语时,举例翔实,为研究古代汉语提供了丰富的资料。

王念孙,字怀祖,号石渠,又作石臞。江苏高邮人。生于清乾隆九年(1744),卒于道光十二年(1832)。《广雅疏证》是他的代表作。这部书从乾隆五十二年秋天开始动笔到乾隆六十年秋冬间全书写成,前后差不多用了九年时间。① 他的儿子王引之也不时参加意见,并且单独疏证了书的第十卷。②

阮元在《王石臞先生墓志铭》里曾经谈到这部书的编写原委。原来王念孙并不打算研究《广雅》。他对《尔雅》、《说文》都做了一些研究的准备,后来因为知道了这些书都已经有人在研究,于是便打消了研究这些书的念头,将所收集的资料全部用于《广雅疏证》。③

《广雅疏证》在当时学术界颇负盛名。书还在编写的时候,有名的校勘学家卢文弨曾经写信给王念孙,打算刊印已经定稿的前几卷。书成之后,学者们把它比作北魏郦道元之注《水经》,意思是说注释比原书更有价值。段玉裁在给这本书所作的序中认为:"尤能以古音得经义,盖天下一人而已矣!"并且写信给王念孙赞扬说:"读《广雅疏证》如入武陵桃源,取径幽深,而其中旷朗。"④焦循写《读书三十二赞》也称许说:"高邮王氏,郑许之亚。借张揖书,示人大路。"⑤这些评语就当时的学术水平看,并不过分。

王念孙本人对这部书也很自负。他在给刘台拱的信里说:"是书(指《广雅》——笔者)虽不及《尔雅》、《方言》之精,然周秦汉人之训诂皆在焉,若不校注,恐将来遂失其传。"⑥根据陈奂的回忆,嘉庆二十三年陈奂去会见王念孙时,王念孙曾经告诉他说:"余之欲理董《集韵》久矣,《广雅疏证》成,日月已迈。段先生亦常思修之,《说文注》刊行,而终获寿考。"⑦讲这段话的时候,王念孙已经七十五岁。《读书杂志》等著作都快完成了。但是他只提《广雅疏证》,并且把它跟段玉裁的《说文解字注》并提,可见他本人也是把这部书作为他的代表作的。

二

《广雅疏证》(以下简称《疏证》)有许多优点。它引证丰富,举例精当,有时旁征博引,连类而及,给人以极为深刻的印象。除此以外,还可以举出以下几点:

第一,发掘了一批语言史料。

《广雅》成书于公元 3 世纪,书里保存了不少古词古义。由于文献不足征,疏通证明,难度较大。但《疏证》在这方面作得较为出色。如:"乘"有二的意思,这是一个古义,后人不了解这点,往往产生差错。唐代尹知章注《管子》,把《四称篇》的"出则乘等,入则党骈"的"乘"解释为"同乘"。⑧《淮南子·泰族训》的"关雎兴于鸟而君子美之,以其雌雄不乘居也",被后来的人改成了"不乖居也"。⑨《疏证》在《释诂四》"乘,二也"条下证明"乘"在古代有二的意思,并且列举了它的使用情况:

《方言》:飞鸟曰双,雁曰乘。《周官·校人》:乘马。郑注云:二耦为乘。凡经言乘禽、乘矢、乘壶、乘韦之属,义与此同也(4上14上)。⑩

明白了这点,读扬雄《解嘲》,就不致将"乘雁集不为之多"的"乘雁"解释为一只雁了。

人们由于不了解古义,在解读古书时往往出现错误。例如"农"有尽心尽力的意思,《广雅》收录了这个古训。两晋以来不少人已经弄不清楚这个意思了。《尚书·吕刑》:"稷降播种,农植嘉谷。"伪孔传解成:"后稷下教民播种,农亩生善谷。"《左传·襄公十三年》:"君子尚能而让其下,小人农力以事其上"里面的"农"字没有解释,大概杜预是把它作为一般的"农"字来处理了。《疏证》在《释诂三》"农,勉也"条下辨证了上面几个句子里"农"字的用法,并且指出,"此皆古人谓勉为农之证,解者多失之"(3上21上)。

有些古义,《广雅》没有收录,《疏证》在相应的词条下作了补充说明。如《释训》:"从容,举动也。"《疏证》指出"从容"除了表示举动的意思外,还有舒缓的意思(6上34下)。在"陆离,参差也"条下,《疏证》指出"貌参差谓之陆离,声参差亦谓之陆离",同时还指出陆离表示长貌(6上36—37)。又《释丘》:"坟,冢也。"《疏证》补证:"自秦以前,皆谓葬而无坟者为墓,汉则坟墓通称"(9下14上)。

第二,纠正了前代一些错误的解说。

《疏证》对前代通行的说法有许多辨证,对古书旧注的错误也多有纠正。

"黔首"这个词一般认为出现于秦朝。因为《史记·秦始皇本纪》曾说:"二十六年更名民曰黔首。"《说文·黑部》也说:"秦谓民曰黔首。"后来有人看到秦以前的文献里出现了这个词,仍不敢有异议,而曲为之解,以迁就上面的说法。如《礼记·祭义》:"明命鬼神,以为黔首则。"孔颖达解释成:"此孔子言,非当秦世,记录之人在后,变改之耳。"《疏证》在《释诂四》的"黔首,民也"条下,使用了《礼记·祭义》、《战国策·魏策》等有关材料,指出:"盖旧有此称,而至秦遂以为定名,非始皇创为之也"(4上3下)。这样来处理"黔首"一词的来源,应该说是比较客观的。

《大雅·緜》:"曰止曰时,筑室于兹。"郑笺把"时"解释为"是",作指示代词用。《疏证》在《释诂三》"跱,止也"条下引用了他儿子王引之的说法:"经文叠用曰字,不当上下异训。二曰字皆语辞。时亦止也。古人自有复语耳。《尔雅》:'爰,曰也。'曰止曰时,犹爰居爰处"(3下4上)。

李斯《谏逐客书》:"阿缟之衣,锦绣之饰。"徐广《史记音义》根据上文"江南金锡,西蜀丹青",认为阿缟是齐国东阿产的缟。《疏证》在《释器》"绹缟,练也"条指出:"阿"就是"绹","阿缟皆细缯之名,非以其出自东阿而谓之阿缟也"(7上21上)。这类解说在《疏证》里面为数不少。

第三,对词的词源意义作了一些有趣的探索。

在《释兽》"麛,䕫也"条下,《疏证》论述了"枘"、"鲡"、"雏"、"𪆟"、"䕫"的词源意义都和"小"有关。他说:

《尔雅》:"鹿,其子麛。"……是麛为鹿子之名。……麛之言僰也,亦弱小之称。《说文》:"麑,鹿麛也。……读若僰弱之僰。"凡字之从而声、奡声、需声者,声皆相近。小栗谓之梂。小鱼谓之鲡,小鸡谓之雏,小兔谓之㲉,小鹿谓之麛,其义一也"(10下55下)。

河柳叫"柽",它和"赪"(赤色)有联系,因为它的树干是红色的(《释木》:"柽,椐也"条),有种小虫名叫"常羊",它的得名和"徜徉"有关,"即以其跳舞而名之也"(6上40下)。鲇鱼得名于粘滑(《释鱼》:"鳀,鲇也"条)。蚰蜒之虫"谓之蚰蜒者,言其行蜿蜒然也"(10下5上)。尺蠖叫蟿蠗和趀趄这个词有联系,"正以退缩为义矣"(10下8下)。

这些词源的探索,事物得名由来的解释,比起《释名》采用的声训、宋人采用的右文说可靠性要强些。

《疏证》还对命名的方式作了一些概括。如《释诂二》谈到短叫侏儒,又叫䫏;梁上短柱叫棳,又叫棳儒;蜘蛛叫蝃,又叫蝃蝥。最后总结说:"盖凡物形之短者,其命名即相似,故屡变其物而不易其名也。"类似的论述在其他地方还可以读到。如:"凡事理之相近者,其名即相同"(6上41下)。"凡物之异类而同名者,其命名之意皆相近"(7下17上)。

前代解释事物得名由来有不妥当的,《疏证》也作了一些辨证。例如:《释名·释衣服》:"扉,皮也,以皮作之,或曰不借。言贱易有,宜各自蓄之,不假借人也。齐人云搏腊,搏腊犹把作,粗貌也。"《疏证》在《释器》"不借,履也"条下指出,"《释名》以搏腊为粗貌,是也。搏腊叠韵字,转之则为不借。非不假借于人之谓也"(7下36)。

《尔雅·释亲》:"仍孙之子为雲孙。"郭璞注:"言轻远如浮云。"《疏证》在《释诂一》"云,远也"条下认为:"雲孙"的意思是远孙。"雲云古同字,说者以为轻远如浮雲,则于义迂矣"(1上17上)。

第四，揭示了《广雅》的某些体例。

古人著书并不像现代先要搞凡例，但是古书并不是没有条例，在编写的时候也是按照一定的编排方式进行的。《疏证》对《广雅》的体例有一些精当的论述。

如同《尔雅》一样，《广雅》每一条不一定是一个意义，有的时候包括好几个意义。遇到这种情况，《疏证》都作了说明。例如：

释诂一：仁、龒、或、员、虞、方、云、抚，有也。《疏证》：龒、或、员、方、云为有无之有，仁、虞、抚为相亲有之有，而义又相通（1 上 6 上）。

在《释言》"漠，怕也"条下谈到："《广雅》属辞之例，皆本于《尔雅》。"《尔雅》的《释言》常用一个词的引申义来解释一系列有关的字。有根据上字而牵涉到的，如："爽，差也"，"爽，忒也"；"基，经也"，"基，设也"。也有根据下一字而牵涉到的，如"流，覃也"，"覃，延也"；"速，徵也"，"徵，召也"。《广雅·释言》也采用了这种编排方式。如："羌，乃也"，"羌，乡也"；"奋，迅也"，"奋，振也"，属于前一种。"厕，间也"，"间，非也"；"况，兹也"，"兹，今也"，属于后一种。

在《释言》"跭，庄，匍匐也"条下谈到《广雅·释言》篇内没有连举三字而加以解释的例，从而同意段玉裁"跭"字下那个"庄"字是"反语之上字，误为正文"的意见（5 上 8 上）。

《释器》还指出该篇的编写体例，凡是一件东西有两个名称的，就写作"某谓之某"。如"盎谓之盆"。如果有三个或三个以上的名称，就把它们依次写下，用一个"也"字总承之（8 上 50）。

第五，校正了《广雅》的讹错。

《广雅》这部书虽然宋代就有刻本，但是历代研究它的人不多。

书中错落不少。王念孙开始写《疏证》就注意到文字的雠校。他在给刘台拱的信中说:"自(去岁)八月至今,始完半卷,而正误补缺已至一百五十余条。"⑪第二封信又说:"《广雅》积误已久,有明本之误,有宋元本之误(原注:以曹宪注知之)。又汉儒谶纬及小学诸书,今多亡失。训诂无征,疏通证明,大非易事。"⑫根据《广雅疏证·序》,全书共校正讹字五百八十,脱文四百九十,衍文三十九,先后错乱一百二十三,正文误入音内十九,音内字误入正文五十七。每一校改都列出证据。例如:

释诂一:弸,……[填],满也。

原本无"填"字。《疏证》根据玄应《一切经音义》卷二、卷五、卷十、卷二十二引《广雅》有"填,满也"一条,⑬所以补了这个"填"字。

释诂二:缟,色,缝也。

《康熙字典》根据这一条在"色"字下列了缝这个义项。《中华大字典》也照样因袭下来。"色"当缝讲,没有文献作证。《疏证》指出这个色字是曹宪音。"各本色字误入正文,惟影宋本、皇甫本不误"(2下3上)。

正是由于王念孙的努力,《广雅》才有了一个比较可以利用的本子。

三

《广雅疏证》之所以取得这些成就,不是偶然的。分析研究王念孙写作这部书的情况,从中找出规律性的东西,对于今天从事科学研究工作也有一定的借鉴作用。

第一,充分占有资料。

《广雅疏证》里面引用的材料很多,但那时阮元《经籍籑诂》那样可资利用的工具书还没有问世,因此引用资料主要靠自己收集,任务是极艰巨的。再就王念孙的学术活动和他遗下的手稿的情况来看,在写这部书之前,他已经收集了大量的资料,作了充分的准备。

乾隆三十四年(1769)王念孙曾向他的朋友李文藻表示,他准备写四种文字学的著作来跟顾炎武的《音学五书》相配。[14]四年后,他为朱筠校刻汲古阁本《说文》,次年写了《说文考异》二卷。[15]乾隆四十四年,他校过《方言》。就在他开始写《广雅疏证》那年夏秋间,他还写过《方言疏证补》。[16]可以设想,在写《广雅疏证》之前,他已经有较长的时间在从事语言文字方面的资料收集工作了。

本世纪20年代,发现了王念孙一批手稿。从这些手稿里可以看到他综合整理所收集到的资料的情况。如《释大》残稿将古籍里有"大"的意义的字依古声二十三纽的顺序进行了排列。《雅诂表》手稿则将《尔雅》、《方言》、《小尔雅》和《广雅》四种训诂学著作里意义相同的字,按照他定的古韵二十一部分别进行了编排。手稿里还有《尔雅分韵》四册、《方言、广雅、小尔雅分韵》一册,是将雅诂中同义同声的字加以罗列,存见纽四十一条,匣纽一条,精纽一条,这又像是《释大》一类著作的原始资料。手稿里还有一些叠韵转语散片和用草书写的古籍文字音义异同散片。[17]所有这些,都可以看作他写《广雅疏证》前的准备工作。如果再注意到书中引证材料有不少是经过他自己校勘考订过的,那么王念孙在写书前已经占有丰富的资料是无疑的了。

第二,坚持科学的求实态度。

《广雅》是一部训诂学的著作,给它作疏证必须让材料能够为解说服务,而不是罗列例证或者空发议论。王念孙在这方面有较为谨严的科学态度。他很留心举例,大多数解释都引了例证,举了例句。对文献里没有发现用例的义项常常有所辨证。例如:

  释诂一:集,正也。《疏证》:诸书无训集为正者。集当为準,字之误也。……(1上15上。举例从略)

《释鱼》:有角曰虯龙。《疏证》:《说文》:虯,龙子有角者……。虯与龍同。《离骚》:驷玉虯以乘鹥兮。《天问》:焉有虯龙,负熊以游。王逸注并云:有角曰龙,无角曰虯。高诱注《淮南览冥训》亦如王注,皆与《说文》、《广雅》异,未知孰是(10下26下)。

这种"其于所不知,盖阙如也"的态度,比段玉裁注《说文》硬将"龙子有角"武断地改为"龙无角",自然要客观得多。⑱

第三,采用了以声音通训诂的方法。

清朝乾隆嘉庆以前,我国的语文研究重形不重音的观点和方法一直占统治地位。王念孙能够一反旧习,另辟新路,突破字形的束缚,从字音方面去研究语言,这是他能够超越前人的地方。他在《广雅疏证·自序》里说:

  窃以诂训之旨,本于声音。故有声同字异,声近义同,虽或类聚群分,实亦同条共贯。譬如振裘必提其领,举网必挈其纲。故曰:本立而道生,知天下之至啧而不可乱也,此之不窹,则有字别为音,音别为义。或望文虚造而违古义,或墨守成训而尟会通。易简之理既失,而大道多歧矣。今则就古音以求古义,引申触类,不限形体。苟可以发明前训,斯凌杂之讥,亦所不辞。

这段话从正反两个方面说明以声音通训诂的重要性,并且对他研究《广雅》的方法作了概括的说明。这段话对于理解《广雅疏证》的研究方法很重要。书中所说的声是指整个字音,它包括声、韵、调各方面。所谓"同声"、"古同声"、"声相近"都是指字音上有一定的联系。例如:

《释诂一》:楳、瞢,惭也。《疏证》:瞢与楳声相近(1 上 40 下)。(瞢,武登切,古音在明纽蒸部;楳,莫亥切,古音在明纽之部,蒸部是之部的阳声)[19]

《疏证》提到某些字异义同或义相近的现象,其中有属于同义现象,[20]但是也有不少在字音方面有一定的联系。例如:

《释诂三》:怖,怒也。《疏证》:怖之言勃然也。《说文》:怖,很怒也。引小雅·白华篇:视我怖怖。今本作迈迈。毛传云:迈迈,不说也。释文:韩诗作怖怖。云:意不说好也。韩、毛、许义并相近,古今字异耳(2 上 10—11)。按:怖,普盖切,古音在滂纽祭部;迈,莫话切,古音在明纽祭部。

除了注意词与词间语音的异同,指出他们的音同或音近外,《疏证》也注意到由于时地关系在词与词间引起的语音差异。王念孙继承了汉代扬雄、晋代郭璞和他自己的老师戴震关于语转的学说,在解释词语时也使用了"语转"、"一声之转"、"侈弇"、"轻重"、"缓急"这些概念。例如:

《释诂一》:或,有也。《疏证》:或即邦域之域。域、有一声之转(1 上 6 上)。按:域,雨逼反,古音在喻母职部。有,云久反,古音在喻母之部。职部是之部的入声。[21]

又:捞、撩,取也。《疏证》:撩亦捞也。方俗语有侈弇耳(1 上 30 上)。按:撩,落萧切;捞,鲁刀切。古音都在来纽宵部。

正因为王念孙采用了以声音通训诂的方法,所以他能够发现许多前人没有发现的现象,揭示出不少词语的联系。

四

《广雅疏证》写成后的三十年里,王念孙还校读了《逸周书》、《战国策》、《淮南子》等古籍,编写了《读书杂志》。他的儿子继承和发展了他关于群经的意见,写了《经义述闻》。在这些著述中,他们一方面利用《广雅疏证》,另一方面又对《疏证》里的某些说法作了补充修正。从当时他给邵晋涵、桂馥、陈奂等人的信里可以看到他引证材料往往超出了《广雅疏证》的范围。[22]清光绪末年,有人得到王念孙家藏《广雅疏证》一部,上面有王氏父子校语和一些朱墨签,[23]更足以证明,王念孙直到晚年也没有停止对这部书的研究。

如果将这些著作进行比较,不难发现,《读书杂志》和《经义述闻》的一些条文采用了《广雅疏证》的材料。如:《读史记杂志》第五"不获"条将《屈原贾生列传》"不获世之滋垢"解释成"不为滋垢所辱",引用的证据就是《释诂三》"获,辱也"的材料(3下2下)。又《经义述闻》卷三《尚书上》将《禹贡》的"莱夷作牧"和"云萝土作乂"里的"作"解释成开始,其实在《释诂一》"作,始也"的《疏证》里已经是这样解释的了。类似的例子还可以举出不少。

使我们感到兴趣的是,这两部书里提供了一些写《疏证》时没有使用的材料,可以用它来补充《疏证》解释不完备的地方。试比较:

《释诂一》:果,信也。《疏证》:《贾子·道术篇》云:期果言当谓之信。《玉篇》:果,信也(1下1上)。

《读史记杂志》第四"不果所言"条:《孟子荀卿列传》:"梁惠王不果所言,则见以为迂远而阔于事情"。是不信所言也。《中庸》:

"果能此道矣。"谓信能此道也。《孟子·离娄篇》:"果有以异于人乎",谓信以有异于人也。凡书传言果然皆信然也。

也有一些地方,《疏证》完全没有解释,但是这些词语并不是通用词语,可能是写《疏证》的时候没有找到适当的例证。而从这两部书里却可以找到一些材料来作补充。例如:

《释诂一》:闲,正也。

《读管子杂志》第一"闲则类"条:《乘马篇》:民之生也,辟则愚,闲则类。念孙案,闲当为闲,字之误也。《广雅》曰:闲,正也。言民之性入乎邪辟则愚,由乎中正则善也。

从《读书杂志》、《经义述闻》里还可以找到一些改正《疏证》说法的材料。例如《释诂一》:"时,善也。"《疏证》引用的例句有《易·杂卦传》:"大畜,时也;无妄,灾也"一条,并且加以解释说:"时与灾相对,时亦善也"(1上9上)。但是《经义述闻》第三十一"通说"的"时"字条谈到王念孙曾经列举"古传注及小学书训时为善"的材料中却没有这一条。原来《经义述闻》第一"大畜,时也"条已经把这个"时"讲成"待"了。

清朝末年,有人根据王氏父子批校的《广雅疏证》和书里的朱墨签整理成《广雅疏证补正》。我们将《读书杂志》、《经义述闻》和它对校,发现《补正》里讲到的某些问题这两部书都涉及到了,但是也发现两部书里涉及《广雅》的有些问题《补正》却没有,有些还有矛盾。试比较:

《释器》:镂谓之错。《疏证》:错非刻镂之义,诸书亦无训镂为错者。盖传写者与下句错字相涉而误(8上21下)。

《补正》:注加墨签云:晋语:文错其服。注:错,错镂也。是错与镂同义。又,《御览》七百五十六引《通俗文》云:金银要饰谓之错镂。

《经义述闻》第二十一"文错其服"条:引之谨案,服不可以镂,韦说非也。文错犹文绣也。《汉书·地理志》注引《世本》曰:错叔绣文王子。叔绣字错,盖取绣文交错之义。《秦策》曰:秦韩之地相形错如绣。《淮南齐俗训》曰:富人帷幕茵席,绮绣修组,青黄相错。皆其证也。《尔雅》释旗名云:错革鸟曰旟。谓交错其文,画为急疾之鸟。(原注:说见《尔雅》。画文谓之错,错文亦谓之错,其义同也)

这些现象很值得研究。如果将《读书杂志》、《经义述闻》里面涉及《广雅》的材料收集起来,用它来补充《疏证》和《补正》的不备,数目一定是相当可观的。从这里也可以窥见他晚年对《广雅》一书用功的情况。

五

尽管《广雅疏证》有上面提到的一些优点,但是瑜不掩瑕,它还有可以斟酌的地方。

第一,术语含混,概念不明。这突出地表现在字音的论述上。例如"声同"和"声近",照一般的理解,声同应当是同音词,声近应该指词与词间在语音上有相近的地方,但是《疏证》却不完全是这样,有些地方声同和声近好像是一回事。例如《释诂一》"媰,好也"条,《疏证》:"畜、孝、好声义并相近。"但是《释言》"孝,畜也"条下却说:"孝、畜古同声。"又如《释诂二》"麽,小也"条,《疏证》:"麽之言靡也。靡、麽古同声。"而《释诂四》:"麽,微也"条下却又说:"靡与麽声近而义同。"这类现象在全书中还有一些。

第二，缺乏用例，解说尚有不当。前面谈到《疏证》比较重视用例，但是这一原则并没有贯彻始终，有些地方还过分拘执于以声音通训诂，显得不甚妥当。例如：

《释诂三》：叶，聚也。《疏证》：《方言》：叶，聚也，楚通语也。《淮南子·原道训》云：大浑而为一，叶累而无根。是叶为聚也。《说文》：叶，草木之叶也。亦丛聚之义也。又《说文》：鍱，鑠也。徐锴传云：今言铁叶是也。亦取丛集之义（3下7下）。

按，认为草木之叶有丛聚之义是没有根据的。至于把鍱也联系起来，认为今天说的铁叶也取丛集之义，更显得勉强。《说文·木部》："枼，薄也。"本来是指薄的木片，引申表示一切薄片。"鍱"从"枼"声，也有薄片的意思。加金旁表示金属的薄片。段玉裁注《说文》也认为：此谓金铜铁椎薄成叶者。今天说的"铁叶"，恐怕也是指铁片说的，和聚集的意义无关。

《释器》"吴魁，盾也。"《疏证》认为《九歌·国殇》"操吴戈兮被犀甲"的吴戈就是吴魁，意思为大盾，吴有大的意思。虽说这有汉代人的说法为依据，但是从下文"带长剑兮挟秦弓"来看，"秦弓"、"吴戈"结构一样，解释成吴地出产的戈也没有什么不通的地方。何况将"吴戈"解释成大盾，在古代文献里缺乏足够的佐证。

有些条目采用演绎法，单纯从音或义上推论，没有举出用例。如：

《释诂三》：臧，厚也。《疏证》：《方言》：辱臧，厚也。凡厚与大义相近，厚谓之敦，犹大谓之敦也；厚谓之醇，犹大谓之醇也；厚谓之臧，犹大谓之将也（3下1）。

第三，校勘补正，不尽中肯。《疏证》对《广雅》的校订成绩是主要的,但是,漏校、误校的地方也有,下面举几个例子。

《释诂一》:抗,张也。《疏证》:抗,各本讹作杭,今订正(1上20下)。

按,根据《说文》,"抗"、"杭"实际上是一个字,没有必要改动。

《释诂三》:鲁,道也。《疏证》:诸书无训鲁为道者,《说文》:鲁,钝词也。引《论语》:参也鲁。盖《广雅》本训鲁为钝,在下文钝也条内。后人转写误入此条耳(3上32下—33上)。

按,"鲁"同"旅"。《说文》"旅"下有重文并解释说:"古文旅,古文以为鲁卫之鲁"。《史记·周本纪》:"周公受禾东土,鲁天子之命。"集解引徐广曰:《尚书·序》云:"旅天子之命"。古音鲁、旅同在来纽鱼部。《尔雅·释宫》:"旅,途也。"《汉书·枚乘传》:"鲁东海,绝吴之饟道。"这个"鲁"的意思就是《广雅》所说的道,不必把它改到"钝也"条去。[24]

一般认为王氏父子治学谨严,引书非常慎重,差错极少。就《疏证》引书的情况看,偶尔疏漏的地方也是有的。如《释诂二》:"晻,障也"条《疏证》引《月令》"处必掩"(2下10上)。今本《礼记·月令》作"处必掩身",王念孙引用脱了"身"字。又如:

"日,实也"。《疏证》:释名云:物实满其中也(4下16下)。

按,《释名·释天》:"日,实也。光明盛实也。"没有上面那段话。

(载《中国语文》第4期 1979年)

[附 注]

① 参看刘盼遂《王石渠先生年谱》,《女师大学术季刊》第一卷第三期。1930年。

② 王念孙《广雅疏证·自序》:"最后一卷,子引之尝习其义,亦即存其说,窃放范氏《穀梁传集解》子弟列名之例。"

③ 阮元《王石臞先生墓志铭》:"先生初从戴东原氏受声音、文字、训诂,遂通《尔雅》、《说文》,皆有撰述矣。继而余姚邵学士晋涵为《尔雅正义》,金坛段玉裁为《说文注》,先生遂不再为之。综其经学,纳入《广雅》,撰《广雅疏证》二十三卷。"

④ 据王引之《石臞府君行状》引,《高邮王氏六叶传状碑志集》卷四第13—14页。上虞罗氏辑本《高邮王氏遗书》。

⑤ 焦循《雕菰楼集》卷六。活字本。

⑥ 王念孙《与刘端临第一书》。《王石臞先生遗文》卷四第8页。《高邮王氏遗书》本。

⑦ 陈奂:《王石臞先生遗文编次序》。见《王石臞先生遗文》卷首。

⑧ 参看《读管子杂志》第六"乘等"条。

⑨ 参看《读淮南子杂志》第二十"乖居"条。

⑩ 本文所据《广雅疏证》系光绪五年(1879)淮南局重刊本。引用时省作《疏证》。引文后括号内第一个数目字表示卷数,第二个数目字表示页数。卷数后的"上"或"下"字表示上卷或下卷,页数后的"上"或"下"字表示上页或下页。引文除必要的字保留繁体外,其余均改用简体。

⑪《王石臞先生遗文》卷四第8页。

⑫ 同上,第9页。

⑬ 王念孙根据《新唐书·艺文志》把玄应《一切经音义》称为《众经音义》。

⑭ 李文藻《送冯渔山说文记》:"高邮王怀祖,戴(震)弟子也。己丑冬遇之京师,属为购北宋毛刻本《说文》,适书贾老韦有之,高其直。王时下第囊空,称贷而买之。王曰:归而发明字学,欲作书四种,以配亭林顾氏《音学五书》也。"《南涧文集》卷上第26页。《功顺堂丛书》本。

⑮《王氏读说文记》在《许学丛刻》中。《晨风阁丛书》题作《说文解字校勘记》。

⑯ 王念孙《与刘端临第一书》:"去年夏秋间欲作《方言疏证补》,已而中止。念孙己亥年曾有《方言》校本,庚子携入都为丁君小疋录去。"《王石臞先生遗文》卷四第11页。

⑰ 参看王国维《高邮王怀祖先生训诂音韵书叙录》。《观堂集林》卷八第28—32页。

⑱ 段玉裁注《说文》"虹"字,依《韵会》、李善注《甘泉赋》引《说文》改"龙子有角者"为"龙无角者",认为"他家所引作有角者,皆误也"。并说:《广雅》"有角曰虯龙""其说乖异,恐转写之讹,不为典要"。但《文选》谢灵运《登池上楼》诗注引《说文》作"龙有角者"。故沈涛《说文古本考》认为《甘泉赋》注引《说文》"无"当为"有"。又《汉书·司马相如传》"六玉虬"颜师古注引张揖曰"龙子有角曰虬"。与《广雅》相合。恐怕不是转写之讹。

⑲ 本文反切以《广韵》为依据。古声类依《释大》的二十三类,韵部依《经义述闻》卷三十一"通说"所列二十一部为依据。

⑳ 例如《释言》:"讥、刺,怨也。"《疏证》:怨与讥、刺同义(5上14上)。《释诂四》:"疾、病,苦也。"《疏证》:疾与病同义,故为苦也(4上23下)。

㉑ 按照曾运乾《喻母古读考》的意见。雨、云同为喻纽三等字,古音在匣纽。

㉒ 参看《王石臞先生遗文》卷四《致陈硕甫书》、《与桂未谷论慎愼二字说书》。又李慈铭《越缦堂日记·荀学斋已集下》收有王念孙书,说到《广雅·释诂三》"葆,本也"条的疏证问题。

㉓ 参看王国维和罗振玉《广雅疏证补正·跋》,在《殷礼在斯堂丛书》内。本文引用省称《补正》。

㉔ 参看俞樾《广雅疏证拾遗》。《俞楼杂纂》第三十三。

《经籍籑诂》和辞书编写

清代学者阮元编《经籍籑诂》，将汉唐的训诂资料汇集到一起，给阅读和研究古籍的人提供了很大的方便。正如王引之在为这部书作的序中所说："展一韵而众字毕备，检一字而诸训皆存"。这部书在古籍整理方面的作用，讨论的人已经很多了，这里准备就它在辞书编写中的作用谈一点自己的看法。

编写辞书必须收集资料。而资料中前代的训诂资料非常重要，它是辞书编写建立义项的重要依据。在这方面，《经籍籑诂》已经为我们把大批汉唐的训诂资料汇集到一起了。这部书一出，使辞书编写有了一个新的突破。不妨把《经籍籑诂》出版前后的辞书作一比较。

《康熙字典》是《经籍籑诂》前编成的字典。虽然它比前代的字书完备得多，但是和《经籍籑诂》相比，在资料的收集特别是常用字的资料收集方面，它就逊色了。试以"加"字为例，《康熙字典》只有四个义项，而《经籍籑诂》的材料却要多得多。为了说明问题方便，把这些材料抄录如下：

  加 加，增也。《国语·楚语》"祀加於举"注。○增故曰加。《仪礼·乡射礼》"乃复求矢加于楅"注。○加，益也。《论语·子路》"又何加焉"皇疏。又《国语·鲁语》"今无故而加典"注。《齐语》"使百姓加勇焉"注。《晋语》"则加迟矣"注。

又《吕览·慎人》"贤非加也"注。《顺说》"声不加疾也"注。○加犹益也。《左氏定九年传》"苟有可以加于国家者"注。又《淮南子·修务》"蜒蜒然日加数寸"注。○加犹多也。《礼记·少仪》"其禽加于一双"注。○加,上也。《吕览·离俗》"有可以加乎"注。《长利》"不可以加矣"注。○加犹上也。《国语·周语》"圣人知民之不可嘉"注。○加席,上席也。大夫席再重。《仪礼·乡饮酒礼》"有诸公则辞加席"注。○加犹高也。《礼记·内则》"不敢以富贵加于父兄宗族"注。○加,陵也。《左氏襄十三年传》"君子称其功以加小人"注。又《论语·公冶长》"我不欲人之加诸我也"集解引马注。○加,重也。《尔雅·释诂》。○加,盛也。《楚辞·怨世》"马兰踸踔而日加"注。○加,覆也。《论语·乡党》"加朝服,袘绅"皇疏。○加,载也。《广雅·释诂二》。○加,施也。《吕览·孝行》"光耀加于百姓"注。《自知》"人臣以赏罚爵禄之所加知主"注。○加,遗也。《国语·郑语》"将俟淫德而加之焉"注。○加,加爵也。《礼记·明堂位》"加以璧散璧角"注。○加犹踰也。《礼记·檀弓上》"献子加于人一等矣"注。○加犹止也。《淮南子·主术》"虽愚者不加体焉"注。○加犹居也。《孟子·公孙丑上》"夫子加齐之卿相"注。○加,当也。《老子》"抗兵相加"王注。○加,别也。《老子》"尊行可以加人"注。○加日,累日也。《荀子·性恶》"加日悬久"注。○加累,以罪恶加累诬人也。《荀子·致仕》"残贼加累之谮"注。○《庄子·庚桑楚》"譬犹饮药以加病也"《释文》"加,元嘉本作知,崔本作驾"。

〔补遗〕《说文》"加,语相增加也。从力从口"。○加亦加陵。《左氏隐三年传》"小加大"疏。○刘昌宗、周续等音加为架。

《匡谬正俗一》。

从这里可以看出,《经籍籑诂》收集的资料很丰富。也正因为这样,后来编写的辞书对它多有利用。本世纪初编的《中华大字典》采录它的材料就不少。如"加"字下面收列了20个义项,除了表示数学概念的义项是新收的以外,其余的义项不论是释文或用例都是从《经籍籑诂》抄来的。台湾省出版的《中文大辞典》"加"字下面列了22个义项,它因袭《经籍籑诂》的痕迹也非常明显。

因此,可以这样说,《经籍籑诂》一书问世,辞书编写进入了一个新的阶段,它使辞书的义项更加丰富了。

本世纪以来,西方词典学理论介绍到了我国。辞书界在吸收新的理论改进汉语辞书编写工作方面,取得了不少成就。特别是义项问题,近几年有了更多的讨论。尽管意见并不统一,但是义项要有概括性则是大家共同的看法。用新的词典学理论来衡量《经籍籑诂》,不难发现,它的条目所罗列的义项未必都合乎今天词典学所规定的要求。

辞书的释文和古书的注解不尽相同。清代学者段玉裁给《说文解字》作注曾经多次谈到为传注和造字书的区别。古书注释的任务在于解释古书里难懂的语句,随文释义的情况比较多。而辞书作为供人们翻检的工具书,它要考虑义项的概括特点。《经籍籑诂》把两方面的训诂不加区别地一一罗列。这就给编写辞书确立义项带来很大的不便,在利用《经籍籑诂》的时候,有一个鉴别的问题,要区别开哪些应作为辞书的义项,哪些是随文释义。

例如《尔雅·释诂》:"加,重也。"这是"加"的一个重要义项。它的意思是把一件东西放在另外一件东西上面。《论语·乡党》:"加朝服,拖绅。"是讲孔子生病,国君去看他的情景。孔子躺在床上,身上盖着朝服,拖着大带。其实"加朝服"的"加"也是把一件东西放在另一件东西上面的意思。皇侃《论语义疏》解释为"覆",是随文释义。"加"本身并不具备覆盖的意思。又如:

> 东方朔《七谏·怨世》:"蓬艾亲入御于床笫兮,马兰踸踔而日加。"王逸注:"加,盛也。言蓬蒿萧艾入御房中则马兰之草踸踔暴长而茂盛也。"

其实这个"加"是增加的意思,它和《淮南子·修务》"蠉蠉然日加数寸"的"加"没有区别。王逸解释为茂盛是随文释义。《经籍籑诂》也把它收列作为一个义项了。

前代的训诂,由于作者不同,所处时代又不一样。因此,同一个意义在表述方式上不尽一致。《经籍籑诂》把它们逐条分别列出,从全书的体例看,这样作未可厚非。但是从辞书建立义项要求有概括性来看,这种做法就需要进一步斟酌了。例如"加"有一个引申义表示凌驾在某某之上的意思。前代注释里有不同的说法,《经籍籑诂》收录的有以下这些:

> 《国语·周语》:"圣人知民之不可加。"韦昭注:"加犹上也。"
>
> 《礼记·内则》:"不敢以富贵加于父兄宗族。"郑玄注:"加犹高也。"
>
> 《左氏襄公十三年传》:"君子称其功以加小人。"杜注:"加,陵也。"
>
> 《礼记·檀弓上》:"献子加于人一等矣。"郑玄注:"加犹踰也。"
>
> ……

这些注释的说法虽然不尽相同,但是所表示的意思却是一样。

与此相反,由于词的多义性,有的时候使用一个单词作解释,而这个单词代表了不同的意义,《经籍籑诂》把它们汇总在一起而不加以区别。如"加,益也"这个项目下的益就不止一个意义。试分析如下:

  《论语·子路》:"又何加焉。"皇侃义疏:"加,益也。"

  《国语·鲁语》:"今无故而加典。"韦昭注:"加,益也。"

  《吕览·慎人》:"贤非加也。"高诱注:"加,益也。"

这些"益"是增添的意思。又

  《国语·齐语》:"使百姓加勇焉。"韦昭注:"加,益也。"

  又《晋语》:"则加迟矣。"韦昭注:"加,益也。"

  《吕览·顺说》:"声不加疾也。"高诱注:"加,益也。"

这些"益"是"更"的意思,它表示性质和状态的程度。这两组句子里的"加",注家都用了"益"去解释它,但是它们是有区别的。编纂辞书,利用《经籍籑诂》,对于这种情况应该特别注意。

  先秦两汉的学者解释词义喜欢用声训的办法。所谓声训就是利用声同或声近的字去作解释。声训有可考的,也有凭人的主观臆测不可靠的。《经籍籑诂》不加区别的把它们都收录了。在利用《经籍籑诂》的时候,应该具体分析,哪些声训是可用的,哪些声训是不宜采用的。"加"字下面收列了一条声训材料。

  《孟子·公孙丑上》:"夫子加齐之卿相。"赵岐章句:"加,居也。"

根据古音学家提供的材料,"加"和"居"上古音同在见母鱼部,读音相近。所以赵岐用"居"来解释"加"。"加"究竟有没有居的意义,那还得要有语言材料来佐证。

  古书传抄,有时会出现讹错。这样的因素在利用《经籍籑诂》

的时候要估计到。不论解释的字和被解释的字出现讹错,都可能给释义带来差误。《经籍籑诂》的"加"字下就有两个这方面的例子。

>《老子》:"抗兵相加。"王弼注:"加,当也。"

按:"加"作当讲,只有这一个例子,没有发现别的用例。这是值得怀疑的。近人张松如《老子校读》指出敦煌唐写本《老子》作"故抗兵相如"。"盖加、如二字自古常互讹"。王弼本《老子》的"加"应该作"如"。"如"才有当的意思。这是被解释的字错了的例子。

>《淮南子·主术》:"虽蹢者不加体焉。"高诱注:"加犹止也。"

"加"当止讲,这也是孤证。近人吴承仕《淮南子旧注校理》对这一条注释有极为精辟的考订。他指出:

>加不得训止。止当为上,形近之误也。加之言驾也,乘也,登也,并与上同义。

《吕氏春秋·离俗》、《长利》高注并云:加,上也。是其证。这是解释的字错了的例子。

除了古书本身的讹错外,《经籍籑诂》虽然号称谨严,但抄书错漏的地方也不是没有的。下面仍以"加"字的材料为例。

>加犹上也。《国语·周语》:"圣人知民之不可嘉"注。

按:这个用例中没有字头字"加"。检《国语·周语》,"嘉"是"加"字,这里抄错了。

>补遗:刘昌宗周续等音加为架。《匡谬正俗一》。

按:周续之是人名,这里脱去了"之"字。

>加,施也。《吕览·孝行》"光耀加于百姓"注。《自知》"人臣以赏罚爵禄之所加知主"注。

按:《自知》是《当赏》之误。《吕氏春秋》的小题在后面,抄者不察,把前一篇的题目当成了本篇的题目。《经籍籑诂》引用《吕氏春秋》抄错小题还不是个别的。

列举了《经籍籑诂》一些不足之处,并不是要否定它。事实上,《经籍籑诂》在辞书编写上起过积极的作用,它为后来的辞书编者提供了丰富的大量的资料。只要合理利用,勤加比勘,对辞书的编写将仍是会大有裨益的。

(载《辞书研究》第 1 期　1986年)

先秦两汉人名异文的音韵学分析

姓名学(Onomotology)是语言学中研究姓氏名号的学科。不同民族的姓氏名号有不同的特点,它反映了一个民族的历史文化和语言状况。我国姓氏名号的研究很早就开始了,积累了丰富的成果。

本文试图从音韵学的角度对先秦两汉人名的异文作一些分析,为汉语语音史的研究提供资料。

古代人名的情况非常复杂,除了姓外,还有氏,除了名外,还有字,一个人也不只一个叫名。称谓的方式也不同,官名、封地有时也和名连称,还有谥号等等。战国以后姓名渐渐有了统一的规范,两汉以后,异文也少了起来。本文收录材料以先秦为主,兼及两汉。其中《春秋》三传、《史记》、《汉书》引用比较多,类书、古注佚文有助说明问题的也加采用。宋以下著作如罗泌《路史》、马骕《绎史》不在收录之列。

照理说,人名应该只有一种写法,但是古代,特别是先秦时期,从口头传说到书面记录,会出现不同的写法,这些不同的写法在一定程度上反映了语音的古今方俗情况。

分析人名异文,应该做一些甄别工作。要把异文和非异文区别开。

一个人不只一个名字,不同的名字,不是异文关系。

《论语·公冶长》的申枨,陆德明《经典释文》说:"郑〔玄〕云:盖孔子弟子申续。《史记》云:申棠字周,《家语》云:申续字周也。"枨和续是两名,不是异文关系。

《论语·宪问》的南宫适,就是《礼记·檀弓上》的南宫绹。适和绹也是两名。

古人的名和字要区别开,他们不是异文关系。

《左传》昭公二十七年的阳虎,就是《论语·阳货》的阳货。根据邢昺疏:"阳货,阳虎也。盖名虎字货。"

《左传》昭公二十九年有蔡默,《吕氏春秋·召类》作史默。史是以官名为氏。《左传》哀公二十年作史黯。默是名,黯是字。

《左传》僖公二十七年的先轸,僖公二十八年作原轸。先氏食采于原,所以叫原轸。先和原有不同的来源。

《左传》僖公二十八年的士会,初受随,叫随会,又受范,叫范会。士、随、范也有不同的来源。

这类以食采为氏而出现的不同叫名,可以不在研究之列。

分析异文时要注意古书传抄中出现的错讹。先秦古籍这类情况比较多,要加以剔除。

《左传》桓公元年孔颖达《正义》引《世本》桓公名轨。而《史记·鲁世家》则说是允。根据《说文·本部》,𠘧字从屮、允声。轨是𠘧的讹字,应以允字为正。

《吕氏春秋·适威》、《史记·魏世家》有李克,《吕氏春秋·举难》有季充,当是讹字,所以毕沅校《吕氏春秋》在"季充"下指出:"乃李克也,因形近而讹。"

《韩非子·说疑》有续牙,《吕氏春秋·本味》作续耳,《汉书·古今人表》作续身,梁玉绳《吕子校补》指出:"古牙字或作牙,或作弓,故讹为身字、耳字。"

《战国策·韩策》、《史记·赵世家》、《汉书·古今人表》有大成午,《韩非子》作大成牛。卢文弨《群书拾补》即根据《战国策》等书认为:"此牛字讹。"

这类错字,前人多有考订,它们不在比较之列。

有些古今读音相同的异文,它们在比较上也没有多大的价值,也可以存而不论。

禹的父亲叫鲧,见于《尚书》。《国语·吴语》作鲧,《礼记·祭法》《释文》作鮌,《列子·杨朱》张湛注作骸。它们都音古本切,在上古也同音。

毁隃见《史记·周本纪》。隃,《史记·三代世表》作渝,《集解》和《索隐》引《世本》作榆,《国语·周语下》作愉,《尚书·酒诰》、《正义》作揄。它们都是羊朱切,上古也同音。

把上面这些材料排除后,分析人名的异文,可以发现,清代以来古音研究所得出的结论大体上是可靠的。下面就声类、韵部、声调分别列举材料说明。

一 声类

第一部分　人名异文有足以证明清代以来有关古声类系统的。

1.1.1　钱大昕《十驾斋养新录》卷五论证了古无轻唇音。即中古的轻唇音声母在上古读为重唇音。他的论断是可以接受的。上古唇音有四个声母,它们是:**帮**〔帮,非〕**滂**〔滂,敷〕,**並**〔並,奉〕,**明**〔明,微〕。括号〔　〕里面是中古声类,下同。

偪〔帮〕阳子〔《春秋》、《左传》襄公十年〕,《公羊传》作傅〔非〕阳子。

石圃〔帮〕〔《左传》襄公二十八年〕,《史记·十二诸侯年表》作石傅〔非〕。

逢〔奉〕蒙〔《孟子·离娄下》、《荀子·富国》〕,《庄子·山木》作蓬〔並〕蒙。

宋公子馮〔奉〕〔《左传》隐公三年〕,《释文》:"本亦作憑〔並〕"。

1.1.2 钱大昕还论证了古代声母舌头、舌上不分,都读舌头音,又说古音多舌音,把一些正齿音〔章组〕归入舌头音。章太炎又进一步论证了娘、日二纽归泥纽。黄侃指出审〔本文称书〕为透之变,禅为定之变。曾运乾〈喻母古读考〉认为喻纽四等字〔本文称以纽〕,古属定纽。钱玄同〈古音无邪纽证〉认为邪纽字古归定纽。这样,上古舌音虽然只有四组,但是来源颇为复杂。他们是:

端〔端,知,章〕

透〔透,彻,昌,书〕

定〔定,澄,船,禅,以,邪〕

泥〔泥,娘,日〕

驩兜〔端〕《尚书·尧典》,《山海经·海外南经》作谨朱〔章〕。

颜涿〔知〕聚〔《左传》哀公二十七年。《韩非子·十过》〕,《说苑·正见》作颜烛〔章〕雏。

楚昭王名轸〔章〕〔《春秋》哀公六年〕,《史记·十二诸侯年表·楚世家》作珍〔知〕。

鲁厉公名翟〔定〕〔《史记·鲁周公世家》引《世本》〕,《史记·

鲁周公世家》、《竹书纪年》作擢〔澄〕。

申枨〔澄〕〔《论语·公冶长》,《释文》引《史记》作棠〔定〕。

田〔定〕单〔《战国策》〕,《新书·胎教》作陈〔澄〕单。

田骈〔《庄子·天下篇》,《荀子·非十二子篇》,《战国策·齐策》,《吕氏春秋·不二》作陈骈。

田成子〔《庄子·胠箧》、《吕氏春秋·长见》、《史记·齐太公世家·田敬仲完世家》〕,《论语·宪问》、《左传》庄公二十二年、哀公十四年作陈成子。

田仲〔《荀子·不苟》、《韩非子·外储说》左上〕,《荀子·非十二子》作陈仲。

南荣赵〔澄〕〔《庄子·庚桑楚》〕,《释文》、《汉书·古今人表》作南荣畴〔澄〕,或作俦〔澄〕,又作寿〔禅〕,《淮南子》作南荣㡈〔定〕。"

易〔以〕牙〔《左传》僖公十七年、《公羊传》僖公十八年、《管子·戒篇》〕,《大戴礼记·保傅》、《新书·胎教》、《法言·问仲》、《论衡·谴告》、《自纪》作狄〔定〕牙。

周赧王名延〔以〕〔《史记·周本纪》〕,《索隐》引皇甫谧云:名诞〔定〕。

皋陶〔定〕〔《尚书》〕,《离骚》作皋繇〔以〕。

少康子杼〔澄〕〔《左传》襄公四年,《国语·鲁语》上〕,《史记·夏本纪》作予〔以〕,《索隐》引《世本》作伫〔澄〕,《墨子·非儒》作伃〔以〕。

曹公射〔船〕姑〔《春秋》桓公九年〕,《穀梁》桓公九年《释文》:"麋氏本即作亦〔以〕"。

狐射〔船〕姑〔《春秋》文公三年〕,射《穀梁》文公六年作夜〔以〕。

293

齐湣王名地〔定〕〔《史记·六国表、田敬仲完世家》〕，《索隐》引《世本》作遂〔邪〕。

周成王名诵〔邪〕〔《史记·周本纪》〕，《竹书纪年》作庸〔以〕。

西乞术〔船〕〔《左传》僖公三十三年〕，《公羊传》文公十二年作遂〔邪〕，《史记·晋世家》作秫〔船〕。

陈哀公名弱〔日〕〔《史记·十二诸侯年表、陈杞世家》〕，《春秋》昭公八年作溺〔娘〕。

公山不狃〔娘〕〔《左传》宣公五年、《史记·孔子世家》〕。《索隐》："邹氏云：一作蹂〔日〕，《论语》作弗扰〔日〕"。

周赧〔泥〕王〔《史记·周本纪》〕，《索隐》："《尚书·中候》以赧为然〔日〕，郑玄云：然读曰赧。"

1.1.3 齿音上古只有精、清、从、心四纽。黄侃指出庄组是他的变声，所谓"照二归精"。人名异文中这方面的例子不多。

秦昭襄王名稷〔精〕〔《史记·赵世家》〕，《史记·樗里子甘茂列传》《索隐》引《世本》作侧〔庄〕，〈秦本纪〉《索隐》："名则〔精〕"。

颜涿聚〔从〕〔《左传》哀公二十七年、《韩非子·十过》〕，《说苑·正谏》作颜烛雏〔崇〕。

1.1.4 喉音和牙音合并在一起观察有好处。这里有两个问题。一个是喻纽三等字〔本文称为云纽〕归入匣纽，自曾运乾以来，已经没有什么争议。另一个是群纽的归属，或者认为群纽入匣〔陈新雄〕，或者认为匣纽和云纽都入群纽〔李方桂〕，还有主张上古有群纽，它和匣纽分立。这个问题还可作进一步研究。

现在把上古喉牙音暂列出如下：

  见〔见〕 溪〔溪〕 疑〔疑〕

晓〔晓〕 匣〔匣,云,群〕

人名异文在一定程度上反映了这个情况。

蚩尤〔云〕〔《尚书·吕刑》〕,《周礼·春官·肆师》郑玄注作蚩蚘〔匣〕。

孟〔云〕黡〔《左传》哀公十五年,《史记·卫世家》〕,《史记·仲尼弟子列传》作壶〔匣〕黡,《汉书·古今人表》作狐〔匣〕黡。

楚灵王名围〔云〕〔《左传》襄公六年、《国语·鲁语》下、〈晋语〉八〕,《史记·楚世家》《集解》引徐广曰:"《史记》多作回〔匣〕"。

陈灵公名環〔匣〕〔《左传》襄公十四年〕,《公羊传》襄公十九年作瑗〔云〕。

在人名异文中,群纽与见、溪、匣各纽都有关系。其中与见纽关系的材料似还多一些。

后稷元妃名姞〔群〕〔《左传》宣公三年〕,《诗经·大雅·都人士》作吉〔见〕。

越王无彊〔群〕〔《史记·越王勾践世家》〕,《竹书纪年》、《越绝书》作疆〔见〕。

蒍启彊〔群〕〔《左传》襄公二十四年〕,彊《国语·楚语》上作疆〔见〕。

皋〔见〕如〔《左传》昭公二十六年〕,《吴越春秋·归国外传》作句〔见〕如,《新书·耳痹》作渠〔群〕如处。

齐丁公伋〔见〕〔《尚书·顾命》〕,《左传》昭公十二年作级〔见〕,《释文》,"本又作伋〔见〕。"《史记·齐太公世家》《集解》引徐广曰:"一作及〔群〕"。

郑僖公名髡〔溪〕顽〔《左传》成公十年〕,《穀梁传》襄公七年《释文》:"本又作郡〔群〕,或作頵〔见〕"。

晋孝公名颀〔群〕〔《史记·晋世家》〕,《索隐》引《世本》作倾〔溪〕,《竹书纪年》作顷〔溪〕。

庄蹻〔溪〕〔《商君书·弱民》、《荀子·议兵》、《韩非子·谕老》、《吕氏春秋·介立》〕,蹻,《淮南子·主术》作荞〔群〕,《后汉书·南蛮传》作豪〔匣〕。

人名异文里面,见纽和匣纽的关系也非常密切,材料也比较多。

傅瑕〔匣〕〔《左传》庄公十四年〕,《史记·郑世家》《索隐》作甫假〔见〕。

魏王假〔见〕〔《史记·六国表》〕,《列女传》作瑕〔匣〕。

先縠〔匣〕〔《左传》宣公十三年〕,《穀梁传》作先縠〔见〕。

韩傀〔见〕〔《战国策·魏策》〕,《韩非子·内储说》下作韩廆〔匣〕。

禽滑〔匣〕釐〔《庄子·天下》、《墨子·公输》、《列子·杨朱》〕作禽骨〔见〕釐。

夏后皋〔见〕〔《左传》僖公三十三年〕,《竹书纪年》作夏后昊〔匣〕。

展无骇〔匣〕〔《春秋》隐公二年〕,骇《穀梁传》隐公二十八年作侅〔见〕。

楚夹敖名麇〔见〕〔《左传》昭公四年〕,《公羊传》、《穀梁传》作卷〔见〕,《史记·楚世家》作员〔云〕,《索隐》引《左传》作麇〔见〕。

王子核〔匣〕《史记·殷本纪》《索隐》引《世本》,《山海经·大荒东经》郭璞注引《竹书纪年》作亥〔匣〕,《楚辞·天问》作该〔见〕。

第二部分　这一部分是发音部位相同,而发音方法有区别,有的是清浊的关系,有的是送气与不送气的关系。括号〔　〕内是上古声类的名称。

1.2.1　唇音

郑悼公名费〔滂〕〔《春秋》成公三年〕,《史记·郑世家》作濆〔帮〕,《索隐》引邹诞本作沸〔帮〕,又作弗〔帮〕。

晋缪侯名弗〔帮〕生〔《史记·十二诸侯年表》〕,《索隐》作濆〔帮〕生,《竹书纪年》作费〔滂〕生。

卫殇公名焱〔帮〕〔《汉书·古今人表》。原作焱,据梁玉绳说改〕,就是《春秋》襄公元年、《左传》襄公十四年的公孙剽〔滂〕。

伏羲〔先秦文献常见〕,《管子·封禅》作虙〔並〕羲,《周易·系辞》下作包〔帮〕犧。

付〔帮〕里乙〔《荀子·宥坐》〕,《说苑·指武》称史附〔並〕里,〈贵德〉又作符〔並〕里。

公输般〔帮〕〔《战国策·宋策》、《礼记·檀弓》下,《墨子·公输》作公输盘〔並〕。

被〔並〕衣子〔《庄子·天地、知北游》〕,《庄子·应帝王》作蒲〔並〕衣子,《淮南子·俶真》作披〔滂〕衣子。

逢〔並〕蒙〔《孟子·离娄下》、《荀子·富国》、《庄子·山木》作蓬〔並〕蒙,《荀子·王霸、正论》、《吕氏春秋·听言》、《史记·龟策列传》作蠭〔滂〕门。

公山拂〔滂〕扰〔《论语·阳货》〕,《左传》宣公五年作公山不

〔帮〕狃。

1.2.2 舌音

晋厉公名寿〔定〕曼〔《史记·十二诸侯年表、晋世家》,《左传》成公十年作州〔端〕满〔原作蒲,据《史通·杂驳篇》说改〕。

梼〔定〕戭〔左传文公十八年〕,《说文·戈部》戭篆引《左传》梼作挎〔端〕。

羊舌职〔端〕〔《左传》宣公十五年〕,《说苑·善说》作羊殖〔定〕。

陈公子招〔端〕〔《春秋》昭公元年〕,《史记·陈杞世家》《索隐》:"一作荛〔定〕也"。

乐大〔定〕心〔左传昭公七年〕,《公羊传》昭公二十五年作乐世〔透〕心。

简狄〔定〕〔《楚辞·天问》、《大戴礼记·帝系》、《史记·殷本纪》〕,《索隐》云:"旧本作易〔定〕,易狄音同,又作逷〔透〕,吐历反。"《淮南子·墬形》作翟〔定〕。

魏舒〔透〕〔《左传》襄公二十三年、昭公三年、昭公三十二年、定公元年〕《史记·魏世家》《索隐》引《世本》作荼〔定〕。

王蠋〔定〕〔《史记·田单列传》,《说苑·立节》作王歜〔透〕。

卫视〔定〕夷〔《汉书·古今人表》〕,颜师古注:"即式〔透〕夷也,见《吕氏春秋》"。按《吕氏春秋·长利》作戎夷,误。陈奇猷《吕氏春秋校释》校改。

沈子逞〔透〕〔《春秋》昭公二十三年,逞《公羊传》作盈〔定〕,《穀梁传》作楹〔定〕。

郤犨〔透〕〔《左传》成公十一年〕,《正义》引《世本》、《公羊传》

作卻州〔端〕,《潜夫论·志氏姓》作卻讐〔定〕。

1.2.3 齿音

祭〔精〕仲〔《左传》隐公元年〕,《易林·既济之鼎》作蔡〔清〕仲。

顿子牂〔精〕〔《左传》定公十四年〕,《公羊传》作牆〔清〕。

宋敏公捷〔从〕〔《春秋》庄公十二年〕,《公羊传》作接〔精〕。

痈疽〔清〕〔《孟子·万章》上、《战国策·魏策》〕,《韩非子·难四》作雍鉏〔从〕《说苑·至公》作雍雎〔清〕。

宵戚〔清〕〔《管子·小匡》,《国语·齐语》〕,《吕氏春秋·勿躬》作宵遨〔心〕。《亢仓子·贤道》作籍〔从〕。

1.2.4 喉音和牙音

韩厥〔见〕〔《左传》宣公十二年,《国语·晋语》五〕,《公羊传》襄公元年作屈〔溪〕。

南宫敬〔见〕叔〔《左传》昭公七年、《国语·鲁语》下、《礼语·檀弓》上〕,《说苑杂言》作顷〔溪〕叔。

阚〔溪〕止〔《左传》哀公六年〕,《战国策·韩策》、《史记·田敬仲完世家》作监〔见〕止。

无亏〔溪〕〔《左传》闵公二年、僖公十七年〕,《史记·齐太公世家》作无诡〔见〕。

狐咺〔晓〕〔《战国策·齐策》。原作狐狐咺,吴师道以为孤是狐的衍文〕,《吕氏春秋·贵直》作狐援〔匣〕。

庞煖〔晓〕〔《史记·赵世家、廉颇蔺相如列传》,《韩非子·饰邪》作庞援〔匣〕。

第三部分 下面这些人名异文情况比较复杂,有的学者已有论述,并且有了较为圆满的解释,有的没有,有的还没有解释。

1.3.1 来纽和唇、舌、牙、喉音有一定关系

尨〔明〕降〔《左传》文公十八年〕,《易林·需之大畜》作龙〔来〕降。

尨〔明〕圉〔《左传》襄公四年〕,《潜夫论·五德志》作龙〔来〕圉。

公孙龙〔来〕〔《史记·仲尼弟子列传》〕,《索隐》:"《家言》或作宠〔透〕。"

离朱〔端〕〔《庄子·骈拇、天地》〕,《孟子》、《韩非子·奸劫弑臣》、《吕氏春秋·用众》、《楚辞·九歌、怀沙》作离娄〔来〕。

晋僖〔晓〕公〔《左传》桓公六年〕、齐僖〔晓〕公〔《左传》桓公十五年〕、鲁僖〔晓〕公〔《左传》闵公二年〕,许僖〔晓〕公〔《左传》僖公六年〕,鲁僖〔晓〕子〔《左传》昭公七年〕,《汉书·古今人表》僖都作釐〔来〕。

宋釐〔来〕公〔《史记·三代世表、十二诸侯年表、宋世家》〕,《竹书纪年》作宋僖〔晓〕公。

韩昭僖〔晓〕侯〔《庄子·让王》〕,《战国策·韩策》,《吕氏春秋·任教、潘为、处方》作昭釐〔来〕侯。

这类现象,用带边音的复辅音的分化来解释,比较容易使人接受。

下面这组人名可以帮助说明复辅音的存在。《左传》隐公元年的邾仪父,《公羊传》作邾娄仪父;《左传》庄公五年《正义》引《世本》有邾颜,《公羊传》昭公三十一年作邾娄颜;《左传》襄公二十年有朱庶其,《公羊传》作邾娄庶其;《春秋》定公四年有小邾子,《公羊传》庄公五年作小邾娄,僖公七年作小邾娄子。《公羊传》多齐语,或许当时齐地确有此类复辅音存在。

1.3.2 明纽和晓纽的关系也有一些例子

曹劌〔见〕(《左传》庄公十年),《吕氏春秋·贵信》作曹翽〔晓〕,《战国策·齐策、燕策》、《史记·齐世家、鲁世家、刺客列传》作曹沫〔明〕。

芒〔明〕(《史记·夏本纪、三代世表》),《索隐》作荒〔晓〕。

力牧〔明〕〔《淮南子·览冥》、《史记·五帝本纪》〕《太平御览》卷八十二引《诗含神雾》、马王堆帛书作力黑〔晓〕。

学者用清双唇鼻音的分化来解释这种现象,不失为一个通达的说法。

1.3.3 明疑二纽发音有相同的地方,都是鼻音,但发音部位一在双唇,一在舌根。王念孙在《广雅疏证·释兽》"麕,麏也"条曾经涉及到他们的关系。人名异文里面也有几条材料。

公叔务〔明〕人〔《左传》昭公二十九年,哀公十一年〕,务《礼记·檀弓》下作禺〔疑〕。

鉏麑〔疑〕〔《左传》宣公二年、《国语·晋语》五〕,《吕氏春秋·过理》作沮麛〔明〕,《说苑·立节》作鉏之弥〔明〕。

第四部分 下面这些异文,材料比较零散,他们发音部位相同或相近,似有某种关系。

1.4.1 舌音端组为舌尖塞音和鼻音,齿音精组为舌尖擦音和塞音。他们发音部位都在舌尖。

申繻〔泥〕〔《左传》桓公六年〕,《管子·大匡》作申俞〔定〕。

师襄〔心〕子〔《史记·孔子世家》,枚乘〈七发〉作师堂〔定〕。

周夷王名燮〔心〕《史记·周本纪》,《竹书纪年》〕,《汉书·古今人表》作摄〔端〕。

1.4.2 喉音和牙音多数属于舌根音,他们的关系也不容忽视。

女英〔影〕〔《太平御览》一百三十五引《尸子》〕，《大戴礼记·帝繫》作女匽〔影〕，《史记·五帝本纪》《索隐》引《世本》作女莹〔匣〕。

江乙〔影〕〔《战国策·楚策》，《韩非子·内储说》上作江乞〔溪〕，《战国策·楚策》一又作江尹〔影〕。

隤敳〔溪〕〔《左传》文公十八年〕，《史记·五帝本纪》《索隐》引《左传》作隤皚〔疑〕，《潜夫论·五德志、志氏姓》作隤凯〔溪〕。

莫敖〔疑〕大心〔《战国策·楚策》〕，《淮南子·修务》作莫嚣〔晓〕天心。

1.4.3 下个这些异文，声类相去较远，也把他们列在下面。

高赫〔晓〕〔《韩非子·难》一〕，《吕氏春秋·赏志》作高赦〔透〕。

卫声公名训〔晓〕〔《史记·卫世家》，《索隐》作驯〔定〕。

契〔溪〕〔《尚书·尧典》〕，《史记·司马相如传》作卨〔心〕，《说文·人部》"偰"篆作偰〔心〕。

梁丘据〔见〕〔《左传》昭公二十年〕，《礼记·投壶》《释文》作梁丘处〔透〕。

允〔定〕常〔《史记·越王勾践世家》，《吴越春秋·阖闾内传》作元〔疑〕常。

鲁宣公名倭〔透〕〔《史记·十二诸侯年表、鲁周公世家》〕，《左传》宣公元年《释文》："宣公名倭〔影〕，一名按，又作委〔影〕。""按"疑是讹字。鲁炀公名熙〔晓〕〔《史记·鲁周世家》〕，《索隐》作怡〔定〕。

提〔定〕弥明〔《左传》宣公二年，《释文》本作祇〔匣〕弥明，

《公羊传》宣公六年作祁〔匿〕弥明,《史记·晋世家》作示〔匿〕眯明。《索隐》:"邹诞云示眯为祁弥也。即《左传》之提弥明也。提音市移反,刘氏亦音祁为时移反,则祁提二字同音也。而此《史记》作示者,示即《周礼》古本'地神曰祇',皆作示字。邹为祁者,盖由祇提音相近,字遂变为祁也。"

这些异文也还不敢说就完全没有音韵方面的关系,比方第一条透和晓的对立就很容易使人联想到刘熙《释名》所记载"天"字读音青徐和豫司兖冀有舌头、舌腹的区别。这些现象确实值得进一步研究。

二 韵部

第一部分 根据前人的研究,将古韵分为三十部,它们是:

之部	职部	蒸部
幽部	沃部	冬部
宵部	药部	
侯部	屋部	东部
鱼部	铎部	阳部
支部	锡部	耕部
脂部	质部	真部
微部	物部	文部
歌部	月部	元部
缉部	侵部	
叶部	谈部	

异文中合于这个分部的,依次按阴声韵、入声韵、阳声韵分别列出,没有材料的则附附缺如。括号〔 〕内为《广韵》的韵目。

2.1.1 阴声韵

之部

伯嚭〔旨〕〔《史记·伍子胥列传》〕、白喜〔止〕〔《吴越春秋·阖闾内传》〕,《文选》刘孝标〈广绝交论〉李善注引《吴越春秋》作帛否〔有〕。

夏公弗忌〔志〕〔《左传》文公二年、《国语·鲁语》上〕,《礼记·礼器》作綦〔之〕。

展无骇〔骇〕〔《左传》隐公二年〕,《穀梁传》隐公二年作无侅〔咍〕。

蚩尤〔尤〕〔《尚书·吕刑》〕,《周礼·春宫·肆师》郑玄注作蚩蚘〔灰〕。

妹喜〔止〕〔《国语·晋语》一〕,《楚辞·天问》作妹嬉〔之〕。

幽部

昊〔号〕〔《论语·宪语》〕,《左传》襄公四年,哀公元年作浇〔啸〕,《说文·豕部》"豩"篆引《春秋传》作敖〔豪〕。

椒〔宵〕鸣〔《左传》襄公二十六年〕,《国语·楚语》上作湫〔尤〕举。

椒〔宵〕鸣〔《左传》襄公二十六年〕,《国语·楚语》上作湫〔尤〕鸣。

鲁考公名酋〔尤〕〔《史记·鲁周公世家》〕,《索隐》引《世本》作就〔宥〕,又引邹本作遒〔尤〕。

寿〔宥〕曼〔《史记·十二诸侯年表、晋世家》〕,《左传》成公十年作州〔尤〕满。

檮〔尤〕敳〔《左传》文公十八年〕,《说文·戈部》"戠"篆引《春秋传》、《潜夫论·五德志、志氏姓》作檮〔皓〕戜。

宵部

齐孝公名昭〔宵〕〔《左传》僖公十七年、《史记·齐太公世家》〕,《穀梁传》僖公二十七年《释文》或作照〔笑〕。

寺人貂〔萧〕〔《左传》僖公二年〕,《管子·戒、小称》、《大戴礼记·保傅》、《公羊传》僖公十八年、《墨子·所染》作竖刀〔豪〕。

庄蹻〔宵〕〔《商君书·弱民》、《荀子·议兵》《韩非子·喻老》、《吕氏春秋·介立》〕,《淮南子·主术》作蹻〔宵〕,《后汉书·南蛮传》作豪〔豪〕。

公孙剽〔笑〕〔《春秋》襄公元年〕,《汉书·古今人表》作猋〔宵〕。

蟜〔小〕極《史记·五帝本纪》,《大戴礼记·五帝德、帝系》,《尚书·序》《正义》引《世本》作僑〔宵〕。《家语·五帝德》作喬〔宵〕。

莫敖〔豪〕大心〔《战国策·楚策》〕,《淮南子·修务》作莫嚻〔宵〕。

侯部

公叔务〔遇〕人〔《左传》昭公二十九年,哀公二十一年〕,《礼记·檀弓下》作禺〔虞〕。

付〔遇〕里乙〔《荀子·宥坐》〕,《说苑·贵德》作符〔虞〕里,〈指武〉作史附〔过〕里。

讙兜〔侯〕〔《庄子·在宥》〕,《山海经·海外南经》、《淮南子·墜形》作讙頭〔侯〕,《山海经·海外南经》又作讙朱〔虞〕。

鱼部

樗〔鱼〕里疾〔《战国策》〕，《史记·樗里子甘茂列传》引《竹书纪年》作楮〔语〕里疾。

屠黍〔语〕〔《吕氏春秋·先识》〕，《说苑·权谋》作屠餘〔鱼〕。

鉏〔鱼〕麑〔《左传》宣公二年，《国语·晋语》五〕，《吕氏春秋·过理》作沮〔语〕麛。

虞〔虞〕仲〔《史记·周本纪》〕，《吴越春秋·吴太伯传》作吴〔模〕仲。

阖廬〔权〕〔《左传》昭公二十七年，《史记·吴太伯世家》〕，《史记·十二诸侯年表》、《淮南子泰族》、《吴越春秋·阖闾内传》作阖閭〔鱼〕。

范雎〔鱼〕〔《战国策·秦策》〕，《韩非子·外储说左上》作范且〔马〕。

唐雎〔鱼〕〔《战国策·秦策、楚策、魏策》〕，《战国策》、《说苑·奉使》作唐且〔马〕。

君牙〔麻〕〔《尚书·君牙》〕、《礼记·缁衣》作君雅〔马〕。

魏王假〔马〕〔《史记·六国表、楚世家》〕、《列女传》作瑕〔麻〕。

傅瑕〔麻〕〔《左传》庄公十四年〕，《史记·郑世家》作甫假〔马〕。

壶〔模〕黡〔《史记·仲尼弟子列传》〕，《汉书·古今人表》作狐〔模〕黡，《左传》哀公十五年，《史记·卫世家》作盂〔虞〕黡。

桑扈〔姥〕〔《楚辞·九歌·涉江》、《风俗通·十反》〕，《庄子·山木》作子桑雩〔模〕。

石圃〔姥〕〔《左传》襄公二十八年〕,《史记·十二诸侯年表》作石傅〔遇〕。

魏献子名舒〔鱼〕〔《左传》襄公二十三年,昭公三十二年《正义》引《世本》:"魏献子名荼〔模〕"。

少康之子名杼〔语〕〔《左传》襄公四年〕,《墨子·非儒》作伃〔鱼〕。

脂部

提彌〔支〕明〔《左传》宣公二年〕,《史记·晋世家》作示眯〔茅〕明。

高渠彌〔支〕〔《左传》桓公五年〕,《史记·秦本纪》作高渠眯〔茅〕。

彌〔支〕子瑕〔《左传》定公六年〕,《大戴礼记·保傅》作迷〔齐〕子瑕。

繄〔齐〕扈〔《史记·周本纪》〕,《索隐》引《世本》作伊〔脂〕扈。

微部

嫘〔脂〕祖〔《史记·五帝本纪》〕,《索隐》引皇甫谧云:"元妃西陵氏女,曰累〔纸〕祖"。

隤敳〔咍〕〔《左传》文公十八年〕,《潜夫论·五德志、志氏姓》作隤凯〔海〕。

鲁宣公名俀〔贿〕〔《史记·十二诸侯年表、鲁周公世家》〕,《左传》宣公元年《释文》:"宣公名倭〔戈〕,又作委〔支〕。"

郑穆公子名騑〔微〕〔《左传》襄公八年,《公羊传》哀公十年〕,《穀梁传》哀公十年作斐〔尾〕。

楚灵王名圍〔微〕〔《左传》襄公二十六年、《国语·鲁语下、晋语八》〕,《史记·楚世家》《集解》作回〔灰〕。

307

韩傀〔灰〕〔《战国策·魏策》,《韩非子·内储说》下作韩廆〔脂〕。

歌部

推哆〔纸〕〔《墨子·所染、明鬼》,《晏子春秋·谏》上、《新书·连语》作推侈〔纸〕,《淮南子·主术》作推移〔支〕。

包犠〔支〕〔《周易·系辞》下〕,《释文》:"孟、京作戏〔寘〕。"

宋世子痤〔戈〕〔《春秋》襄公二十六年〕,《穀梁传》作座〔过〕。

知果〔果〕〔《国语·晋语》九〕,《战国策·赵策》作知過〔过〕。

無虧〔支〕〔《左传》闵公二年,僖公十七年〕,《史记·齐世家》作無詭〔纸〕。

2.1.2 入声韵

职部

力牧〔屋〕〔《淮南子·览冥》,《史记·五帝本纪》〕,《御览》八十二引《诗含神雾》、马王堆帛书作力黑〔德〕。

秦昭襄王名稷〔职〕〔《史记·赵世家》,《史记·秦本纪》《索隐》:"名则〔德〕,一名稷",《史记·樗里子甘茂列传》《索隐》引《世本》作侧〔职〕。

药部

围人犖〔觉〕〔《左传》庄公三十二年〕,《公羊传》闵公元年作鄧扈樂〔铎〕。

鲁厉公名擢〔觉〕〔《史记·鲁周公世家》、《竹书纪年》〕,《索隐》引《世本》作翟〔锡〕。

陈哀公名弱〔药〕〔《史记·十二诸侯年表、陈杞世家》,《春秋》昭公八年作溺〔锡〕。

卓〔觉〕子〔《左传》庄公二十八年,《春秋》僖公九年、十年、

《国语·晋语》一〕,《史记·秦本纪》《集解》作倬〔觉〕子,〈晋世家〉作悼〔号〕子。

淖〔效〕齿〔《战国策·齐策、秦策》〕《吕氏春秋·正名》作卓〔觉〕齿,《史记·田单列传》作悼〔号〕齿,《潜夫论·明暗》作踔〔觉〕齿。

铎部

虢〔铎〕仲〔《左传》僖公五年〕,《战国策·楚策》、《公羊传》僖公二年虢作郭〔麦〕。

亦〔昔〕姑〔《穀梁传》桓公九年《释文》〕,《春秋》桓公九年作射〔祸〕姑。

高赫〔陌〕〔《韩非子·难》一〕,《吕氏春秋·赏志》作高欶〔祸〕。

锡部

易〔寘〕牙〔《管子·戒》、《左传》僖公十七年,《公羊传》僖公十八年〕,《大戴礼记·保傅》、《新书·胎教》、《法言·问神》、《论衡·谴告》作狄〔锡〕牙。

术部

夫槩〔海〕〔《左传》定公四年〕,《国语·吴语》作槩〔海〕,《史记·项羽本纪》《正义》作夫摡〔代〕。

郑武公名掘〔物〕突〔《史记·郑世家》〕,《国语·周语》中韦昭注作滑〔黠〕突。

西乞术〔术〕〔《左传》僖公三十三年〕,术《公羊传》文公十二年作遂〔至〕,《史记·晋世家》作西乞秫〔术〕。

鲁魏公名濞〔未〕〔《史记·鲁周公世家》,《竹书纪年》〕,《索隐》引《世本》作弗〔物〕,《左传》文公十六年引《鲁周公世家》

作費〔未〕,《汉书·律历志》作茀〔物〕。

郑悼公名濆〔未〕〔《史记·郑世家》,《索隐》:"邹本作沸〔未〕,一作弗〔物〕,《左传》作費〔未〕,音扶味反。"

晋穆侯費〔未〕王〔《史记·晋世家》〕,《索隐》:"邹诞本作弗〔物〕生,或作濆〔未〕王。并音秘。"

月部

契〔霽〕〔《尚书·尧典》〕,《说文·人部》"偰"篆作偰〔薛〕,《史记·司马相如传》作禼〔薛〕。

樂大〔泰〕心〔《春秋》昭公五年、《左传》昭公七年〕,《公羊传》昭公二十五年作樂世〔祭〕心。

熊艾〔泰〕〔《史记·楚世家》〕,《史记·三代世表》作熊乂〔废〕。

餘昧〔祭〕〔《史记·十二诸侯年表、吴太伯世家》〕,《春秋》昭公十五年作夷末〔末〕。

遏〔曷〕〔《春秋》襄公二十五年〕,《公羊传》襄公二十五年、《穀梁传》襄公二十五年作謁〔月〕。

舌〔月〕庸〔《左传》昭公二十六年。舌原作后,唐石经《左传》、《国语·吴语》作舌。段玉裁改作舌〕,《吴越春秋·勾践入臣》等传作洩〔月〕庸,《汉书·董仲舒传》作世〔祭〕庸,王褒〈四子讲德论〉作渫〔薛〕庸。

祭〔祭〕仲〔《左传》隐公元年〕,《易林·既济之鼎》作蔡〔代〕仲。

叶部

燮〔帖〕〔《史记·周本纪》、《竹书纪年》〕,《汉书·古今人表》作摺〔叶〕。

2.1.3 阳声韵
蒸部

宋庄公名冯〔东〕〔《左传》隐公三年〕,《释文》:"本亦作冯〔蒸〕"。

东部

逢〔锺〕蒙〔《孟子·离娄》下、《荀子·富国》〕,《庄子·山木》作蓬〔东〕蒙。《荀子·王霸、正论》、《吕氏春秋·听言》《史记·龟策列传》及《索隐》引《七略》作蠭〔钟〕门。

周成王诵〔用〕〔《史记·殷本纪、三代世表》〕,《竹书纪年》作庸〔钟〕。

阳部

师襄〔阳〕子〔《史记·孔子世家》,枚乖《七发》作师堂〔唐〕。

顿子牂〔唐〕〔《左传》定公四年〕,《公羊传》作牄〔阳〕。

鲁哀公名将〔阳〕〔《史记·鲁周公世家》〕,《索隐》引《世本》将作蒋〔养〕。

申枨〔庚〕〔《论语·公冶长》〕《史记·仲尼弟子列传》作申党〔荡〕,《论语》《释文》引史记作棠〔唐〕。

句望〔漾〕〔《史记·五帝本纪、三代世表》〕,《大戴礼记·帝系》作句芒〔唐〕。

王子猛〔梗〕〔《春秋》昭公二十二年〕,《御览》五百六十引《皇览·冢墓记》作王子甿〔耿〕。

耕部

魏惠王名婴〔清〕〔《战国策·魏策》〕,《庄子·则阳》作莹〔清〕,《史记·十二诸侯年表、魏世家》作罃〔耕〕。

南宫敬〔映〕叔〔《左传》昭公七年、《国语·鲁语》下〕,《说苑・杂言》作南宫顷〔静〕叔。

沈子逞〔静〕〔《左传》昭公二十六年〕,《公羊传》作楹〔清〕,《穀梁传》作盈〔清〕。

真部

鲁闵〔轸〕公〔《左传》庄公三十二年〕,《史记・鲁周公世家》作湣〔准〕公,《汉书・律历志》作缗〔真〕公。

田〔先〕成子〔《庄子・胠箧》、《吕氏春秋・长见》、《史记・齐太公世家・田敬仲完世家》〕,《左传》哀公十四年、《论语・宪问》作陈〔真〕成子。

田〔先〕单〔《战国策》〕,《新书・胎教》作陈〔真〕单。

田〔先〕骈〔《战国策・齐策》、《庄子・天下》、《荀子・非十二子》〕,《吕氏春秋・不二》作陈〔真〕骈。

田〔先〕仲〔《荀子・不苟》、《韩非子・外储说》左上,《荀子・非十二子》作陈〔真〕仲

文部

浑〔魂〕沌氏〔《庄子・天地》〕,《御览》七十八引《遁甲开山图》作混〔混〕沌氏。

楚昭王名轸〔轸〕〔《春秋》哀公六年〕,《史记・十二诸侯年表、楚世家》作珍〔真〕。

卫声公名训〔问〕〔《史记・卫康叔世家》〕,《索隐》云:"训亦作驯〔谆〕。"

髡〔魂〕原《穀梁传》襄公七年〕,《释文》:"本又作郡〔问〕,或作颤〔真〕。"

管〔缓〕叔〔《尚书・金縢》、《逸周书・克殷、大匡、作雒》〕,《墨子・公孟、耕柱》作关〔删〕叔。

312

屠岸〔翰〕贾〔《史记·赵世家》、《说苑·复恩》、《新序·节士》〕,《汉书·古今人表》作屠颜〔删〕贾。颜师古注:"即屠岸贾"。

关〔删〕龙逢〔《庄子·人间世》、《荀子·解蔽、宥坐》〕,《潜夫论·志氏姓》作豢〔谏〕龙逢。

齐灵公名環〔删〕〔《左传》襄公十四年〕,《公羊传》襄公十九年作瑗〔缐〕。

罕〔旱〕虎〔《春秋》昭公元年、《国语·鲁语》〕,《公羊传》昭公元年作轩〔元〕虎。

罕〔旱〕达〔《春秋》定公十五年〕,《公羊传》定公十五年作轩〔元〕达。

浑罕〔旱〕〔《左传》昭公四年〕,《韩非子·外储说》左下作浑轩〔元〕。

狐咺〔阮〕〔《战国策·齐策》。本作孤狐咺。据吴师道说删"孤"字〕,《吕氏春秋·贵直》作狐援〔元〕。

公输般〔桓〕〔《战国策·宋策》、《礼记·檀弓》下〕,《列子·汤问》作公输斑〔删〕。

鲁公子般〔桓〕〔《春秋》庄子三十二年、《国语·楚语》下〕,《史记·鲁周公世家》作斑〔删〕。

周赧王延〔仙〕〔《史记·周本纪》〕,《索隐》引皇甫谧云:"名诞〔旱〕。"

寿曼〔愿〕〔《史记·十二诸侯年表、晋世纪》〕,《左传》成公十年《释文》作州满〔缓〕。

侵部

黔〔监〕敖〔《礼记·檀弓》下〕,《汉书·古今人表》作禽

〔侵〕敖。

雍廪〔寑〕〔《左传》庄公八年,《史记·秦本纪》〕,《史记·齐太公世家》作雍林〔侵〕。

楚共王名審〔寑〕〔《春秋》襄公十三年,《史记·十二诸侯年表》〕,《国语·楚语》上作箴〔侵〕。

谈部

阚〔阚〕止〔《左传》哀公六年〕,《战国策·韩策》,《史记·田敬仲完世家》作监〔鑑〕止。

第二部分 下面将一些人名异文分属几个韵部的例出,括号〔 〕内是上古韵部的名称。

2.2.1 诗文押韵已涉及到有合韵关系的

之~幽

仇〔幽〕牧〔《春秋》庄公十二年〕,《鹖冠子·備知篇》作裘〔之〕牧。

之~脂

禽滑釐〔之〕〔《庄子·天下》、《墨子·公输》〕,《吕氏春秋·尊师》作禽滑黎〔脂〕。

幽~宵

太暤〔幽〕〔《左传》僖公二十一年〕,《礼记·祭法》郑玄注引《月令》作太昊〔宵〕。

少暤〔幽〕〔《史记·五帝本纪》、《礼记·月令》〕,《礼记·祭法》郑注引《月令》作少昊〔宵〕。

皋陶〔幽〕〔《史记·五帝本纪》〕,《离骚》、《尚书大传》作皋繇〔宵〕。

许由〔幽〕〔《庄子·逍遥游》、《战国策·赵策》〕,《汉书·古今人表》作许繇〔宵〕。

由〔幽〕余《韩非子·十过》、《吕氏春秋·不苟》,《史记·秦本纪、李斯列传》,《汉书·古今人表》作繇〔宵〕余。

申包〔幽〕胥《左传》定公四年,《国语·吴语》,《鹖冠子·备知、世贤》作申鹿〔宵〕胥。

幽～鱼

皋〔幽〕如《左传》哀公二十六年,《新书·耳痹》作渠〔鱼〕如处。

辛馀〔鱼〕靡《吕氏春秋·音初》,《史记·周本纪》《正义》引〈帝王世纪〉作辛游〔幽〕靡。

鱼～歌

蒲〔鱼〕衣子《庄子·应帝王》,《庄子·知北遊、天下》作被〔歌〕衣子。

歌～支

骊〔支〕姬《左传》庄公二十八年、《公羊传》僖公十年、《国语·晋语》六,《左传》宣公二年、《穀梁传》僖公十年、《韩非子·备内》作丽〔支〕姬,《淮南子·说林》作孋〔支〕姬,《竹书纪年》作離〔歌〕姬。

娥〔歌〕皇《山海经·大荒南经》、《御览》一百三十五引《尸子》,《大戴礼记·五帝德》作倪〔支〕皇。

真～文

宋闵〔文〕公《春秋》庄公十二年,《史记·十二诸侯年表、宋微子世家》作湣〔真〕公,《中论·法象》作敏〔之〕公。

鲁闵〔文〕公《左传》庄公三十二年,《史记·十二诸侯年表、鲁周公世家》作湣〔真〕。《汉书·律历志、五行志》中上作憖〔真〕。

孙〔文〕卿〔《荀子·儒效》〕,《史记·孟子荀卿列传》作荀〔真〕卿。

季纫〔文〕〔国语·郑语〕,《史记·十二诸侯年表、楚世家》作季徇〔真〕。

真～元

楚夹敖君麇〔真〕〔《春秋》昭公元年、《左传》昭公四年〕,《史记·楚世家》作员〔元〕,《索隐》引左传作麐〔真〕,《公羊传》、《穀梁传》作员〔元〕。

元～侵

卫悼公黔〔侵〕〔《史记·六国表、晋世家》〕,《吕氏春秋·慎小》作黚〔侵〕,〈晋世家〉《索隐》引《世本》作虔〔元〕。

文～元

徐偃〔元〕王〔《荀子·非相》、《韩非子·五蠹》〕,《汉书·古今人表》作徐隱〔文〕王。

公子偃〔元〕〔《左传》庄公十年〕,《汉书·古今人表》作公子隱〔文〕。

文～东

逢蒙〔东〕〔《孟子·离娄》下、《荀子·富国》〕,《荀子·王霸、正论》、《吕氏春秋·听言》、《史记·龟策列传》及《索隐》引《七略》作蠡门〔文〕。

东～冬

陈锋〔东〕〔《史记·五帝本纪》〕《索隐》:"《世本》作陈酆〔冬〕氏。"《正义》:"又作豐〔冬〕。"

东～侵

子贡〔东〕(《论语·学而》),《左传》哀公十五年,《礼记·乐记》作子赣〔侵〕。

耕～文

晋孝公倾〔耕〕(《史记·六国表》,《晋世家》《索隐》引《世本》作顷〔耕〕,〈晋世家〉作颀〔文〕。

谈～东

阎〔谈〕职(《左传》文公十八年、《国语·楚语》下),《说苑·复恩》作庸〔东〕职。

侵～谈

壶黡〔谈〕(《史记·仲尼弟子列传》),《御览》卷三百六十六引《论语隐义》作狐黯〔侵〕。

职～幽

伏〔职〕羲,《管子·封禅》作虑〔职〕羲,《易·系辞》下作包〔幽〕羲。

药～锡

简此狄〔锡〕(《楚辞·天问》、《大戴礼记·帝系》、《史记·殷本纪》),《索隐》:"旧本作易〔锡〕,易狄音同。又作遏〔锡〕。"《淮南子·墬形》作翟〔药〕。

屋～鱼

偪〔屋〕阳子(《春秋》襄公十年),《榖梁传》作傅〔鱼〕阳子。

屋～沃～铎

宾戚〔沃〕(《国语·齐语》,《管子·小匡》),《吕氏春秋·勿躬》作宾遬〔屋〕,《亢仓子·贤道》作宾籍〔铎〕。

2.2.2 上古汉语阴声韵和入声韵的关系比较密切,在人名异文中也有反映。除上面提到的以外,还有下面这些。

幽～沃

州〔幽〕吁〔《春秋》隐公三年〕,《穀梁传》作祝〔沃〕吁。

脂～锡

益〔锡〕〔《尚书·尧典》〕,《史记·秦本纪》作翳〔脂〕。

脂～职

视〔脂〕夷〔《汉书·古今人表》〕,《吕氏春秋·长利》作式〔职〕夷。

支～职

柬不訾〔支〕〔《尸子》〕,《韩非子·说疑》作董不识〔职〕。

歌～术

齐闵王地〔歌〕〔《史记·六国表、齐太公世家》〕,《索隐》引《世本》作遂〔术〕。

之～术

公山不狃〔之〕〔《左传》宣公五年〕,《论语·阳货》作公山弗〔术〕扰。

2.2.3 阴声韵和阳声韵的关系,前代学者称为"阴阳对转"。人名异文里面也可以看到一些。

鱼～元

曹戴伯蘇〔鱼〕〔《史记·曹世家》〕,〈十二诸侯年表〉作鲜〔元〕。

支～元

计然〔元〕〔《史记·货殖列传》〕,《集解》引徐广作计研〔元〕,《吴越春秋·勾践阴谋外传》作計硯〔元〕,《越绝书·计倪内经》作计倪〔支〕。

歌～元

斟灌〔元〕〔《左传》襄公四年〕,《史记·夏本纪》作斟戈〔歌〕。

史徒皮〔歌〕〔《汉书·古今人表》〕,颜师古注:"即《十月之交》诗所谓蕃〔元〕維司徒是也。"《毛诗·小雅·十月之交》作番〔元〕。钱大昕《廿二史考異》:"蕃音婆。古读皮如婆。"

侯～东

鬼臾〔侯〕区〔《史记·五帝本纪》〕,《汉书·艺文志》作鬼容〔东〕区。

侯～阳

鮒〔侯〕祀〔《史记·宋微子世家》〕,《索隐》:"徐云一本作鮬〔阳〕。谯周亦作鮬。"

脂～文

祁〔脂〕奚〔《左传》成公八年,《国语·晋语》七〕,《吕氏春秋·开春》、《易林·旅之随》作祈〔文〕奚。

之～文

欣〔文〕时《左传》成公十七年〕,《公羊传》成公六年作喜〔之〕时。

2.2.4 下面这些异文在韵部上的关系也值得进一步研究。

侯～幽

务〔侯〕光〔《战国策·秦策》、《庄子·大宗师、外物》〕,《庄子·让王》作瞀〔侯〕光,《荀子·成相》作牟〔幽〕光。

南榮趎〔侯〕〔《庄子·庚桑楚》〕,《释文》:"《汉书·古今人表》作南榮疇〔幽〕,或作儔〔幽〕,又作壽〔幽〕,《淮南》作南榮幬〔幽〕。"

319

皋〔幽〕如《左传》哀公二十六年〕,《吴越春秋·归国外传》作句〔侯〕如。

月～术

韩厥〔月〕《左传》宣公十二年〕,《公羊传》襄公元年作韩屈〔术〕。

月～术～阳

唐蔑〔月〕《商君书·弱民》、《荀子·议兵》、《吕氏春秋·处方》、《战国策·楚策、秦策》、《史记·秦本纪、楚世家、屈原贾生列传》作唐昧〔术〕,《战国策·赵策》作唐明〔阳〕。

月～元

烈〔月〕山氏〔《左传》昭公二十九年,《国语·鲁语》上〕,《礼记·祭法》作厉〔月〕山氏,《史记·五帝本纪》《正义》引《帝王世纪》:"又曰连〔元〕山氏,又曰列〔月〕山氏。"

质～职

東野畢〔质〕《荀子·哀公》,《韩诗外传》二〕,《庄子·达生》,《吕氏春秋·适威》作東野稷〔职〕。

屋～药

颜烛雏《说苑·正谏》,《左传》哀公二十七年〕,《韩非子·十过》作颜涿〔药〕聚。

阳～耕～元

女英〔阳〕《御览》一百三十五引《尸子》〕,《大戴礼记·帝系》作女匽〔元〕,《史记·五帝本纪》《索隐》引《世本》作妇䒑〔耕〕。

第三部分　下面两条材料虽属个别孤证,但是,他们反映的现象值得注意。

田忌这个名字屡见于《战国策》和《史记》,这两部书中这个名字就有不同的写法。《楚世家》作田期思,《齐策》一、《田敬仲完世家》作田臣思。司马贞《索隐》说:"《战国策》作田期思,《纪年》谓之徐州子期,盖即田忌也。"黄丕烈《战国策札记》说:"臣当是臣字讹。臣、期、忌同字也。"对于思字都没有说明。我们设想,忌是去声,这个思字是否可以说现代有些学者提出上古汉语阴声韵去声有-s尾的假定。

恶来见于《晏子春秋·内篇谏上》、《墨子·明鬼》、《楚辞·惜誓》作来革。上古汉语阴声字与入声字关系密切。有人认为上古阴声韵大部分有浊塞音韵尾,有人反对,认为世界上不会有这样稀奇古怪的语言,尽是闭音节,开音节少得可怜。我们认为,这条材料可以支持上古有些阴声字有塞音韵尾辅音的说法,不过是否可以认为与入声有关的那些阴声韵的字更古的时候就有清塞音韵尾,属于入声韵,后来韵尾辅音脱落,就与阴声韵合流了。

三 声调

清人江有诰《再寄王石臞书》中说:"古人实有四声,特古人所读之声与后人不同。"比较人名异文可以发现在声调方面的一些情况,其中平声与上声有关的材料最多,平声与去声有关系的材料次之,其余都不算多。下面分别举例,因为出处前面都列了,这里省去。括号〔 〕内是中古的四声。

平～上

申公子培〔平〕～倍〔上〕　　展无骇〔上〕～侅〔平〕

妹嬉〔平〕～妹喜〔上〕　　欣〔平〕时～喜〔上〕时

㝯〔平〕敽~擣〔上〕戨　　　僑〔平〕極~蟜〔上〕極

橋〔平〕牛~蟜〔上〕牛　　　夏后皋〔平〕~昊〔上〕

杼、宁、佇〔上〕~仔〔平〕

子桑雩〔平〕~桑扈〔上〕　　魏王瑕〔平〕~假〔上〕

范雎〔平〕~范且〔上〕　　　唐雎〔平〕唐且〔上〕

鉏〔平〕麑~沮〔上〕麛　　　屠黍〔上〕屠餘〔平〕

樗〔平〕里子~樗〔上〕里疾、楮〔上〕里疾

高渠彌〔平〕~高渠眯〔上〕

祁彌〔平〕明~示眯〔上〕明

騑〔平〕~斐〔上〕　　　　　推移〔平〕~推侈〔上〕

无亏〔平〕~无诡〔上〕

鲁缗〔平〕公~鲁闵〔上〕公

晋缗〔平〕侯~晋愍〔上〕侯、晋湣〔上〕侯

麇〔平〕、麈〔平〕、員〔平〕~卷〔上〕

元〔平〕常~允〔上〕常

葴〔平〕~审〔上〕

平~去

女嬉〔平〕~女志〔去〕　　　齐孝公昭〔平〕~照〔去〕

夏公弗綦〔平〕~弗忌〔去〕

鲁孝公酋〔平〕、遒〔平〕~就〔去〕

夐〔去〕、澆〔去〕~敖〔平〕

衛殤公秦〔平〕~剽〔去〕

魴〔平〕祀、方〔平〕祀~鮒〔去〕祀

公叔禺〔平〕人~务〔去〕人

符〔平〕里~付〔去〕里乙、史附〔去〕里

南荣赵〔平〕、南荣俦〔平〕南荣畴〔平〕~南荣寿〔去〕、南荣犨〔去〕

隙敔〔去〕、隙凯〔去〕~隙皑〔平〕

韩傀〔平〕~韩廆〔去〕

鲁魏〔去〕公~鲁微〔平〕公

伏羲〔平〕~伏戏〔去〕　　斟戈〔平〕~斟灌〔去〕

成王诵〔去〕~庸〔平〕

计然〔平〕、计倪〔平〕、计研〔平〕~计砚〔去〕

上~去

石圃〔上〕~石傅〔去〕　　知果〔上〕~知过〔去〕

南宫顷〔上〕叔~南宫敬〔去〕叔

夫概〔上〕、夫檗〔上〕~夫摡〔去〕

其他材料比较零散，这里不一一列出。

四　结语

以上排比了先秦两汉文献中见到的一些人名，这种按类排列本身就是一种分析。

有些异文现象目前还无法解释。南方楚地、吴、越的一些异文，从面貌看，不像汉族人名，可能与当时这一带地区的少数民族有关，这也许要靠民族语言的调查结果来解决。

现存先秦两汉文献约百种，近年考古发掘又有新的发现，这批文献写作的时间前后一千年，分布的地域也宽，书籍流传的情况又极复杂，因此同一部书里面就有人名异文，《庄子》、《荀子》如此，《战国策》、《史记》也是这样，需要认真研究。

异本身在文献中就零散,就人名来看就更零散了,它不像字典、辞书那样,可以整理出一个语音系统。但是它却可以为研究工作提供一些有用的佐证或耐人寻味的线索。

这份材料仅是平日读书收集到的,如果对这些现象作一穷尽的研究,再把出土文物上的人名收集起来,分类进行整理,一定会有更多的创获。

(载《第二届国际声韵学学术研究会论文集》(一)
台湾中山大学国文系　1992年　高雄)

唐人笔记里面的方俗读音

唐人笔记里面有一些方俗读音材料,它们应该是当时方言俗读的真实写照,吉光片羽,信足珍贵。整理研究它们,对于汉语史特别是语音史大有好处。

现存的唐人笔记有好几十种,它们记载方俗读音的情况并不完全一样。有的记录得多一些,如颜师古的《匡谬正俗》、李匡乂的《资暇集》;有的记录得少一些,如李肇的《国史补》、刘恂的《岭表录异》;有的翻遍全书一条也没有发现,如李绰的《尚书故实》、冯贽的《云仙杂记》。

经过收集,在唐人笔记中得到材料近百条,除掉同音材料外[①],还有六十余条,将它们归纳排比,可以窥见以下一些情况[②]。

一

1.1 汉语方言很早以来就分南北两大系。这在唐人笔记里面也有反映。

颜师古《匡谬正俗》卷八:"或问曰:'年寿之字,北人读作受音,南人则作授音,何者为是?'答曰:'两音并通。'"按:《广韵》:寿、受,殖酉切,禅母有韵上声[*ziu][③];授,承咒切,禅母宥韵去声[*ziu]。北人读上声,南人读去声,声调有不同。

颜师古还提到一些南方方言读音扩展到关中的现象，值得引起注意。

《匡谬正俗》卷五："又隄防之'隄'字，并音丁奚反，江南末俗往往读为大奚反，以为风流。耻作'低'音，不知何所凭据？转相放习。此弊渐行于关中。其提封本取提挈之义，例作低音，而呼隄防之字，即为啼音，两失其义，良可叹息。"按：《广韵》：隄，丁奚切，端母齐韵平声[$*_ctei$]。音大奚反则在定母齐韵平声[$*_cdei$]。两音有清浊之别。

《匡谬正俗》卷八："愈，胜也。故病差者言愈。《诗》云：'政事愈蹙。'《楚辞》云：'不侵（疑脱"渐"字——笔者）兮愈疏。'此愈并言渐就耳。文人用此者皆取此义。与病愈义同。而江南近俗，读'愈'皆变为踰，关内学者递相放习，亦为难解。"

按：《广韵》：愈，以主切，以母虞韵上声[$*_ciuo$]；踰，羊朱切，以母虞韵平声[$*_ciuo$]。这说明江南人读"愈"为平声，这个读法也扩展到关中。

这类现象虽然记载得不多，但是很值得引起注意。它可以用南北朝时期，南方文化影响北方来作解释。

李肇《国史补》卷下："旧说董仲舒墓门人皆下马，故谓之下马陵，后人语讹为虾蟆陵。今荆湘人呼'堤'为'提'，晋绛人呼'梭'为'莝'（原注：七戈切）；关中人呼'稻'为'讨'，呼'釜'为'付'。皆讹谬所习，亦坊中语也。"

按：（一）把下马陵说成虾蟆陵，是一种俗词源现象。白居易《琵琶行》："自言本是京城女，家在虾蟆陵下住。"提到了这一地名。《广韵》：下，胡讶切，匣母祃韵去声，马，莫下切，明母马韵上声；虾，胡加切，匣母麻韵平声，蟆，莫霞切，明母麻韵平声。它们都是二等字。它们的变化是一种声调上的变化。

[$*_c$ɣa$_c$ma]——[$*$ɣa$^{\infty}$ma]

(二)《广韵》:提,杜奚切,定母齐韵平声[$*_c$dɛi];堤,都奚切,端母齐韵平声[$*_c$tɛi]。它们和颜师古谈到的情况差不多,也是声母清浊的变化。

(三)《广韵》:梭,苏禾切,心母戈韵平声[$*_c$sua]。根据原注音七戈切,应该在清母戈韵平声[$*_c$ts'ua]。它们是舌尖清擦音读为同部位的送气清塞擦音。

(四)《广韵》:稻,徒皓切,定母皓韵上声[$*^c$dau];讨,他浩切,透母皓韵上声[$*^c$t'au]。这也是将舌尖浊塞音声母读成同部位的送气清塞音声母。

李肇指出这些方言音读是坊中语。其实不少坊中语都存在于一定方言中。

1.2 笔记中记载有许多俗语,它们有的和正音规范有一定的差别,而字典辞书里面往往没有收录。如刘肃《大唐新语》卷十三记载"出自皂隶"的侯思止"言音不正"的情况:

> 侯思止出自皂隶,言音不正。以告变授御史。时属断屠,思止谓同列曰:"今断屠宰,鸡(云圭)猪(云诛)鱼(云虞)驴(云平缕)俱(云居)不得吃(云诘),空吃(云诘)米(云弭)面(云泥去),如(云儒)何得不饥。"侍郎崔献可笑之。思止以闻。则天怒谓献可曰:"我知思止不识字,我已用之,卿何笑也?"献可具以鸡猪之事对。则天亦大笑不止,释献可。

按:(一)把"猪"、"鱼"、"驴"、"俱"、"如"读成"诛"、"虞"、"缕平声"、"居"、"儒",是把鱼韵字读成了虞韵字。根据《广韵》:

    鱼韵平声   虞韵平声

猪，陟鱼切 知母[$*_{c}$tiuo]　　诛，陟输切 知母[$*_{c}$tiuo]

鱼，语居切 知母[$*_{c}$tiuo]　　虞，遇俱切 知母[$*_{c}$tiuo]

驴，力居切 来母[$*_{c}$liuo]　　缕平声　　　来母[$*_{c}$liuo]

俱，九鱼切 见母[$*_{c}$kiuo]　　俱，举朱切 见母[$*_{c}$kiuo]

如，人诸切 日母[$*_{c}$nʑiuo]　　儒，如朱切 日母[$*_{c}$nʑiuo]

（二）《广韵》：鸡，古奚切，见母开口齐韵平声[$*_{c}$kɛi]；圭，古携切，见母合口齐韵平声[kuɛi]。把齐韵的开口韵说成了齐韵的合口韵了。

（三）《广韵》：吃，苦击切，溪母锡韵入声[$*$k'ɛk$_{o}$]；诘，去吉切，溪母质韵入声[$*$k'iet$_{o}$]。韵尾辅音有不同。

（四）《广韵》：米，莫礼切，明母荠韵上声[$*_{c}$mɛi]；弭，绵婢切，明母纸韵上声[$*^{c}$mie]。韵母有不同。

（五）《广韵》：面，莫甸切，明母霰韵去声[$*$mɛn^{ɔ}]；泥，奴计切，泥母霁韵去声[$*$nɛi^{ɔ}]。鼻音声母由双唇音变为舌尖音，韵母的鼻音韵尾消失了。

李匡乂《资暇集》卷上"虫霜旱潦"条："饮坐令作，有不悟而饮罚爵者，皆曰'虫伤旱潦'。或云'虫伤水旱'。且以为薄命不偶，万一口音，未尝究四字之意。何也？'虫伤'宜为'虫霜'。盖言田农水旱之外，抑有虫蚀霜损。此四者田农之大害。《六典》言之数矣！呼曲子名，则'下兵'为'下平'，'阁罗凤'为'阁罗凤'，著辞则'河内王'为'何奈王'，'樯竿上'为'长竿上'，如斯之语，岂可殚论。"

按：（一）《广韵》：伤，式羊切，书母阳韵平声[$*_{c}$ɕiaŋ]；霜，色庄切，生母阳韵平声[$*_{c}$ʃiaŋ]。声母照二和照三合流。

（二）《广韵》：兵，甫明切，帮母庚韵平声[$*_{c}$piæŋ]；平，符兵切，并母庚韵平声[$*_{c}$biœŋ]。双唇不送气清塞音变为同部位的浊塞音了。

（三）《广韵》：内，奴对切，泥母合口队韵去声[*nuɑi°]；奈，奴带切，泥母开口泰韵去声[*nɑi°]。

（四）《广韵》：樯，在良切，从母阳韵平声[*dziɑŋ]；长，直良切，澄母阳韵平声[dʒiɑŋ]。声母都是塞擦音，但是发音部位有舌尖和舌叶的区别。

又卷中"俗谭"条："俗之误谭，不可以证者何限。今人呼郡刺史为剌史。谓'般涉'为'官涉'，谓'茜'为'堑'，食鱼谓'鳜'为'桂'，以'鲎'为'诟'人，振鼻为喷涕，吐口为爱富（原注：殊不知喷嚏噫腑，噫者音隘，藏腑气噫出也），'熨'为'酝'，'剪刀'为'箭'，'帽'为'慕''礼'为'理'，'保'为'补'。'襃'为'逋'，'暴'为'步'，触类甚多，不可悉数。"

按：（一）《广韵》：般，北潘切，帮母桓韵平声[*pɑn]；官，古丸切，见母桓韵平声[*kɑn]。声母都是不送气清塞音，但是发音部位有双唇和舌根的不同。

（二）《广韵》：茜，仓甸切，清母霰韵去声[*t'sen°]；堑，七艳切，清母艳韵去声[*tsiæm°]。鼻音韵尾辅音不同。

（三）《广韵》：鳜，居卫切，见母祭韵去声[*kuæi°]；桂，古惠切，见母霁韵去声[*kuɛi°]。韵母同在蟹摄而有三四等的区别。

（四）《广韵》：鲎，胡遘切，匣母候韵去声[*ɣu°]；诟，古厚切，见母厚韵上声[*°ku]。声母发音部位都在舌根，但是发音方法有浊擦音和送气清塞音的不同；声调有去声和上声的区别。

（五）《广韵》：熨，纡物切，影母物韵入声[*ʔiuət°]；酝，于问切，影母问韵去声[*ʔiuən°]。这是阳入对转现象。

（六）《广韵》：剪，子浅切，精母狝韵上声[*°tsiæn]；箭，子贱切,精母线韵去声[*tsiæn°]。声调有上声和去声的区别。

(七)《广韵》:礼,卢启切,来母荠韵上声[*ᶜlɛi];理,良士切,来母止韵上声[*ᶜliə]。韵母有不同。

(八)"帽"、"保"这一组字和"慕"、"补"等呈有规律的对应,根据《广韵》:

效摄	遇摄
帽,莫报切,	暮,莫故切,
明母号韵去声[*mɑu°]	明母暮韵去声[*muo°]
保,博抱切,	补,博古切,
帮母皓韵上声[*ᶜpɑu]	帮母姥韵上声[*ᶜpuo]
褒,博毛切,	逋,博孤切,
帮母豪韵平声[*pɑu]	帮母模韵平声[*puo]
暴,薄报切,	步,薄故切,
並母号韵去声[*bɑu°]	並母暮韵去声[*buo°]

它们是效摄豪韵(举平以赅上去)和遇摄模韵(举平以赅上去)的对应。

又卷下"阿茶"条:"公郡县主,宫禁呼为宅家子。盖以至尊以天下为宅,四海为家,不敢斥呼,故曰宅家。亦犹陛下之义。至公主以下,则加'子'字,亦犹帝子也。又为阿宅家子。阿,语助也。急语乃以'宅家子'为'茶子'。既而亦云'阿茶子'。或削其'子',遂曰'阿家',乃以'宅家子'为'茶子',既而亦云'阿茶子',削其'子'字,遂曰'阿茶'。一说汉魏已来宫中尊美之呼曰大家子,今急讹以'大'为'宅'焉。"

这条谈的是一些连读音变的现象。说明"宅家子"转变为"茶家子"的原委,加语助"阿"为"阿宅家子",急读"宅家子"为"茶子",

加"阿"则为"阿茶子"。按:《广韵》:宅,场陌切,澄母陌韵入声[*dzak。];家,古牙切,见母麻韵平声[*ₒka]。"宅"字取其声母则为[*dz-],"家"字取其韵母则为[*-a]。两相结合就构成了"茶"[*ₒdza]音。

下面从声、韵、调三个方面来进行分析,为了说明问题,有些条目会多次出现。

二

先从声母谈起。

戴震在《转语二十章序》里面谈到声母的变化提出"同位"和"位同"两个概念。用现代语言学的术语来对比,所谓"同位"就是发音器官的部位相同,发音部位相同,发音方法容易起变化;所谓"位同"就是发音方法相同,发音方法相同,发音部位容易前后移动[④]。从发音部位和发音方法两方面来观察唐人笔记中的方俗读音,可以看到以下一些情况。

2.1 轻唇音从重唇音分化出来的时代一般认为是在唐初[⑤],而轻唇音里面的非、敷两母合流发生的时期,就没有多少论述。张世禄先生在这个问题上的论断是有道理的。他说:"……我断定非、敷两母在'三十六字母'上所谓全清和次清的分别,只是在轻唇音一组和重唇音的分化尚未臻于完成之际所具有的分界;一经到了变成纯粹的摩擦音,就是在两组分化完成的时候,这非、敷两母就混同,合并为一类了。"[⑥]唐人笔记里面的一些材料似乎有可以帮助证明这个看法。

韦绚《刘宾客嘉话录》:"谢朓诗云'芳州多杜若'。贞观中医局求杜若,度支郎乃下邠州令贡之。判司云:'邠州不出杜若,应由谢朓诗误。'太宗闻之大笑,改雍州司户。"

刘肃《大唐新语》卷九:"尹伊尝为坊州司户尚药局,牒省索杜若,省符下坊州供送。伊判之曰:'坊州本无杜若,天下共知。省符忽有此科,应由谢朓诗误。华省曹郎如此判,岂不畏二十八宿向下笑人。'由是知名,改补雍州司马。"

按:《广韵》:芳,敷方切,敷母阳韵平声[$*_c$fiaŋ];邠、坊,府良切,非母阳韵平声[$*_c$fiaŋ]。这件事发生在唐太宗时,说明早在唐朝初年,非、敷二母就已经开始合流了。下面还有两个例子。

无名氏《阙史》卷下:"咸通中,优人李可及者,滑稽谐戏,独出辈流。虽不能托讽匡王,然巧智敏捷,亦不可多得。尝因延庆节缁黄讲论毕,次及谐优为戏。可及乃儒服险中,衣博带,摄齐以升崇座。自称三教论衡。其偶坐者问曰:'既言博通三教,释迦如来是何人?'对曰:'是妇人。'问者惊曰:'何也?'对曰:'《金刚经》:敷坐而坐。或非妇人,何烦夫坐然后儿坐也。'上为之启齿。"

按:《广韵》敷,芳无切,敷母虞韵平声[$*$fiuo];夫,甫无切,非母虞韵平声[$*_c$fiuo]。把"敷"说成"夫",是非敷合流了。咸通是唐懿宗年号,这事发生在唐代中叶了。

《资暇集》卷下:"风炉子以周绕通风也。一说形像名烽炉子。理亦通焉。"

按:《广韵》:风,方戎切,非母东韵三等平声[$*$fiuŋ];烽,敷容切,敷母锺韵平声[$*_c$fioŋ]。这也是一条非、敷混用的例子。

2.2 六朝经师的切语里面可以发现声母清浊互用的现象,唐人笔记里面也有。前面提到"隄"读丁奚反,而江南人读为大奚反(1.1《匡谬正俗》卷五);"荆襄人呼提为堤,关中人呼稻为讨,呼釜为付(1.2《唐国史补》卷下)";"呼曲子名,则'下兵'为'下平'(1.2《资暇集》卷上),都属于这类例子。下面再举一些。

2.2.1 並~帮

段成式《酉阳杂俎》续集卷四:"予太和末,因弟生日观杂戏。有市人小说呼扁鹊作褊鹊,字上声。予令座客任道升字正之。市人言二十年前上都齐会设此。有一秀才甚赏某呼'扁'字与'褊'同声。世人皆误。予意其饰非,大笑之。近读甄立言《本草音义》引曹宪云'扁,布典反。'今步典非也。案:扁鹊姓秦,字越人。扁县属勃海。"

按:《广韵》:扁,薄泫切,並母铣韵上声[^{*c}bεn];褊,方典切,帮母铣韵上声[^{*c}pεn]。双唇浊塞音读成同部位的不送气清塞音。

2.2.2 滂~並

《资暇集》卷中:"钱戏每有以四文为一列者,即史传所意钱是也。俗谓之摊钱,亦曰摊铺其钱,不使叠映欺惑也。疾道之,故讹其音。音'摊'为蚕齔反,音'铺'为蒲,厥义此耳。"

按:摊音蚕齔反,见后。《广韵》:铺,普胡切,滂母模韵平声[$^{*}_{c}$p'uo];蒲,薄胡切,並母模韵平声[$^{*}_{c}$buo]。双唇送气清塞音读成同部位的浊塞音。

2.2.3 非~奉

《匡谬正俗》卷六:"张衡《西京赋》:'长廊广庑,连阁云蔓。閜庭诡异,门户千万。重闱幽闼,转相逾延。望叫窱以径廷,眇不知其所反。'是'反'有扶万音矣。今关中俗呼回还之'反'亦有此音。"

颜师古从协音说的角度来看前代一些押韵的读音并不一定妥当。但是他提到这些字的方俗读音却颇有参考价值。《广韵》:反,府远反,非母阮韵上声[^{*c}fiuen]。音扶万则在奉母愿韵去声

333

[*viuɐn']。唇齿清擦音读成同部位的浊音。

2.2.4 精～从

《资暇集》卷上:"汉相萧何封为酂侯,举代呼为䃣,有呼酂者,则反掩口而哇。深可讶也。邹氏分明云属沛郡者音䃣,属南阳音酂。又《茂陵书》云:萧何国在南阳,合二家之说,音酂不音䃣明矣。司马贞诚知音酂,不能痛为指挥将来,而但云字当音酂,今多呼为䃣,遂使后学见今呼为䃣字。咸曰且宜从众。是误也,可归罪于司马氏(原注:学家自文颖、孙检、裴龙驹及小颜之徒,皆作酂音。即不得云今多呼为䃣矣。所以更举之者,贵好学知司马氏之失矣)。"

按:《广韵》:酂,昨何切,从母歌韵平声[*꜀dzɑ];又则旰切,精母翰韵去声[*tsɑn']。这条辨明作为地名"酂"字的读音。这两个音在声韵调方面都有不同。从声方面说,沛郡的酂应该音酂,而音为䃣,是把舌尖不送气清塞擦读为同部位的浊塞擦音。

2.2.5 心～邪

《匡谬正俗》卷六:"或问曰:'今谓小羊未成为旋(原注:祥恋反)子,何也?'答曰:'案:吕氏《字林》云:𦍋音选,未晬羊也。今言旋者,并沿语讹耳。当言𦍋子也。'"按:"𦍋",《字林》音选。《广韵》:选,思兖切,心母狝韵上声[*ᵃ°siæn]。"旋"音祥恋反,邪母线韵去声[*zian']。舌尖清擦音读成同部位的浊擦音。声调有上去的差别。

2.2.6 书～禅

《匡谬正俗》卷七:"'贳'字训贷。《声类》及《字林》并音埶,古读皆然。而近代学者则用刘昌宗《周礼音》辄读'贳'字为时夜反。不知昌宗何以凭据?其鄙俚之俗,又读为'赊',皆非正也。案:《说文解字》云：赊，䞐卖货也。此则二字本来不同，断可知矣。"

按：《广韵》：贳，舒制切，书母祭韵去声[*ɕiaᵒ]；又时夜切，禅母祃韵去声[*ʑiaᵒ]。同为舌叶擦音，而声母有清浊之别。赊，式车切，书母麻韵平声[*ₑɕia]，则又转读为平声了。

2.3 非、敷合流，清浊互用都是发音部位相同，发音方法有别而混一的现象。还有一些发音部位相同而发音方法有别的现象。如"晋人呼梭为莝"（1.1《国史补》卷下），俗谭读"鲨"为"诟"（1.2《资暇集》卷中），它们都是发音部位相同，而发音方法不同的现象。下面再举一些。

2.3.1 端～透

《资暇集》卷下"竹笪"条："麓䉲篨因江东呼为'笪'今京洛皆呼为'竹笪'（原注：今俗音'笪'为'怛'，盖此字音旦，又音闼。当是有于'笪'旁书'旦'、'闼'二音者，遂误合二音，反谓是闼，遂以成俗）。余尝因市此呼作'闼'音，为轻薄所嗤曰：'真村里书生。'余应之曰：'声亦呼作旦音，知乎（原注：若是者又多悉难言）？'"

按：笪音旦，《广韵》：得案切，端母翰韵去声[*tɑnᵒ]；又当割切，端母曷韵入声[*tɑt₀]；闼，他达切，透母曷韵入声[*tɑt₀]。声母同为舌尖塞音而有送气和不送气的差别。音旦和音闼，则为阳入对转。

2.3.2 定～来

《匡谬正俗》卷八："问曰：'谚云：贼无历底中道回。谓内应道引为历底，何也？'答曰：'按：《周礼》有狄鞮氏，掌译蛮夷之言。《礼》云：五方之民，言语不通，嗜欲不同。达其志，道其欲。东方曰寄，南方曰象，西方曰狄鞮，北方曰译。此盖谓译导相因耳。今言外人来相练悉，不能来为贼盗，因籍当家有人导引。因其冲要而孤虚,故谓之狄鞮也。俗语音讹,变言历底耳。'"

颜师古认为唐代的"历底"就是《周礼》狄鞮氏的"狄鞮"。按:《广韵》:历,郎击切,来母锡韵入声[*lɛk₀];底,都礼切,端母荠韵上声[*ᶜtɛi];狄,徒历切,定母锡韵入声[*dɛk₀];鞮,都奚切,端母齐韵平声[*tɛi]。它们的对应关系是:

[*dɛk₀t'ɛi]～[*lɛk₀ᶜtɛi]

是把舌尖浊塞音读为同部位的边音。

2.3.3 清～透

《资暇集》卷下"不及𠧧"条:"谚云:'千里井,不反唾。'盖由南朝宋之计吏,泻𠧧残草于公馆井中,且自言相去千里,岂当重来。及其复至,热渴,汲水遽饮,不忆前所弃草,草结于喉而毙。俗因相戏曰:'千里井,不反𠧧。'后讹为'唾'尔。"

苏鹗《苏氏演义》卷下:"《金陵记》:'江南计吏止于传舍间,及时就路。以马践草泻于井中,而谓已无再过之期。不久,复由此饮。遂为昔时莝刺喉死。后人戒之曰:千里井,不泻莝。'杜诗:'畏人千里井。'注:'谚云:千里井,不反唾。'疑'唾'字无义,当为'莝',谓为莝所哽也。"

这两条涉及的情况相同。按:《广韵》:𠧧、莝,粗卧切,清母过韵去声[*t'sɑ°];唾,汤卧切,透母过韵去声[*t'ɑ°]。这是把舌尖送气清塞擦音说成同部位的送气清塞音了。

2.3.4 船～禅

《资暇集》卷下"承床"条:"近者绳床皆短其倚衡,曰折背样(原注:绳床字当作'承'字,言轻赍可随人来去)。"按:《广韵》:绳,食陵切,船母蒸韵平声[*ᶜdʑiəŋ];承,署陵切,禅母蒸韵平声[*ᶜʑiəŋ]。这是把舌面浊塞擦音读为同部位的浊擦音了。这种般禅混用的现象应该是当时南方方言的特点⑦。

2.4 声母发音方法相同而发音部位有了变化。如前提到侯思止把"面"说成"泥",是把双唇鼻音说成舌尖鼻音(1.2《大唐新语》卷十三);"虫霜旱潦"说成"虫伤旱潦",是把舌叶清擦音说成舌面清擦音;"牆"说成"长",是把舌尖浊塞擦音说成舌叶浊塞擦音;"般"说成"官",是把双唇不送气清塞音说成舌根不送气清塞音(1.2《资暇集》卷上)。下面再补充几例。

2.4.1 从～崇

《酉阳杂俎》续集卷八:"猎者不杀豺,以财为同音。又南方恶豺向人作声。"

按:《广韵》:豺,士皆切,崇母皆韵平声[$*_{c}dẓɐi$];财,昨皆切,从母皆韵平声[$*_{c}dzɐi$]。这是把舌叶浊塞擦音读为舌尖浊塞擦音。根据黄侃"照二归精"的说法,"豺"、"财"同音是保存古读。

2.4.2 云～匣

《苏氏演义》卷下:"彭越子似蟹而小,扬楚间每遇寒食,其俗竞取而食之。或传云:汉黥布覆彭越醢于江,遂化为蟹,因名彭越子。恐为误说。此盖彭滑子矣(原注:滑又作猾),人语讹以滑子为越子。彭越有名于世,故习俗相传,因而不改。"刘恂《岭表录异》卷下:"彭滑,吴呼为彭越,盖语讹也。"

按:《广韵》:越,王伐切,云母月韵入声[$*ɣjiuet_{o}$];滑,户八切,匣母黠韵入声[$*ɣuœt_{o}$]。云母是匣母的颚化音。当时吴楚地方这两个音声母应该相同⑧。

2.4.3 见～云

《封氏闻见记》卷八:"密州之东临海有二山,南曰大朱,北曰小朱。相传云仙人朱仲所居也。按:朱仲,汉时人。《列仙传》所载,不言所居。若尔朱仲未居之前,山无名乎?此西北数里有春秋时淳于城,淳于州国也。吴楚之人谓'居'为'于',古谓'州'为'朱',然则此当名州山也。"

按:《广韵》:居,古鱼切,见母鱼韵平声[$^*_c$kiuo];于,羽俱切,云母虞韵平声[$^*_c$ɣjiou]。见母、云母同为舌根音,但是发音方法有比较大的不同。见母为不送气清塞音,而云母为颚化的浊擦音。

三

方俗音中韵母的情况是比较复杂的,可以从韵尾的阴阳入的对转去观察,也可以从韵摄的关系去研究,还可以从介音的开合等各方面去分析。

3.1 清代学者提出了汉语语音演变中的阴阳对转现象。其实在汉语语音发展史上,阴阳入三声都有对转现象存在。

先看阴阳对转。所谓阴阳对转指的是阴声韵转变为阳声韵,即是增加了鼻音韵尾;或者相反的变化,带鼻音韵尾的字失去了鼻音韵尾。前面提到侯思止把"面"说成泥(1.2《大唐新语》卷十三),就是这种现象。而李匡乂提到当时人把沛郡的鄁读为嵯(2.2.4《资暇集》卷上),也是把阳声韵读为阴声韵。下面再举几例:

3.1.1 歌~寒

《匡谬正俗》卷六:"问曰:'俗谓如许物为若柯,何也?'答曰:'若干,谓且数也。干音讹变,故云若柯也。'"

按:《广韵》:干,古寒切,见母寒韵平声[$^*_c$kɑn];柯,古俄切,见母歌韵平声[$^*_c$kɑ]。这是脱落了舌尖鼻音韵尾[9]。

3.1.2 齐～先

又卷八:"今人呼东西之西,音或为先。晋灼《汉书音义》反西为洒,是西有先音也。"

按:《广韵》:西,相稽切,心母齐韵平声[$^*_\circ$sɛi];音先则为苏前切,心母先韵平声[$^*_\circ$sɛn]。上古音"西"字当在元部,有舌尖鼻音韵尾①。到《切韵》系的韵书里面,它都列在齐韵,失去了鼻音韵尾。但在方俗读音里面还有保存古读的。

也有相反的情况,就是阴声韵转成了阳声韵,增加了鼻音韵尾,例如:

3.1.3 尤～东

《匡谬正俗》卷六:"或问曰:'今之戎兽皮可为褥者,古号何兽?'答曰:'案:许氏《说文解字》曰:夒,贪兽也。李登《声类》人周反,字或作猱。此字既有柔音,俗语变化谓之戎耳。犹今之香柔谓之香戎。今谓猱别造狨字,盖穿凿不经,于义无取。'"

按:《广韵》:柔,耳由切,日母尤韵平声[$^*_\circ$nʑiu]戎,如融切,日母东韵平声[$^*_\circ$nʑiuŋ]。把"柔"、"猱"读成"戎"、"狨",是增加了舌根鼻音韵尾。

上古汉语阴声韵和入声韵的关系密切。因而阴声韵转为入声韵,增加了塞音韵尾;或者入声韵转为阴声韵,失去了塞音韵尾,都有存在。例如:

3.1.4 薛～旨

《匡谬正俗》卷六:"问曰:'今俗监检田亩,知其所获,总计大数,谓之埒田。而官文书乃作耒字。其义定何训解?'答曰:'此谓程式顷亩束数,以知斛斗多少。旧其大故谓之率,而率字有律音。俗语讹替,因谓之埒耳。字当作率,音宜为律。今人不详其本意,为其语涉田农,故用耒耜之字,非也。'"

按:《广韵》:埒,力辍切,来母薛韵入声[$^*liæt_。$];耒,力轨切,来母旨韵上声[$^{c}liei$]。消失了舌尖塞音韵尾。

3.1.5 屋～尤

《封氏闻见记》卷六:"打毬古之蹙鞠也。《汉书·艺文志》《蹙鞠》二十五篇,颜注云:'鞠以韦为之,实以物,蹙蹋为戏。'蹙鞠陈力之事,故附于兵法。蹙音子六反,鞠音炬六反。近俗声讹,蹋鞠为毬,字亦从而变焉,非古也。"按:《广韵》:鞠,屈竹切,群母屋韵入声[$^*giuk_。$];毬,巨鸠切,群母尤韵平声[$^*_{c}giu$]。消失了舌根塞音韵尾。

也有阴声字转化为入声字的。例如:

3.1.6 祭～药

《匡谬正俗》卷六:"问曰:'俗于砺山出刀子刃,谓之略刃。有旧义否?'答曰:'案:《尔雅》:剡,略利也。张揖《古今字诂》云:古作劋,一本作劉,未知孰是? 此则砺刃使利,故称为略刃耳。'"

按:《广韵》:砺,力制切,来母祭韵去声[$^*liɑi^{ɔ}$];略,离灼切,来母药韵入声[$^*liɑk_。$]。增加了舌根塞音韵尾。

3.1.7 祭～锡

《匡谬正俗》卷八:"獙者,仆也。音与弊同。獙獭者,屈伸欲死之貌,音甓锡。字义既别,音亦不同。今关中呼獙皆作甓音。遂无为獙读者,相与不误。"

按:《广韵》:獙,毗祭切,並母祭韵去声[$^*biæi^{ɔ}$];甓,扶历切,並母锡韵入声[$^*bɛk_。$]。也是增加了舌根塞音韵尾。陆法言《切韵序》说,"秦陇则去声为入",意思是秦陇地区的人说去声听起来像正音的入声,也就是说带有塞音韵尾辅音。根据王力先生的看法:

上古汉语去声有塞音韵尾辅音[11],秦陇地区这种现象是保存了古读。颜师古提供的情况可以作为佐证。

阳入对转的情况,唐人笔记里面也有记载。如前面提到的笡音阒(2.3《资暇集》卷下),就是阳入对转的例子。又如摊钱的摊音蚕龁反(2.2.2《资暇集》卷中),按:《广韵》:摊,他干反,透母寒韵平声[$^*\text{c}$t'ɑn];蚕龁反的蚕音他典切,透母铣韵上声[$^{*\text{c}}$t'ɛn];龁音胡结切,匣母屑韵入声[*ɣuət$_\circ$]。上字取声,下字取韵,则构成透母屑韵入声[*t'uət$_\circ$]。也是一个阳入对转的例子。至于熨斗的熨读"酝"(1.2《资暇集》卷中),情况也一样。唐人笔记里面还有这样一例:

3.1.8 屑～霰

《匡谬正俗》卷八:"问曰:'俗谓门限为门倩,何也?'答曰:'《尔雅》曰:柣谓之阈。郭景纯注:门限也,音切。今言门蒨,是佚声之转耳。字宜为佚,而作切。'"

按:郭注见《尔雅·释宫》。《广韵》:切,千结切,清母屑韵入声[*t'sɛt$_\circ$];蒨,仓甸切,清母霰韵去声[*t'sɛn]。这是入声转为阳声韵。

3.2 同一韵摄的韵,其韵母相同或大体相同,舌面的高低前后的位置差异也不会很大,因而同一韵摄的韵往往有相互转化的情况。

前面提到把"河内王"说成"何奈王"(1.2《资暇集》卷上),"内"和"奈"都在蟹摄,同是一等韵。前者在队韵,属于合口韵,后者在代韵,属于开口韵。这是开口韵和合口韵变化。侯思止把"鸡"说成"圭",是将齐韵的开口韵读成了合口韵。

前面还提到"吴楚人谓'居'为'于'"(2.4.3《封氏闻见记》卷

八),侯思止把"猪"、"鱼"、"驴"、"俱"、"如"读为"诛"、"虞"、"缕平声"、"居"、"儒"(1.2《大唐新语》卷十三),都是把鱼韵字读成虞韵字,鱼、虞二韵同在遇摄,都是三等韵。"风炉子"说成"烽炉子"(2.1《资暇集》卷下),是东韵三等韵和锺韵混用,东、锺二韵都在通摄。同摄三等韵混用的还有下面这类例子:

3.2.1 止摄

《苏氏演义》卷上:"蚩者,侮兽也。汉武帝作柏梁殿,有上疏者云:蚩尾水之精,能辟火灾,可置之堂殿。今人多作'鸱'字。"

按:《广韵》:蚩,赤之切。昌母之韵平声[ˬt'ɕiə];鸱,处脂切,昌母脂韵平声[ˬt'ɕiei]。之、脂二韵都在止摄,止摄只有三等韵。

《封氏闻见记》卷四:"则天垂拱元年初置匦使之制。天宝中,玄宗以匦字声似鬼,改匦为献纳使。乾元初,复其旧名。"

按:前人说"声似"实际指的是声同。这里的"匦"和"鬼"应是同音。《广韵》:匦,居洧切,见母旨韵上声[ˬckiuei];鬼,居伟切,见母尾韵上声[ˬckiuə]。旨、尾都在止摄。

咸通中,优人李可及把《金刚经》"敷坐而坐"理解为夫坐然后儿坐(2.1《阙史》卷下),按:《广韵》:儿,汝移切,日母支韵平声[ˬcnȡie];而,如之切,日母之韵平声[ˬcnzi]。这是止摄支、之两韵混用。

下面一例是三等韵的重纽混用。

《匡谬正俗》卷八:"或问曰:'今俗人云:高被者何以谓为下被?有义训不?'答曰:'《左传》曰:宫室卑庳,音婢。《易》曰:智崇礼卑。崇效天,卑法地。音亦为婢。今俗呼被者,此盖庳声之转耳。'"

按:《广韵》:庳,便俾切,并母纸韵上声[bie];被,皮义切,并母纸韵上声[ˬcbiě]。《韵镜》、《通志·七音略》都把"庳"字列在四等韵一栏,"被"字列在三等韵一栏。它们属于重纽,在颜师古的时代已经混用了。

3.2.2 一二等重韵

《切韵》系韵书里面有的韵摄有两个一等韵或两个二等韵,通常把它们称为一二等重韵。在古代重韵有不同的来源[12]。唐人笔记里面它们有混用的情况。例如:

尉迟枢《南楚新闻》:"李泌未相时,宿内院。阿师旦起,窃泌鞋送帝。泌曰:'鞋者,谐也。当为㫋谐。事宜谐之。'"

按:《广韵》:鞋,户佳切,匣母佳韵平声[$*_{c}$ɣæi][13];谐,户皆切,匣母皆韵平声[$*_{c}$ɣɐi]。佳、皆是蟹摄二等的重韵。

《资暇集》卷下:"俗命如厕为屋头。称并州人咸凿土为室,厕在所居之上故也。一说北齐文宣帝怒其魏郡丞崔叔宝。以溷汁沃头,后人或食或避亲长,不能正言溷,因影为沃头焉。"

按:《广韵》:屋,乌谷切,影母屋韵一等入声[$*$ ʔuk$_{ɔ}$];沃,乌酷切,影母沃韵入声[$*$ ʔok$_{ɔ}$]。屋韵一等和沃韵都为通摄一等重韵。

以上是同摄同等混用的现象。下面是一些同摄不同等而混用的现象。

3.2.3 宕摄

《匡谬正俗》卷八:"或问曰:'俗呼某人处为某亨(原注:火刚反),其义何也?'答曰:'此是乡声之转耳。乡者,居也。周乡之乡,取此为义,故子产有云毁于西乡。'"

按:《广韵》:乡,许良反,晓母阳韵平声[$*_{c}$xiaŋ]。而火刚反则为晓母唐韵平声[$*_{c}$xɑŋ]。阳、唐同在宕摄,阳三等韵,唐一等韵。读"乡"为"亨",三等读为一等,失去[i]介音。

3.2.4 山摄

前面提到把"彭蜎"读为"彭越"(2.4.2《岭表录异》卷下、《苏氏演义》卷下),"越"在月韵,是三等字;而"蜎"在黠韵,是二等字。两字都在山摄,是把二等字读为三等字。

3.2.5 蟹摄

又如把鳜鱼说成桂鱼(1.2《资暇集》卷下),"鳜"、"桂"都在蟹摄,"鳜"在祭韵,是一个三等字,"桂"在霁韵,是一个四等字。同韵摄而有三四等之别。

3.2.6 梗摄

《匡谬正俗》卷八:"迥远之迥,今俗读之音户鎣反。按:潘岳《西征赋》云:'览亡王之骄淫,窜南巢以投命,坐积薪以待然,方指日而比盛,人度量之乖舛,何相越以远迥。'以韵而言,或有此音。"

按:《广韵》:迥,户顶切,匣母迥韵上声[*ɣeŋ];音户鎣反则在匣母清韵平声[*ɣiæŋ]。两音同在梗摄,迥韵是四等韵,而清韵是三等韵。

3.3 不同韵摄,由于读音相近,也有混同的现象。

在一等韵方面。如前面提到《资暇集》卷中,效摄一等豪皓号韵的"帽"、"保"、"褒"、"暴"读为遇摄一等模姥暮韵的"慕"、"补"、"逋"、"步"的。还有这样一个例子。

《岭表录异》卷中:"倒捻子窠丛不大,叶如苦李,花似蜀葵,小而深紫。南中妇女得以染色。有子如软柿,头上有四叶如柿蒂,食者必捻其蒂。故谓之倒捻子,或呼为都捻子,盖语讹也。"

按:《广韵》:倒,都号切,端母号韵去声[*tɑuᵒ];都,当孤切,端母模韵平声[*ᶜtuo]。效摄一等韵的字读为遇摄一等。

3.3.1 果摄～遇摄

《匡谬正俗》卷八:"或问曰:'俗谓轻忽其事不甚精明为砢磨(原注:上力可反,下莫可反),有何义训?'答曰:'《庄子》云:长梧封人曰:昔余为禾而卤莽之(原注:莽音莫古反),则其实亦卤莽而报予,芸而灭裂之,则其实亦灭裂而报予。郭象注曰:卤莽、灭裂,轻脱不尽其分也。今人所云砢莽,或曰灭裂者,义出于此。但流俗讹(疑有脱文——笔者),故为砢磨耳。'"

按:颜师古认为,"砢磨"是一个叠韵联绵字,来源于卤莽。按:《广韵》:卤,郎古切,来母姥韵上声,莽,莫补切,明母姥韵上声[luo muo]。根据颜师古音,砢,力可反,来母哿韵上声,磨,莫可反,明母哿韵上声[^{*c}lɑ^{c}mɑ]。姥是遇摄一等韵,哿是果摄一等韵。

3.3.2 臻摄～山摄

《匡谬正俗》卷八:"或问曰:'俗谓鸪为骨鹿此语有何典故?'答曰:'《尔雅》云:鸪,麋鸪。然则,鸪一名鸪。今人云骨鹿者,是鸪鹿耳。以鹿配鸪者,盖承其鸣声以呼之。亦由子规、蛁蟟、鹅、鸭为鸠鸪之类也。今山东俗谓之鸪,此亦像其鸣声。故知字并为鸪,不得呼为骨。傍辄加鸟者,此字乃是鹘雕,不闻鸪事。'"

按:《广韵》:骨,古忽切,见母没韵入声[*kuət$_\circ$];鸪,古活切,见母末韵入声[*kuɑt$_\circ$]。没在臻摄入声合口一等,末在山摄合口一等。

在三等韵方面也有不同韵摄混用的现象。

3.3.3 流摄～遇摄

前面提到"古谓州为朱"(2.4《封氏闻见记》卷八),按:《广韵》:州,职流切,章母尤韵平声[$^{*}_c$tɕiu];朱,章俱切,章母虞韵平声[$^{*}_c$tɕiuo]。尤在流摄三等,虞在遇摄三等,已混用。

345

《匡谬正俗》卷三:"丘之与区,今读则异,然寻案古语,其声亦同。今江淮田野之人,犹谓丘为区。"

按:《广韵》:丘,去鸠切,溪母尤韵平声[$^*_ck'iu$];区,岂俱切,溪母虞韵平声[$^*_ck'iuo$]。情况和上条一样。

3.3.4　止摄～蟹摄

《匡谬正俗》卷六:"或问曰:'今人重沓布物一两次,谓之一曳两曳,何也?'答曰:'许氏《说文解字》云:肔,重次第物也。《字林》音弋豉反,此则与今所道相当。又《诗》云:葛之覃兮,施于中谷。莫莫葛藟,施于条枚。义兼训移,音亦为肔。盖为延福其上,亦重次第之意焉。盖假借施字为之耳。司马相如《上林赋》曰:肔丘陵,亦其义也。俗音讹舛,故转为曳。亦犹轻易之易,鄙俗或为曳音。究其根本,当言一肔两肔,今语亦有作此俗音者。'"

按:《广韵》:肔,易,以豉切,以母寘韵去声[$^*ie^ɔ$];曳,馀制切,以母祭韵去声[$^*iæi^ɔ$]。

《资暇集》卷下"驴为卫"条:"代呼驴为卫,于文字未见。今卫地出驴,义在斯乎?或说以其有轴有槽,譬如诸卫有胄也。因目为胄。"

按:《广韵》:胄,于贵切,云母未韵去声[$^*ɣjiuæi^ɔ$];卫,于岁切,云母祭韵去声[$^*ɣjiuəi^ɔ$]。

3.3.5　通摄～宕摄

《匡谬正俗》卷六:"或问曰:'今所谓木锺者,于义何取?字当云何?'答曰:'本呼木章,音讹遂为锺耳。古谓大木为章,故《汉书·货殖传》云:千章之楸,谓楸木千枚也。其将作属官有主章,署掌材木。又古谓舅姑为姑章,今俗亦呼姑锺。益知章音皆转为锺。'"

按:《广韵》:章,诸良切,章母阳韵平声[$^*_ctɕiaŋ$];锺,职容切,章母锺韵平声[$*_c$tɕioŋ]。阳在宕摄三等,锺在通摄三等。

又卷七:"《古艳歌》曰:'兰草自生香,生于大道傍。十月钩帘起,并在束薪中。'中之当反音张,谓中央也。犹呼音入耳。今山东俗犹有此言。盖所由来远矣。"

按:《广韵》:中,陟弓切,知母东韵三等平声[$*_c$tiuŋ];张,陟良切,知母阳韵平声[$*_c$tiaŋ]。东在通摄,阳在宕摄。

3.3.6 宕摄～梗摄

《匡谬正俗》卷六:"问曰:'俗呼姓杨者,往往为盈音,有何依据?'答曰:'案:晋灼《汉书音义》反杨恽为由婴。如此则知杨姓旧有盈音。盖是当时方俗,未可非也。'"

按:《广韵》:杨,与章切,以母阳韵平声,宕摄三等[$*_c$iaŋ];盈,以成切,以母清韵平声,梗摄三等[$*_c$iæŋ]。说明它们混用。

又卷七:"今俗呼上下之上音盛。按:郭景纯《江赋》:'雹布徐粮,星离沙镜,青纶竞纠;缛组争映。紫菜荧晔以丛被,绿苔鬖髿乎研上。石帆蒙茏以盖屿,渧实时出而漂泳。'此则上有盛音也。"

按:《广韵》:上,时亮切,禅母漾韵去声,宕摄三等[$*$ziaŋ$^○$];盛,丞正切,禅母劲韵去声,梗摄三等[$*$ziæŋ$^○$]。情况和上条相同。

又:"傅毅《郊祀颂》云:'飞紫烟以奕奕,纷扶摇乎太清。既歆杞而欣德,降灵福之穰穰。'又张昶作《华山堂阙碑铭》云:'经之营之,不日而成。匪奢匪俭,惟德是呈。匪封匪约,惟礼是荣。虔恭湮祀,黍稷惟馨。神且萃止,降福穰穰。'然则'穰'字亦当音而成反。今关内闾里呼禾黍穰穰者犹然。"

按:《广韵》:穰,汝阳切,日母阳韵平声,宕摄三等[$*_c$ȵiaŋ]。音而成反则在日母清韵平声,梗摄三等[$*_c$ȵiæŋ]。

不同韵摄不同等的字有时也有混用现象。

347

3.3.7 江摄～宕摄

江摄和宕摄都带有舌根鼻音韵尾。江摄属于二等韵,它有和宕摄一等韵混用的现象。如:

《匡谬正俗》卷六:"或问曰:'吴楚之俗,谓相对举物为𪨶,有旧语否?'答曰:'扛,举也。音江,字或作𢫦。《史记》云:项羽力能扛鼎者。张平子《西京赋》:乌获扛鼎。盖是也。彼俗音讹,故谓扛为𪨶耳。既不知其义,乃有造𢫦字者,因为穿凿也。'"

按:《广韵》:扛、𢫦,古双切,见母江韵平声[$*_c$kɔŋ];𪨶,古郎切,见母唐韵平声,宕摄一等[$*_c$kɑŋ]。

3.3.8 止摄～蟹摄

止摄和蟹摄韵母读音相近。也有混用的情况。前面提到侯思止把"米"说成"弭"(1.2《大唐新语》卷十三),是将蟹摄四等荠韵的字读为止摄纸韵;俗语"礼"说成"里",是将蟹摄三等荠韵的字读成止摄止韵。

《匡谬正俗》卷六:"问曰:'俗谓何物为底,底义何训?'答曰:'此本言何等物,其后遂省,但言直云等物耳。等字音都在反,转丁儿反。左太冲《吴都赋》云:畛畷无数,膏腴兼倍。原隰殊品,窊隆异等。盖其证也。今吴越人呼齐等皆丁儿反。应璩诗:文章不经国,筐箧无尺书,用等称才学,往往见叹誉。此言讥其用何等才学见叹誉而为官乎。以是知去何而直言等,其言已旧。今人不详其本,乃作底字,非也。'"

按:颜师古称当时吴越人把"等"读为丁儿反,端母支韵平声,止摄三等[$*_c$tie]⑭,它本音都在反,端母海韵上声,蟹摄一等[$*_c$tʌi],而《广韵》:底,都礼切,端母荠韵上声,蟹摄四等[$*_c$tɛi]。是将蟹摄一等韵读为止摄支韵;而欲语读为"底"则是读为蟹摄四等了。

3.3.9 流摄～效摄

《匡谬正俗》卷七:"或问:'太原俗谓事不妥贴而有可惊嗟为渴罩,何也?'答曰:'《礼·三年问》曰:至于燕雀,犹有嚋啁之类焉。徐仙(民)啁音张流反,嚋音子由反。此言燕雀见其俦类死亡悲痛惊愕,相聚集吟噪也。彼土俗谓群雀聚噪为雀啁,音竹孝反。此亦古之遗言,故呼可惊之事物为罩尔!'"

按:《广韵》:啁,张流切,知母尤韵平声,流摄三等[*ₒtiu];罩,颜师古音竹教反,知母效韵去声,效摄二等[*tauᵒ]。这是把流摄三等平声字读为效摄二等去声字。就上古音说,"啁"在幽部,"罩"在宵部。幽、宵二部古音相近,啁读为罩,颜师古说:"此亦古之遗言。"也就是说它保存了古音。

四

声调异读在唐人笔记里面也多有记载。前面提到的对转现象中,阴入对转和阳入对转从音素上说虽然是韵母的变化,但是从声调上说则是入声和非入声的变化。这里不再赘述。这里主要谈其他三声的变化。

4.1 前面提到,颜师古说"历底"就是古代的"狄提",把"提"读成"底"(2.3.2《匡谬正俗》卷八),迥读为户鎣反(3.2同上),均把平声读为上声。至于把上声读为平声的则有吴俗把齐等的"等"读为丁儿反(3.3.8《匡谬正俗》卷六),江南音"愈"为"踰"(1.1同上卷八),下面还有这些例子。

《匡谬正俗》卷六:"或问曰:'今山东俗谓伏地为跌,何也?'答曰：'跌者，俯也。案：张揖《古今字诂》云：频、俯今俯俛也，许氏《说文解字》曰：频，低头也。太史卜书频仰字如此。斯则呼俯音讹，故为跌耳。'"

按：《广韵》：频、俯，方矩切，非母虞韵上声[$^*_c$fiuo]；跌，甫无切，非母虞韵平声[$^*_c$fiuo]。《资暇集》卷下"非麻胡"条："俗怖婴儿曰麻胡来，不知其源者，以为多髯之神而验剌者，非也。隋将军麻祜，性酷虐。炀帝令开汴河，威棱既盛，至稚童望风而畏，互相恐吓曰：'麻祜来。'童稚语不正，转祜为胡。"

按：《广韵》：祜，侯古切，匣母姥韵上声[$^*_c$ɣou]；胡，户吴切，匣母模韵平声[$^*_c$ɣuo]。平声在方俗读音中有读为去声的。如：

《匡谬正俗》卷八："又向对之向，古文典籍，卒无'向'字，寻其旨趣，本因'乡'字，始有向音。今之'向'字，若于六书，自是北牖耳。《诗》云'塞向墐户'是也。"

按：《广韵》：乡，许良切，晓母阳韵平声[$^*_c$xiaŋ]；向，许亮切，晓母漾韵去声[*xiaŋ$^{\circ}$]。

《资暇集》卷上"戏源驿"条："京北昭应县东有戏源驿。案：其地在戏水之傍。《汉书》陈涉将周丰入关至戏。苏林云'在新丰东南三十里。'小颜云：'今有戏源驿，音平声。'人所知也。何为举世皆以去声呼此驿号。彼从徒尔。我辈其可终误哉！"

按：《广韵》：戏，许羁切，晓母平声支韵[$^*_c$xiue]；又香义切，晓母去声寘韵[$^*_c$xiue]。李匡义说"戏源驿"的"戏"应该读平声，而民间俗语都说成去声了。

至于太原说可惊之事为"罩"，来源于"嗝"（3.3.9《匡谬正俗》卷七），"贳"说成"赊"（2.2.6同上），则是去声读为平声。

4.2 上声和去声也有混读的情况

前面提到关中人把"釜"读为"付"(1.1《唐国史补》卷下),把"剪"说成"箭"(1.2《资暇集》卷中),都是把上声读为去声的例子。下面再补充几例。

《匡谬正俗》卷七:"或问曰:'今人呼屐舄屝之属一具为一量,于义何耶?'答曰:'字当作两。《诗》:葛屦五两者,相偶之名。履之属二乃成具,故谓之两。两音转变,故为量耳。古者谓车一乘亦曰一两。《诗》云:百两御之是也。今俗音讹,往往呼车若干量。'"

按:《广韵》:两,良奖切,本母养韵上声[*ᶜliɑŋ];量,力让切,来母漾韵去声[*liɑŋᶜ]。把"两"读为"量",是上声读为去声。

《资暇集》卷上"杜度"条:"世征名与姓同者,必称杜度。愚或非之曰:'杜不名度。'其人则冷哂曰:'韩公《讳辩》亦引之。子独不然,妄也!'愚见其信韩文公如信周孔,故不敢与之言,归而自纪曰:'按:《笃论》:杜伯度名操,字伯度。善草书,曹魏时以其名同武帝,故隐而举字。后人见其姓杜,字伯度,逢又削去伯字呼为杜度,明知度非名也。且《笃论》是杜恕所作,恕亦曹魏时人也。与伯度实为一家。岂可信杜笃之本真,而从韩公之末。误也。"

按:《广韵》:杜,徒古切,定母姥韵上声[*ᶜduo];度,徒故切,定母暮韵去声[*duoᶜ]。这也是上声读为去声的例子。

至于把去声读为上声,则有上面提到的把"瓛"读为"旋"(2.3.5《匡谬正俗》卷六),把"鲎"读为"诟"(1.2《资暇集》卷中),下面再举几例。

《匡谬正俗》卷八:"'舍'字训止,训息也。人舍屋及星辰次舍其义皆同。《论语》云:'逝者如斯乎,不舍昼夜。'谓晓夕不止息耳。庄周云:百舍重跰,谓在道多止息耳。今人皆不言舍,尽改音捨,违义借读,于理僻谬。"

按:《广韵》:舍,始夜切,书母祃韵去声[*ɕaᵓ];舍,书冶切,书母马韵上声[*ᶜɕa]。

《资暇集》卷中"星货"条:"肆有以筐以筥,或倚或垂,麟其物以鬻者,曰星货铺。言其列货丛杂如星之繁,今俗呼为星火铺。误也。"

按:《广韵》:货,呼卧切,晓母过韵去声[*xuaᵓ];火,呼果切,晓母果韵上声[*ᶜxua]。

4.3 颜师古还谈到"怒"字古有上去两读,而当时山东、河北只有去声一读。上声一读已经消失。

《匡谬正俗》卷七:"怒"字古读有二音。《诗》云:"君子如怒,乱庶遄沮。"此则读为上声也。《诗》云:"亦有兄弟,不可以据。薄言往愬。逢彼之怒。"此则读为去声也。略举数条。其例非一。今山东、河北人读书,但知"怒"有去声,不言本有二读。曾不寻究,失其真矣。

这不是什么失真,而是语言发展的结果。

[附 注]

① 唐人笔记中记录了不少声韵调全同的材料。如:颜师古《匡谬正俗》卷六:"今太原俗呼痛而呻吟谓之'通唤',何?答曰:'《尔雅》:恫,痛也。郭景纯音呻。音通,亦音恫,字或作侗。《周书》:恫乃身,并是其义。今痛而呻者,江南俗谓之呻唤,关中俗谓之呻恫,音同。鄙俗言失恫者,呻声之急耳。太原俗谓恫唤之通,此亦以痛而呻吟,其义一也。郭景纯既有呻恫之音,盖旧语耳。'"按:《广韵》:通、恫、侗,他红切,透母东韵平声[tun],它们三字同音。又:封演《封氏闻见记》卷五:"府门为牙门。字稍讹音转而为衙也。"按:《广

韵》牙、衙,五加切,疑母麻韵平声[na]。两字同音。这类材料不在讨论研究之列。

② 李涪《刊误》卷下有一条论及《切韵》及方俗误读。今人多有论述,笔者同意他们的看法,这里也不再引出。

③ 为了说明问题,本文对字音构拟了音值,参看拙作《音韵学纲要》,巴蜀书社,1990年。

④ 李运益《关于戴震〈转语二十章〉》,《西南师范大学学报》1979年第4期。

⑤ 参看高本汉《中国古音〈切韵〉之系统及其演变》,王静如译,载《中央研究院历史语言研究所集刊》第二本第二分。

⑥ 张世禄《国语上轻唇音之演化》,《暨南学报》第一卷第二号,1936年。

⑦ 参看拙作《读〈经典释文〉札记》,载《语苑新论》,上海教育出版社,1993年。

⑧ 吴楚匣云二母混一实际上是保存古音。参看曾运乾《喻母古读考》,《东北大学季刊》第二期,1927年。

⑨ 歌寒对转是上古方音的一种现象。参看林语堂《陈楚江淮歌寒对转考》,史语所《纪念蔡元培先生六十五寿辰论文集》。

⑩ 参看顾炎武《唐韵正》卷,渭南严氏《音韵学丛书》。

⑪ 王力《汉语史稿》上册,科学出版社,1959年。

⑫ 拙作《音韵学纲要》。

⑬ 按:《广韵·皆韵》也收有"鞋"字,但唐写本韵书残卷"鞋"字都在佳韵。参看:斯2071、故宫本王仁煦《刊谬补阙切韵》,伯2015。

⑭ 按:韵图支韵无端母。

(载《汉语史研究集刊》第二辑、第三辑 2000年)

同 行 语

(语言学名词选译)

同行语（жаргон——法语 jargon）是全民的民族语言中失去任何语言独立性，为狭窄社会集团所使用的一个支脉。斯大林指出：作为交际工具的语言在其发展的一切阶段上都具有全民的性质；它"同样地替社会一切阶级服务。在这一方面语言表现出对于社会各个阶级是一视同仁的。但是人们、个别的社会集团、个别的阶级对于语言远不是漠不关心的。他们极力设法利用语言为自己的利益服务，把自己的特别的词汇、特别的术语、特别的用语，强加到语言中去。在这方面，那些脱离人民并且仇视人民的有产阶级上层，如贵族、资产阶级上层分子表现得特别厉害。他们创造'阶级的'习惯语、同行语、客厅'语言'"（斯大林：《马克思主义与语言学问题》，10页）。同行语跟方言不同，方言"是替人民群众服务，并且有自己的语法构造和基本词汇"。同行语"并非替人民群众服务，而是替狭小的社会上层分子服务。此外，它没有自己本身的语法构造和基本词汇"（同上 43 页）。同行语以其语词区别于全民的语言，这些语词在风格方面乃是选择符合于阶级社会的上层的世界观和癖好，脱离人民群众的语句的表现方法的，"它们有的只是一些反映贵族或资产阶级上层分子特殊趣味的特别的词，一些抛去了民族语言中'粗野'用语和辞句的特别风雅客气用语和辞句以及一些外国词。但是一切基本的,即绝大多数的词和语法构造是从全民的民族语言中拿来的"(同上 11 页)。18 世纪末到 19 世纪初俄罗斯贵族的客厅"语言",可以作为阶级同行语的例子。这种语言部分地反映在卡拉姆静和他的继承者的文艺作品中(如"Пестры толпы сельскихореад смыкаются с смуглыми ватагами пресмыкающихся фараонит."一群女吉普赛人迎面向一些村姑走去)。莫里哀在他的喜剧《可笑的矫揉造作的尤物》中嘲笑了十八世纪法国贵族沙龙的同行语。

必须把同行语和黑话区别开来,黑话是狭窄的闭关自守的职业集团的特殊用语,往往带有秘密的性质,只有该团体的成员能了解(例如:行商的语言,革命前的流动小商人的语言)。虽然除开这个团体的职业上的活动外,黑话词汇还经常使用于日常生活和社会生活的更广阔的范围内,可是黑话也跟同行语一样,不是独立的语言或方言,而是寄生于全民语言之内,不仅利用了全民语言的语法,而且利用了它的大部分的寻常词汇。发展这类特殊黑话的有利前提是封建社会的行会制度,但是这种现象的残余还保留到资本主义的时代。无业游民(乞丐、流氓、小偷)的黑话即所谓贼话(盗贼的语言)有职业秘密用语的特性。黑话的词汇建立在形象的譬喻(如 убийсто[杀人]——мокрое дело[潮湿的事情]),有条件地歪曲本族语言的词和大批借用的外来语之上。在现代资本主义社会统治阶级的语言中,模仿艺术上的放纵主义者那样时髦的以黑话来炫耀自己,是生活腐化的标帜之一。

节译自《苏联大百科全书》第 2 版第 15 卷
(载《中国语文》1954 年 10 月号,用"萧芸"的笔名)

关于方言词的问题

1. 普通话和方言词汇上的异同　普通话和方言词汇之间的相互关系,是学习汉语词汇时可能遇到的一个问题。讨论这个问题要牵涉到民族共同语和地方方言的关系问题。关于民族共同语和地方方言,问题非常复杂,这里不打算详细的讨论[①],只想把与方言词有关的问题作一些说明。

首先应当指出,普通话和方言的词汇系统既不是百分之百的相等,又不是没有任何共同之点。普通话和方言在词汇上有相同的地方,也有不同的地方。这种异同是由汉语这个语言的历史发展来决定的。

从学习普通话的角度说,了解普通话和方言词汇上的异同非常重要。尽管我们说汉语方言的差别主要表现在语音上,但是词汇的问题也不简单。要学好普通话,不单要注意语音,同时也要注意词汇。

王力教授在《汉语讲话》一书中把各地方言词汇的异同分为三个方面,那就是同词同义、同词异义和同义异词[②]。是的,任何一个方言和普通话在词汇上的异同都离不了这三个方面。学习普通话的时候,把自己方言的词汇和普通话的词汇作这样的比较,对于学习会有很大的好处。这里我就从成都话中举出一些例子来看。

(一) 同词同义　所谓同词同义就是方言和普通话的词是完

全相同的,它们只有语音上的差别。这样的词在方言中占相当大的数目。例如"人"这个词尽管在普通话和成都话中读音不同,但是意义是一样的,都是从古代汉语继承下来的。属于汉语基本词中的许多词,如"一""二""三""天""地""水""火""黑""白""大""小""说""看"等,在成都话和普通话中都是同词同义的。另外有一部分词,它们是随着社会发展的需要而产生的新词,特别是在解放后,全国政治和经济走上了统一的局面,这些新词也就随着我们国家的统一而传播到全国各地。例如"阶级、政治、经济、任务、解放、斗争、清算、多样化、灵活性、掌握、克服"等等,它们在全国各方言中都是一样的。

(二) 同词异义 所谓同词异义就是普通话和方言中都有这个词,初听起来好像一样,实际上是不同的。例如成都话和普通话中都有"慈姑"这个词,但是所指的不是一个东西。成都话的"慈姑"在普通话中叫做"荸荠",而普通话的"慈姑"在成都有别的名称。

还有一种介乎同词同义和同词异义之间的现象,那就是同一个词在某种情况下用法一样,这似乎是同词同义,而在另一些情况下用途又不同,似乎又是同词异义了。例如"走"有走路的意思,在成都话和普通话都是一样,但是在成都话中"到什么地方去"可以说成"走什么地方去"。这个用法在普通话中就找不到了。这种使用范围不同的词在方言中可以找一找。

(三) 同义异词 所谓同义异词就是同一个意义在不同方言中有它自己的表现方式。下面举出一些例子来看(前一个词是普通话的词,后一个词是成都方言的词):

打闪——扯火闪;　　刮风——吹风;

泥土——泥巴；　　煤——煤炭；

胡同——巷子；　　窗户——窗子；

脖子——颈项；　　手指——指拇儿；

从上面的例子可以看出，在学习普通话的时候，如果遇到同词同义的情况，只消把那个词用普通话的读音去读它就行了。如果是同义异词，就要求去掉方言的说法改用普通话的说法。这两种情况学习起来都比较容易。只有同词异义的现象值得特别留意，若是粗心大意，以为是同样的词，那在语言运用上就会发生错误。

2. 怎样对待方言词　前面已经谈到方言和普通话词汇的异同。从这里可以看出方言中有一部分词只是在一定的地方使用，它们不是为使用这个语言的人所共同了解，这种词我们称为方言词。但是话虽则这样说，要实际上划分清楚方言词和普通话的词是有困难的。因为普通话不是停滞不前的，它要变化和发展。"……语言的词汇对于各种变化是最敏感的，它几乎处在经常变动中"。③方言词汇正是充实普通话词汇的源泉。

苏联文学家斐定曾经说过："……每个词汇（应译作词——天水）由其最初形成上来看，必然是属于一定的地区的，必然是有其历史上的故乡的。甚至在文学语言发展得已经很丰富的时期，譬如在19世纪，在普希金以后，全部俄文词汇仍然继续大量补充以地方的语言"。④这段话是正确的。

我们承认普通话要吸收方言词来丰富自己的词汇。但是绝不是说每个方言词都可以进入到普通话中来，普通话要吸收的是它本身表达上迫切需要的词，那些现象或事物在普通话中没有适当的名称，而在某个方言中有的话，这种词进入普通话的可能性就最大。老舍先生在这方面曾举了一个生动的例子。他说："蹲"和

"站"都是普通话的词,"可是,在'蹲'和'站'之外,还有个'骑马蹲裆式';它既非'蹲',也非'站',而是另一个姿态——半蹲半站。北京话里还没有一个能够概括地形容出这个姿态的字。我们只能说'骑马蹲裆式',别无办法。假若我能够在北京的土语中找到这么一个词,我一定利用它,因为它具有足以形容既非'蹲'又非'站'的姿态的特殊能力。同一理由,假若我在别的方言中找到这么一个词,我也会借用过来,介绍到普通话里去。"⑤

在文学作品中,方言词被作家用来表现一定地方人民的生活,使读者通过它能感受到人物或景色的地方特性。有名的古典小说《水浒传》在这方面的描写有很多值得学习的地方。例如写鲁智深自称为"洒家",开口骂人就是"撮鸟",⑥据说这两个词都是当时关西的方言词。杨志说话也和鲁智深一样,因为杨志也是关西人。

近代作家的作品中,也有使用方言词的,这些方言词有时在人物的对话中出现,有时也可能在叙述中出现。例如在叶绍钧的作品中(《多收了三五斗》为例)可以看到这样一些方言词:

  一块钱钞票就作一块钱用,谁好少作你们一个铜板。(作——抵;铜板——铜子儿)

  这是中央银行的,你们不要,可是要想吃官司?(吃官司——坐牢)

  得好看的绒线的小囡帽。(小囡——小孩)

  退了租逃荒去吧!我看逃荒倒是满写意的。(满——很;写意——舒服)

上面引文中那些下面有黑点的词都是吴方言的词。它们只在吴方言区流行。

在马烽的作品中（以《一架弹花机》为例）也可以看到这样一些方言词：

张家庄有个耍手艺的，名字叫有有，弹得一手好棉花。（耍手艺的——小手工业者）

听也没有听说过，张老大说得天好我也不凭信。（凭信——相信，信服）

上午，二蛋娘来找宋师父家串门子。（串门子——到别人家去闲谈）

他是有名的老把式，弹得花均均匀匀，蓬蓬松松，没有一点夹生的。（老把式——技术熟练的人）

上面引文中那些下面有黑点的词都是北方方言的词，它们只在北方方言区里流行。类似的例子还可能在沙汀、赵树理、周立波等人的作品中看到。如果把这些作品中的方言词去掉，换上普通话的词，要说不影响作品的艺术形象是不可能的。

但是应当注意，使用方言词只是表现地方色彩的方式之一，不是唯一的方式。过多的使用方言词达到人们不能了解它的时候，就会影响到作品的艺术形象。老舍先生曾经说过："地方色彩并不仗着几个方言中的词汇支持着。不深入一个地方的生活，而只用几个地方上特殊的字眼儿，如'油炸鬼'、'嘎栏儿'之类去支持是得不到什么好处的。"⑦事实也正是如此，林黛玉是苏州人，曹雪芹描写这个人物并没有要她满口"伲"（我们）、"唔笃"（你们）、"该葛"（这里）、"归搭"（那里）地说苏州话，《红楼梦》仍然不失为一部名著，林黛玉这个人物仍然写得很成功。对于乱用或滥用方言词的现象是应该受到批判的。

[附　注]

① 关于地方方言和全民语言的关系可参看濮之珍同志编写的《语言》中的 36—42 页。
② 参看：王力《汉语讲话》61—65 页。文化教育出版社出版，1955 年。
③ 斯大林《马克思主义与语言学问题》22—23 页，1953 年，人民出版社。
④ 斐定《作家的技巧》"论写作"论文集 202 页，1956 年，人民文学出版社。
⑤ 老舍《大力推广普通话》1955 年 10 月 31 日，《人民日报》。
⑥ 参看初中文学课本第一册，第八课。
⑦ 同⑤。

(载《语文知识》8 月号　1958 年　用"天水"笔名)

关于汉语外来词的几个问题

汉语是世界上高度发展的语言之一。汉语词汇中有外来词存在,这是一个客观事实。吸收外来词是丰富词汇的一种方法。目前,我们对汉语外来词的研究还很不够,许多外来词还没有发现,一些有关外来词的理论问题也没有得到解决。下面是我在学习和教学中的一点心得,这些看法是否正确还希望读者指正。

一、汉语外来词的范围

我们阅读文学作品的时候,常常会发现一些外来词。下面是选自初中文学课本第一册中的例句。

1. ……觉得他满身灰尘的后影,刹时高大了,而且愈走愈大,须仰视才见。(鲁迅《一件小事》)

2. 如果几家人合买一听分来用,就便宜得多。(叶绍钧《多收了三五斗》)

3. 小孩给赛璐珞的洋囝囡,老虎,狗以及红红绿绿的洋铁铜鼓,洋铁喇叭勾引住了,……(同上)

4. 你看他个头多矮,又黑,帽檐底下蓬着撮头髪,像只八哥。(杨朔《三千里江山》)

5. 我提议加热炉用炼焦瓦斯,遇见一个工程师说不行,我就

算了。(艾芜《屋里的春天》)

这些例句中有着重号的都是外来词。例1的"刹时"是从古印度语吸收来的,意思是一会儿。例2的"听"是从英语吸收来的,意思是洋铁皮作的桶、罐、盒子之类的东西。例3的"赛璐珞"是从英语吸收来的,指一种用化学方法制成的物质,可以制造装饰品、电影软片和玩具等。例4的"八哥"是鸟名,是从古阿拉伯语吸收来的。例5的"瓦斯"是从英语吸收来的,意思是煤气。

我们所说的外来词是指已经确定是从其他语言吸收来的那些词。至于一些来源不清楚的词,还有进一步研究的必要,就不包括在我们谈到的外来词之内。还有,讨论外来词一般总是就现代语言的词汇来说的。如果采用这个看法,下面两类词就可以不包括在内。

第一类是古代曾经使用,而现在已经在语言中消失了的外来词。这类词在讨论现代语言的外来词时可以不管。例如"招提"是一个从古印度语吸收来的词,它原来的意思是指四方,在唐代它的意义有了变化,如杜甫诗"已从招提游,更宿招提境"(《游龙门奉先寺》),"招提凭高冈,疏散连草莽"(《太平寺泉眼》)。"招提"都是指庙宇。现代汉语中,不论是口头语言或是书面语言都不使用这个词,它只属于某个历史时代的外来词。

另一类是个别作家为了语言表达上的要求而使用的外来词。这些词只在个别的文学作品中出现,在全民语言中它们是没有地位的。如马加的小说《江山村十日》里写张大嫂和邓守桂两人的一段对话:

"……我问你,你在苏联参加贫雇农大会么?"

"不,张大嫂,我参加了沙油子。"

张大嫂听走音了,张着大嘴笑了。"你们在那里杀牛子。"

"不是。"邓守桂摇着头:"沙油子是工会,我进了工会。"

"沙油子也斗争大肚皮么?那里的老百姓也翻身了么?"

"人家早就把大肚皮斗倒了,老百姓大翻身。吃的是列巴,喝的是各瓦斯,……"

这里描写的邓守桂是一个曾经到过苏联的工人,为了表明这一点,所以在对话中使用了一些俄语的词,如"沙油子(союз,工会)、列巴(хлеб,面包)、各瓦斯(квас,一种清凉饮料)"。但是这些词并没有为使用汉语的人所吸收,没有为大家通用。所以讨论外来词时可以不谈。

二、外来词的产生

由于使用不同语言的人民之间日益密切地交际,结果在语言中就产生了外来词。汉族人民在历史上曾经和东方或西方的各民族有过各方面的接触。这些接触使汉语从其他语言里吸收了一些自己需要的词。

在汉代,汉族和西域的交通推动了亚洲各族人民经济和文化的交流,当时西域语言中的一些词也就随之为汉语吸收了,如"蒲陶(葡萄)、目宿(苜蓿)、石榴、琵琶、师子(狮子)"等词都是从当时西域语言吸收来的。东汉以后,随着佛教的传入中国,一些古印度语的词也进入到汉语中来。早在纪元65年汉明帝的一道诏书中就有"浮屠(佛)、伊蒲塞(居士)、桑门(和尚)"三个印度语的词。从汉朝到宋朝一千年内,汉族人民不仅在佛教方面,就是在天文、历法、美术和雕刻上都受到印度的影响。汉语吸收的印度语的词很不少,例如"玻璃、茉莉、和尚、袈裟、罗汉、夜叉、菩萨、刹那、塔、钵、劫(数)"等都是。

近百年来,中国的社会在急剧的变化中,由于政治、经济、文化、科学和技术各方面的迅速发展,需要大量的新词来充实汉语的词汇。为了适应这个需要,汉语中增添了大批的新词。这些新词中有一部分是从俄语、英语、日语吸收来的外来词。这些外来词丰富了汉语的词汇。

外来词进入汉语之后,就成为汉语词汇的一个组成部分。时间久了,一般人也就很难知道它是从其他语言来的。例如"葡萄"这个外来词,由于对这个词的来源不了解,有些人对它的涵义作了主观的臆测,说它得名的原因是因为用它酿出的酒喝了就"陶然而醉",所以叫"葡萄"。① 经过研究,证明了"葡萄"只是译音,前面的解释是不妥当的。又如佛教徒在称佛、菩萨的名号时,往往要在它前面冠上"南无"(读 namo),比方"观世音菩萨"叫做"南无观世音菩萨"。"南无"在古印度语中的意思是"顶礼、敬礼"。由于不了解它是外来词,有些人就望文生义地去解释它。或者说"无"读 mo,就是膜拜的"膜"。"南无"的意思就是"居南方而拜"②。另外还有别的解释,也不外乎是臆测。这些都是不了解它们是外来词的缘故。

有些外来词进入汉语之后,保存了原来的意义,但是也有不少外来词在意义上发生了变化。前面举的"招提"就是一个例子。又如"摩登"这个词是从英语吸收来的,它原来的意思是"现代的",但是被汉语吸收后,意义上发生了变化,表示"时髦、漂亮",而且往往带有一种讽刺的意味。又如"苏维埃"这个词是俄语 совет 的译音。俄语的 совет 有许多意义,可以表示"会议、理事会、院、劝告、意见、建设、主意"和"由无产阶级代表管理国家或地方政权的委员会"。但汉语中的"苏维埃"只有最后这一个意义,它的意义范围缩小了。研究外来词对这点也是应该注意的。

三、吸收外来词的方式

一般语言中吸收外来词有两个基本方式,一种是音译,一种是意译。汉语也是这样。所谓音译就是按照那个词的读音翻译过来,例如英语的 celluloid 译成"赛璐珞",penicillin 译成"盘尼西林",sofa 译成"沙发",vitamin 译成"维他命",俄语的большевик 译成"布尔什维克",катюша 译成"喀秋莎",рубль 译成"卢布"等;还有前面提到的"葡萄、苜蓿、石榴、和尚、罗汉、袈裟"等也是。所谓意译就是不管原词的读音,只是把它的意义翻译出来,例如英语的 horsepower 译成"马力",tellephone 译成"电话",democracy 译成"民主",science 译成"科学"等都是。

严格说来,用意译方式吸收的词不能够算是外来词。因为它们是使用自己语言的材料和按照自己语言的构词方式造成的。它们本身不带有外来词的标志。比方我们知道"马力"是外来词,并不是因为它本身有什么外来词的标志,而是因为它进入到汉语的时间并不长,同时有文献记录可以查考。其实这类词和"军事、石棉、牙膏"等词的结构方式是一样的。如果把这种词也都算成外来词,在区分外来词和本族语言固有的词时会遇到一定的困难。所以有人把意译方式作为词汇变化的一个特殊问题来处理。[③]

汉语中有许多最初是音译的词,后来改变成意译的形式,例如"麦克风——扩音器","德律风——电话","盘尼西林——青霉素",

"梵莪铃——小提琴","卡通——电影动画片"。但是也有一些词只有音译而没有意译,例如"咖啡、沙发、法西斯、雷达"等以及更早的"葡萄、苜蓿、玻璃"等,它们并没有变成意译。王力先生对这种现象曾经有一个说明。他认为:"意译是正常的办法,音译只是变通的办法,如果滥用音译,也就是滥用外来语,因为那样是表示汉语词汇贫乏到不能从基本词汇的基础上构成新词。"①这话是对的。

汉语吸收外来词还有一种介乎音译和意译之间的方式,那就是词的一部分用原来语言那个词的读音,另一部分却是本族语言的意义。例如"苹果"这个词就是如此,在古印度语中"苹果"叫"频婆罗",后来译成"频(苹)婆果",又简称"苹果",就是表译音的"苹"加上汉语的意义成分"果"。又如英语的 car 译成"卡车","rifle"译成"来福枪"都是这种方式。类似的还有:"茉莉花、卡片、克郎球、坦克车、吉普车、雪茄烟、太妃糖"等。

汉语从日语吸收外来词的方式较为特殊。大家知道,从前日本人曾借用汉字来记录自己的语言,在明治维新以后,日本吸收了一些西欧语言的词,这些词都用汉语的基本词来意译,用汉字写出来,按日语的读音来念。清朝末年中国的留学生又从书本上把这些词搬过来,这就是当时的新名词。现在机车称"台",就是从日本吸收来的。此外,还有"主观、客观、消极、积极、劳动、集团、肯定、否定、不景气"等。由于它们是用汉字写出来的,一经用开就很少有人感到它是外来词。

四、对外来词的态度

一般地说,语言中有外来词是因为我们语言中没有适当的词去表示那些新事物,因而从外族语言中吸收了表示那个事物的词。但也不尽然,由于别的原因而吸收的外来词也不少。在各种外来词中,有些是必需的,有些不是必需的。在国民党反动派统治的年代,由于社会性质是半封建半殖民地的,有些人,特别是一些买办文人和反动学者,往往毫无必要地滥用外来词,滥说外国语,如曹禺《日出》中的张乔治,鲁迅《故事新篇·理水》中所谓文化山上的那群"学者",说的话就是十分荒谬的。那种现象,已经是一去不复返了,但是不适当地使用外来词的现象现在也偶然还有。例如有人把公共汽车的月票叫做"派司",这就不妥当;已经有了"扩音器"这个词,还说"麦克风",就没有必要。

反对滥用外来词,自然不是要把语言中所有的外来词全部排挤出去。有许多外来词,如"雷达、苏打、安培、瓦斯、欧姆、伏特、苏维埃、布尔什维克"等,就是可以吸收也是需要吸收的。

关于吸收外来词的原则,毛主席曾经有过明确的指示。下面就引用毛主席的话作为本文的结束语:"……要从外国语言中吸收我们所需要的成份。我们不是硬搬或滥用外国语言,是要吸收外国语言中的好东西,于我们适用的东西。因为中国原有语汇不够用,现在我们的语汇中就有很多是从外国吸收来的。……我们还要多多吸收外国的新鲜东西,不但要吸收他们的进步道理,而且要吸收他们的新鲜用语。"⑤

[附 注]

① 见李时珍《本草纲目》"葡萄"条:"可以造酒入酺。饮之陶然而醉,故有是名"。卷33,1954年商务印书馆版。

② 参看叶梦得《避暑录话》卷下。

③ A. A. 列弗尔马茨基《语言学概论》26节《语言词汇的变化》中谈到新词出现的不同方式时,第三种方式是外来词,第四种方式是意译。见114—121页,1955年俄文版。

④ 王力《论汉族标准语》,《中国语文》1954年6月号。

⑤《毛泽东选集》858—859页,人民出版社1953年版。

(载《语文学习》第3期　1958年　用"赵恽伯"笔名)

后　记

　　这是一本关于辞书学文章的文集。我国的辞书编纂有悠久的历史传统,前代学者在辞书编纂的同时也积累了丰富的经验。这些经验有些保存下来,有些却淹没无闻。像许慎《说文解字叙》那样的划时代的字典学的文章,保留下来的并不多。许多辞书编完之后都没有经验性的文章留传下来。

　　我由于历史原因,被派去编了十几年的字典,也是由于历史的原因,我被推上字典编写的领导岗位,形势迫使我不得不去研究字典编写的问题。因为当时经常要开字典编写工作会议,当领导的在这种会议上一定要作一些有内容的、解决实际问题的发言,布置下一段工作任务。用当时一些朋友爱说的话,就是"要拿话来说"。这使我不得不留心字典编写工作的进度,随时注意工作中出现的业务上的问题,免得会上说不起话,下不了台。这样我就写起了字典编纂的文章。前后也有好几十篇。前几年在上海辞书出版社出版的《字典论》就是在这些文章的基础上写成的。

　　前两年在一次会上,商务印书馆史建桥先生鼓励我编一本辞书学的文集。我答应了。用了将近一年的时间从已经发表的文章里面选了一部分,编成这个集子。集子的两个主要部分是有关《汉语大字典》编纂工作的经验教训,从这里可以看到当年编纂这部字典经历的过程。另一个主要部分是古代辞书的评介,这可以说是学习前人编纂辞书的经验。

这本集子汇集了我多年编纂字典的经验和教训,其间酸甜苦辣,不是参加过辞书编纂的人是无法体会到的。我愿把这本书奉献给读者,让广大的读者看到当时我们是在什么样的条件下工作的。也可以看到当字典编成,得到成功的喜悦。

在书将要出版的时候,我要感谢史建桥先生,是他鼓励我编这本书,在他的鼓励督促下,我才有勇气在短期内把这个集子编选出来。我还要感谢责任编辑许振生等先生,他们反复地审读稿件,认真地校核文字,读到如此清楚的清样,我想他们是付出了不少劳动的。

最后,我再一次地对史建桥、许振生诸位先生和印刷厂的工人师傅们表示崇高的敬意和真挚深厚的谢意。

赵振铎记 2005 年 10 月 6 日
川大东风楼 205 室